教育的理由

王彬武 著

陕西师范大学出版总社

图书代号　ZZ23N1870

图书在版编目(CIP)数据

教育的理由 / 王彬武著. —西安：陕西师范大学
出版总社有限公司,2023.11(2024.4 重印)
ISBN 978-7-5695-3938-7

Ⅰ.①教…　Ⅱ.①王…　Ⅲ.①教育研究
Ⅳ.①G40-03

中国国家版本馆 CIP 数据核字(2023)第 193337 号

教育的理由
JIAOYU DE LIYOU

王彬武　著

特约编辑	张　曦	
责任编辑	王东升	
责任校对	杨雪玲	
封面设计	金定华	
出版发行	陕西师范大学出版总社	
	(西安市长安南路 199 号　邮编 710062)	
网　址	http://www.snupg.com	
印　刷	陕西日报印务有限公司	
开　本	720 mm×1020 mm　1/16	
印　张	16.5	
字　数	327 千	
版　次	2023 年 11 月第 1 版	
印　次	2024 年 4 月第 3 次印刷	
书　号	ISBN 978-7-5695-3938-7	
定　价	75.00 元	

读者购书、书店添货或发现印装质量问题,请与本社高等教育出版中心联系。
电话:(029)85303622(传真)　85307864

好的教育都是有"理由"的

我与王彬武处长曾有过多次交往,是同乡,也是朋友。他在陕西省教育厅负责教师工作,是一位学习型、学者型的教育行政干部。他勤于思考和表达,笔耕不辍,经常在媒体上发表文章,出版教育论著《教育的理由》也算是水到渠成,可喜可贺。

本书的书名《教育的理由》很有意思。教育需要"理由"吗?估计很多教育工作者都没有想过这个问题。然而,正是因为很多人不去思考教育的"理由",所以,我们的教育在较长一段时间里都处于混沌状态,而我们的学生、教师、家长,以及教育管理者等所有的教育"相关人",则深陷在教育的旋涡中疲惫不堪,难以自拔。

要讲清教育的理由,就要直面教育现实问题。因此,在书的一开始,作者就将当下教育的一些问题呈现出来,比如,"为什么教育变革的新观念、新理论、新方法、新政策层出不穷,却没有从根本上改变教育的现实困境?"这些问题都是看似无解的教育"真问题",棘手而尖锐。而对这些问题的思考、分析、澄清,以及解决问题的方法、策略、路径的探讨求索,就成了本书的基本框架和主要内容。

从广义的教育讲,一部人类史其实就是人类教育史。目前,我们所面临的很多教育问题,纵向看,历史上有过,横向看,其他国家有过。因此,当我们为这些问题所困,甚至看不到解决问题的出路的时候,就有必要来个"回头看"和"向外看":从历史和世界的角度审视当下的教育问题,我们就更能看清事情的本质和问题的症结所在。

从历史的角度看,当下教育的不少问题,比如,深陷应试教育泥淖和学生课业负担过重的问题,就可以"溯源"至上千年的科举文化传统。关于这一点,作者在书中多次提醒读者,在分析高考崇拜以及"减负""双减"难见成效等问题时,不要忽略"历史文化基因":我们的教育是背负着沉重的历史包袱前行的。从世界范围来看,韩国、日本等亚洲国家也存在高考崇拜的问题,但与中国在此问题上的"表现"又有着很大的不同。而在教育发达的欧美国家,高考虽然也很重要,但也就是一场考试而已,从未出现举国为之疯狂的局面。

在中西方教育的比较上,作者不只局限在"考高"方面,还由此延伸到教师"教"与学生"学",以及学习方式变革、教育评价改革、教师教育与发展等诸多领域,给读者以多方面的启发,引人深思。

在阅读本书的过程中,我常常为作者广阔的视野和丰富的知识而惊叹。

全书六章除每一章开篇引用中外教育名家的言论做"导语"外,书中还援用柏拉图、亚里士多德、毕达哥拉斯、杜威、孔子、孟子、荀子、蔡元培、陶行知等的名言或事例,并结合具体的教育现实问题进行阐发。此外,书中提到的教育论著或文献有数十种之多,比如《如何爱孩子》《未来简史》《教学勇气》《可见的学习》《学习的本质》《2018年世界发展报告》《中国教育现代化2035》等,资料翔实,论据充分。从书中不难看出,作者有深厚的理论修养,且一直关注理论前沿,建构主义、进步主义、要素主义、数字达尔文主义、认知心理学、教育现象学、多元智能理论、道德发展模型等理论无不信手拈来,为问题的分析提供强有力的理论支撑。

本书的语言表达也很有特色,书中不少金句让人过目难忘。比如:

"教育的诗是涓涓细流。好的教育就是把所有育人的细节做到极致,把可能的教育变成现实。"

"我们当下的学习,目的性太强,往往把升学、考级、评职称、完成课题、获取岗位作为学习的唯一目的,以至于一旦达到目的就对学习深恶痛绝,因而也让学习过程变得枯燥难熬。"

"我们对崇高主义宣扬得太多,结果要么让一些属于本分的工作披上崇高的外衣,要么让一些人因为距离崇高太远而选择了逃避责任。"

......

　　书中不少篇章写得很精彩,而且对一线教师深有启发意义,比如《教育惩戒的能与不能》。我将这些篇章推荐发表到我们的校刊上,跟我们的老师分享。

　　读本书时,我常常想到我们的学校:书中讨论的许多问题,以及一些现象,在我们这里也同样存在;书中所提出的解决问题的设想,在我们这里则是一个个路径探索的教育故事。从这个意义上讲,我跟王彬武处长又是同道人。

　　是为序。

2023 年 10 月

(唐江澎,第十三届全国政协委员,江苏省锡山高级中学原校长)

Contents 目录

第一章

教育：认知的方式与变革的力量

　　任何阶层若真能享受到这种教育，大家则会和他们一起分享这种教育，因为这一阶层的亮光将照亮那些还未分享这一教育的其他阶层，他们将看到自己的良好成果：在光亮面前，黑暗将无法存在；在真理面前，谬误将无地容身；在爱的面前，冷酷无情难以复存；在力量面前，软弱难以为继；在尊严面前，堕落将难以抗衡。

——［瑞士］裴斯泰洛齐《改进教育的观点、经验和手段》

给观念一个理由

为什么今天大多数家庭都深深陷入教育的焦虑之中？

为什么教育的发展速度快得惊人，却没有带来能够让人切身感受到的获得感？

为什么教育变革的新观念、新理论、新方法、新政策层出不穷，却没有从根本上改变教育的现实困境？

为什么解决教育问题的很多做法，反倒是制造了更大的焦虑，让人更加无所适从？

为什么技术让人的生活更加便捷高效，却不能让学生的学习更加轻松？

为什么很多人受过极好的教育，却在教育孩子的问题上力不从心？

太多的学生、家长、教师、教育管理者、教育决策者在教育问题的迷思和旋涡中深感疲惫，难以自拔。我们都在寻找答案。

社会用人制度导致的就业竞争，考试制度带来的应试狂潮，传统观念中成龙成凤的思想，似乎都是加剧教育焦虑的原因。但是，如果把问题全部归咎于教育的外部因素，往往会陷入无解的境地，因为用人、考试等很多制度已经嵌入我们的社会文化，是社会运行的需要，可以不断完善却不会完全去除。如果把教育焦虑归咎于这些不可回避的制度，那么讨论教育问题就失去了意义。

焦虑是一种心理状态，焦虑心理源自对未来的不确定，但不确定也许本来就是教育自身的特点，没有人能承诺接受了一定的教育就必然达到应有的结果。其实，教育的焦虑大多源于我们对教育现象的误解，用自以为是的观念、认识和方法对待教育，当然导致困扰。如果不能消除误解，我们很可能在焦虑中越陷越深。那么，误解究竟有哪些，又是怎么产生的？应该有八个方面的问题需要回答。

一、教育能不能用投入产出思维衡量结果

教育孩子，很多人相信"种瓜得瓜，种豆得豆"的因果关系，认为在学习中有付出就会有回报，付出越多回报越高。学习成绩不理想，就是孩子不努力的结果。学生过重的学业负担，在很大程度上和这一观念有关。这种认识是一种"投入产出"的思维。整体上看，教育的结果和教育的付出存在因果关系，没有投入精力、时间、注意力等，不可能有好的学习结果，但是反过来看，并不是投入了精力、时间和注意力，就一定会收获一个应有的、成正比的结果。现实中，学习十分努力的孩子千千万万，他们苦心孤诣、勤勤恳恳、认真细致、起早贪黑，但多数孩子的学习结果并不理想。学习的付出和结果并不是一个线性的关系，更不是时间投入越长结果一定越好。在影响学习成效的因素中，首先，态度、动机是基本的起点，其次，还有方法、策略和环境，也就是想学、想学好、想方设法要学好，以及支持学好的环境。很多孩子学习困难正是在"不想学"的起点上出了问题，处于一种被迫学习的状态，失去了意义感的学习必将变成一种煎熬，学习的兴趣、思维、方法和能力也就无从谈起，所投入的大量时间和精力只是一种表面形式，看似很努力的样子其实是学习的假象，真正的学习并没有发生。为什么会出现这种现象？最大的可能是孩子的学习是在父母的强势控制下进行的，本应完全自主自觉的学习活动没有得到尊重，学习处在不自由状态，孩子在潜意识中对学习已经产生了心理排斥。孩子小时候，父母用强制的办法管理孩子的学习，这种方法还能产生一定效果，但是如果家长没有逐渐放手，让孩子的学习一直处于控制之中，等孩子出现了学习障碍，父母又束手无策，撒手放任，孩子的学习兴趣和学习能力就这样被摧毁了。

人的学习和成长并不是一个线性发展的过程，充满了不确定。七八岁看着有些愚钝的孩子，说不定哪天"开窍"了，好像任督二脉被打通，学习就进入"开挂"模式，修成学霸。相反，有些"少年天才""神童"，长大了却泯然众人。

世界经合组织针对15岁左右青少年学习状况的PISA（国际学生评估项目）测试，中国学生的成绩名列前茅。2018年，上海、北京、江苏和浙江四省市学生参加PISA测试，成绩位居第一。但是，报告数据显示，中国15岁学生平均每周校内和校外的总体学习时间约57小时，平均每天都超过了8小时，位于全球第二位。如果再把高中学生的学习时间算入，则远不止57小时。与此形成鲜明对照的是芬

兰,芬兰学生参加 PISA 测试的成绩也一直十分骄人,而芬兰学生每周学习时间仅36 小时,比中国学生少了 20 多个小时,而且报告显示芬兰学生的生活幸福感、学校归属感、学习的满意度都远远高于中国学生。可见学习结果背后是非常复杂的付出和代价,而不是简单的时间投入。

100 年前,行为主义心理学盛行一时。行为主义的代表人物,美国心理学家华生,依据巴甫洛夫的条件反射理论,通过观察研究提出,人根本没有什么本能的反应,人类的行为都是环境刺激的结果,有什么样的学习就会有什么样的行为。华生向美国政府提出请求:"如果给我 10 个没有任何缺陷的健康婴儿,通过不同的设计训练,可以按照意愿把 10 个婴儿培养成任何想要的优秀学者、艺术家,甚至超级罪犯。"当然,这个实验请求过于匪夷所思,没有被允许。但是,华生的这个想法在匈牙利心理学爱好者波尔加那里得到实践。波尔加发现女儿苏珊对国际象棋有悟性,就没有让女儿上学,而是按照自己的方式训练三个女儿学习国际象棋,三个女儿在十几岁时先后赢得国际象棋比赛的世界冠军,成为大师。

波尔加实验的成功印证了华生行为主义主张有一定的合理性,这种教育观念在很多影视剧里都是备受青睐的主题,比如印度电影《摔跤吧!爸爸》、美国电影《爆裂鼓手》、日本电影《垫底辣妹》等。但是,由于这些励志的成功故事都带有偶然性和特殊性,无法在学校教育中被复制,也不一定会在每一位孩子身上得到应验,我们还是不能认为投入产出思维在教育上有任何的合理性。

如果用投入产出思维看待学习,那么还有一些学习是看不到结果的,比如广泛阅读、游历山川、益智游戏,这类活动并不能很快产出什么结果,甚至根本不会产出结果,但对一个人的见识、视野、思维和创造力却有很大的意义。投入产出思维之所以有问题,就是因为我们往往看到了有形的学习,而忽视了无目的却有意义的学习。

投入产出思维下,"教育万能"的观念也存在于很多人的认识里,每当社会上出现道德滑坡、功利主义、狭隘偏激、人心冷漠的极端事例,人们往往会把所有这些社会不良行为的根源归结为教育失当。从宏观的视角看,这应该是社会教育的问题所在,如果认为是学校教育的问题,可能就过于夸大了学校教育的功能。

二、教育该不该淡化实用功利的观念

教育的过度功利化倾向,是经常被批评的"靶子"。功利主义已经成了教育的一个负面标签。我们的孩子从小就被要求好好学习，考个好大学，找一个好工作，导致学习只看到当下的得失，看不到更深远的意义。大家在教育中过于功利主义、实用主义，导致了"择校热""补习热""剧场效应""教育内卷"等问题。在这种势不可当的功利主义面前，"兴趣比知识更重要""教育是一场美丽的遇见""教育是一朵云推动另一朵云"这些令人遐想的漂亮语句显得多么苍白无力。

教育究竟是应该去功利化，还是应该有功利实用的目的？这是一个古老的问题，这个教育问题可谓是穿越古今、横跨世界。

孔子提出"古之学者为己，今之学者为人"的命题，就是主张学习不是为了取悦他人，不是做给别人看的，而应该让学生丰富完善自己，成为自己的内在需要。孔子虽然主张出世思想，但他还是把学习看成道德修养的需要，反对带着功利目的去学习。

古希腊的思想家、哲学家更是把教育的非功利目的推崇到极致，柏拉图、毕达哥拉斯、欧几里得都极力主张学习的非功利性，认为追求学问不能有功利的目的，而应钻研纯粹的科学，走向抽象真理，包括在今天看来实用性很强的数学、几何学，他们都认为不应有实用目的。这些思想家们对教育非功利性的执拗达到宗教般的虔诚，如果谁为了功利目的来学习，他们都会认为是对知识的亵渎，会被逐出师门。但是，当时的教育家伊索克拉底又针锋相对地提出教育要追求实用目的，主张学习要通过演说能力的训练，从而改造社会，甚至猛烈嘲讽那些非功利的智者派，认为他们是哗众取宠，装腔作势，以牺牲青年为代价美饰自己。

功利还是非功利，这一分歧从未消失，跨越千年。

2014年，时任美国总统奥巴马向得克萨斯大学的艺术史教授安·柯林斯写信致歉，原因是他在一次演讲中提到"拥有制造或商贸技能的人比拥有艺术史学位的人更有潜力"，这一言论遭到艺术教育家们的质疑，并联名写信声讨。这一事件也反映了针对教育能不能功利化的问题，很难取得社会的一致认同。

在中国，北京大学学者钱理群提出"精致的利己主义者"，批评高等教育培养出的人世俗老到、精于算计、善于利用体制达到自己的目的。在美国，学者提出"优秀的绵羊"批评常春藤学校的学生表面自信自足，内心焦虑、孤独、无助、空虚、缺乏自我。

如果说古人对教育是否应该功利是出于对知识的信仰、信奉，那么现代则取决于来自不同群体的观念。现代教育去功利化的主张带有明显的贵族教育痕迹，那些贵族子弟"衔着金枝"来到世间,根本不需要通过教育改变命运,而对那些正在废寝忘食拼命学习的山区孩子,学习不可能不具有功利性。

三、教育能不能培养学生个性化发展

我们理想的教育是促进学生全面而有个性地发展。然而,现代的学校教育让学生失去个性,却是一个不争的事实。

学生差异性是客观存在的,但现代学校教育却通过年级、班级、课程、考试、纪律等一系列制度设计,模糊了学生的差异性。为了对抗这一制度缺陷,我们主张适合的教育才是最好的教育,把差异性教育教学的责任托付给教师,要求教师顺应学生的个性发展,因材施教。但是在制度化的统一规范下,教师培养学生个性发展的努力能够达到的效果微乎其微。

孔子是因材施教这一古老的教育思想的倡导者,《论语》里记载了很多因材施教的事例。经常被提及的是,子路和冉有问了同一个问题:"闻斯行诸?"听到一个好的点子,要不要马上行动呢?孔子给出的答案不一样,公西华有点不解。孔子说,奉劝子路行动之前征求一下"父兄"的意见,因为子路比较鲁莽,而鼓励冉有立即行动,因为冉有的性格过于懦弱。后人认为孔子是因材施教的典范。

因材施教这一教育理想从未消失,但是在教育实践中却非常稀有。现代学校里,教育代表了一种社会价值。现代学校因为肇始于工业文明,追求统一的标准化是其最大的特点,也是最大的弊端。统一的入学年龄、教学内容、课程教材、考试评价、纪律约束,在这种教育制度下鼓励个性化发展几乎没有可能。这不仅是工业生产的特征,也是现代社会以技术为基础的社会导致的"人"的观念变化,是雅斯贝尔斯所说的"个别人已消失于类型人""个人不成其为个人",是一种人的精神危机。

个性化、个体化的特征的确存在于人的方方面面,但是人的发展是个体与社会互动的过程,在这个过程中是在按照共同的社会规范消除个体差异。可以说学校教育从纪律、制度、课程、服装等种种规制,构建了一种统一的文化规范系统,用一套严密的文化系统约束个性化的行为,这是社会赋予学校的任务,学校有责任为社会培养遵守共同规范的人。

从教育自身的规律来讲,学生和教师都是在相互的关系中成长的,是相互适应的结果。同一个教师，遇到不同的学生会表现出不同的状态；同一个学生，遇到不同的教师也会表现出不同的状态。在教学的关系中，改变的不仅仅是学生，教师也可能被改变。所以学生个性化发展是一个自然过程，而不是一个教育的方法问题。教育一定是按照所代表的社会价值观进行的，因材施教在逻辑上并不能完全成立。

人的个性化发展也是创新、创造的基础，有个性的学生将来未必有创新能力，但是有创新能力的人一定是有个性的人。然而，令人失望的现实是，学生必然成长在具体环境里，是否发展个性取决于学生抗拒环境影响的能力有多强。追求个性和兴趣，需要强大的内心。

四、教育能不能避免过度竞争

很多人都认为教育的焦虑、"内卷"及学生过重的学业负担的根源在于过度竞争，应该取消考试排名，杜绝升学择校，因为优质教育资源短缺加剧了这种竞争，让孩子卷入那些不必要的惨烈竞争。

如果以此逻辑来分析，我们可能忽视了这个问题的本质。

一方面，教育本来应该是基本的公共服务，被称为资源，就说明优质的教育具有稀缺性。如同阳光、空气、水本来无处不在，但是因为洁净的空气和水越来越少，也称其为空气资源、水资源。由此可见，优质教育资源短缺是一个常态化的现象，不是今天特有的，反倒是今天与历史上任何时期相比较，教育的优质化水平最高。

另一方面，竞争也是普遍存在的社会现象，竞争源自人的本性。人类脱离动物属性从自然界分化出来就是与动物竞争生存空间和机会的结果。教育的产生也源自竞争，因为有了社会分工，人要掌握更多的技能，提高竞争的资本，才有了教育。竞争是人的本性，按照马斯洛的需求理论，有需求就有竞争，道家思想倡导的无为、不争是一种文化，而非人之本性。

竞争是一项基本的社会规则，也是推动社会进步的内在力量。

史前社会，竞争遵从的是"丛林法则"，弱肉强食、适者生存、强者通吃，靠的是体力。人类社会产生了文明，人们为资源分配制定了种种竞争规则，如在生活物资上优待女人和儿童、敬老孝亲等；在权力传袭上的门阀制度、长子继承、选贤举能、民主选举等；在社会资源分配上的科举制度、考试制度等。为什么有的资源分配带来激烈竞争,有的资源分配则各得其所。

从人的本性和社会规则的角度看,教育中不可能消除竞争。如果人们预先知道一场比赛的结果,观看比赛的过程必然索然无味。教育即使取消考试,也免除不了人对荣誉、机会、权力的竞争。即使取消了今天的竞争,也不能回避明天的竞争。

竞争本身不是焦虑的根源,我们可能需要清楚与竞争有关的还有什么。与竞争相反的是合作,而对立的是冲突。教育中的竞争出现问题,要么是合作精神的匮乏,要么是竞争中出现了冲突。

现在,我们的学校教育中推崇学习共同体、合作学习等学习方式的变革。但是,我们可能更多看重学习活动中合作的形式,而忽视了合作的根本是一种文化建设,需要在学习中强化同伴之间的协作精神,通过分工协作、角色分配、辩论交流,实现学习效率的最大化,这就要求形成合作的文化来淡化利害得失。教育的焦虑和"内卷",在某种意义上反映出合作文化的匮乏。

竞争之所以被放大,就是在竞争中存在冲突。有竞争就有冲突,人类之所以制定各种规则,就是为了抑制竞争中的冲突。虽然说冲突未必导致混乱,但在两种情况下,冲突必然带来焦虑的放大:一是竞争通道过于狭窄,千军万马过独木桥,必然导致冲突;二是解决冲突的规则缺乏科学性,比如看似公平的考试制度,由于考试方式和内容远离一些学生群体的学习实际,那么他们就要用加倍的努力去追赶处于优势地位的学生,而优势地位的学生为了防止被超越,则用更加多样的方式拉开距离。

还有一个比较强大的因素加剧了竞争中的冲突,就是社会文化心理。争强好胜本无可厚非,但在这种竞争中,看的不是今天的自己是如何超越昨天的自己,而是看今天我超越其他人多少。在这种文化心态下,竞争带来"内卷"是必然的。

教育无法回避竞争,我们需要正确对待竞争的规则和文化。

五、评价改革是不是必然推动教育变革

不可否认的是,教育评价在教育的所有要素中非常关键且重要,没有科学的评价,教育就会失去方向。教育的持续发展、良好生态、质量提高、以人为本都依赖科学、合理、多元的教育评价。好的评价引领好的教育,不科学的评价则导致教育生态的恶化。多年以来,大多数教育问题都和"唯分数""唯升学"的单一评价方式有

关联、追求升学率、炒作高考状元、学生在课业上受到压榨、学生创新能力不足等问题，根源都在于教育评价的不科学。我们希望通过教育评价改革，牵引教育的健康发展。

但是，我们可能也要认识到，教育评价是一个世界性、历史性、实践性的难题，教育评价改革不是万能的，改革也会面临很多局限，并不会立竿见影地从根本上改变教育的面貌。

教育评价改革所面对的不是一个制度问题或者技术问题，评价的本质是体现教育的价值观，有什么样的教育价值观就会有什么样的评价。古希腊同时期的雅典和斯巴达两个城邦，价值观不同，对青少年的教育存在天壤之别。雅典城邦崇尚科学和智慧，教育的主要内容就是修辞、天文、演说、数学、音乐等，熟练辩论、思维、审美才符合评价的标准。而同一时期的斯巴达城邦实行尚武教育，鼓励青年勇敢、强健，在体能、习惯和思维方式上符合国家统一要求的标准。如果偷盗被抓，能够不屈服也算是一种美德，符合斯巴达的公民评价标准。可见，价值观的差异导致教育评价的差异。

每个人的教育价值观并不是内心自然生成的，观念更多是利害算计的结果。如果一种学习方式能够带来实际的收益，那肯定能受到重视，如果一种学习方式是超越性的、非功利的，得不到普遍的认可，则会被抛弃。考试成绩对学生来说与未来人生收益高度相关，就成为高利害的评价方式，学生和家长就会义无反顾，不择手段。重视教学不能带来明显的收益，而科研成果、发表论文有利于职称职务晋升，教师自然出现"重科研轻教学"的现象。评价方式对教育观念的变革只能起到引领作用，现实利益带来的价值观没有转变，评价改革的效果就会受到现实利益的冲击。

教育评价在操作层面还有一个局限，那就是任何一个评价标准都会以偏概全地选择便于操作的评价内容。我们需要对所有教育目标进行完整的评价，但技术上只能对教育目标中很少一部分知识技能进行评价，就像我们鼓励学生全面发展，但只能用所学科目的考试成绩评价学生，导致"考什么学什么"的片面发展。之所以出现这个问题，是因为评价工具研发、评价组织实施、评价结论反馈都需要耗费大量的经济成本，还包括学生、教师等参与评价的时间、精力成本等，人们无法承担全面评价的成本。教育评价的局限性还表现在，有一些学科和能力难以形成被人接受的科学的评价工具,比如艺术、道德、科学等能力很难形成科学的评价工具,创新创造、批判思维、合作精神、文化素养、交流沟通等能力也没有相应的评价工具。教育评价的局限性直接导致人们在观念中对学生的片面认识,对教育质量的错误追求。

六、知识能不能为学生未来生活做准备

学校教育为学生未来生活做准备,这应该是对教育一个不言自明的表述,但究竟准备什么? 准备知识、准备技能、准备习惯,准备一种精神,抑或准备一张文凭。整个社会教育程度不高的时候,人们送孩子上学的目的就是能识文断字,通晓事理,不当"睁眼瞎"。一度有的家长千方百计让孩子进名校不是为了考"名牌大学",就是为了能结识一批优秀的校友,为以后的发展做社会关系的准备。但是对教育准备的观念见仁见智,理解各有差异。中国人都熟知的"半部《论语》治天下""学好数理化,走遍天下都不怕",都想说明准备知识是学生最重要的学习,扎实的知识是应对未来生活的必备,而且坚信"技多不压身"的观念,认为知识学得越多越有用。

在西方的教育史上,这一观点被称为"教育预备说"。最早提出这一主张的是英国哲学家斯宾塞,他认为教育就是使人获得生活所需的各种科学知识,为完满的生活做准备。斯宾塞的年代是以电气化为主要标志的第二次工业革命时期,提出这一观点主要是批评古典主义教育的内容教条僵化,不切实际,脱离青少年生活,那个时代人们乐观地认为人类已经掌握了足够多的科学知识,足以应对发展中的任何问题,掌握扎实的知识就能应对未来生活。斯宾塞还提出了著名的"什么知识最有价值"的问题,强调了知识的重要性。

任何观点都有过时的时候。后来的思想家发现,把教育简化为知识的积累和习得,显然并不能揭示教育的本质。比斯宾塞晚一些的英国思想家怀特海,也尖锐批评传统学校教育墨守成规地教了一些死的概念,一点都不考虑儿童的兴趣和需要,学校不应该教太多的知识,所教内容应该"少而精",重在让学生理解。他说:"什么是教育,教育就是把学校所教忘掉后剩下的内容。"很多人都认为这句话是爱因斯坦说的,但爱因斯坦不是原创,原创应该是怀特海。

爱因斯坦之所以认同"忘记学校所有学到的内容才是教育",是因为爱因斯坦

一直特别痛恨学校教育,认为学校教育只关注学生如何为考试做准备,扼杀了任何可贵的好奇心和创造力。爱因斯坦在德国上中学时不受老师待见,被说得一无是处,后来学校开除了他。爱因斯坦后来做过家庭教师,他还奉劝所带的学生从预科学校退学。

历史上很多功勋卓著的伟大人物,上学期间都表现平平,甚至排斥学校教育,极力从学校教育中挣脱。从这个意义上看,并不能推论出学校教育必然为未来生活做了什么准备。

从经验出发来看,学校教育给我们每个人提供了一种经历和共同生活,但是很难说所学的那些学科知识在生活中发挥了作用。二元一次方程、欧姆定律、焦耳定律等大量的概念、定理、事实都会在离开学校后遗忘,除非从事的是某一方面的研究工作,谁也不会记住这些学科知识,更不要说在生活中应用。一个人了解了新几内亚人或古代玛雅人是如何生活思考这件事,可能会增进你对现实社会、人生生活以及生命的理解,但是如果你不知道新几内亚人是如何生活的,也不会因此而影响每天开车上班、朋友聚会和写工作总结。那么,学校教育存在的价值究竟是什么?可以说,教育为学生未来生活准备的不是知识,而是一种认识世界的方式,或者思维方式。因为接受教育,我们会用人类共同的思维方式认识世界,我们会更好地与人交流,我们会遵守共同的社会规则,参与社会生活。

七、学校教育能不能培养学生创新

培养学生的创新能力一直是教育的一项重点任务,这也是社会对教育提出的要求。社会越是进步,这样的要求越是强烈,就如同身体越是强壮对营养的需求越高一样。教育也一直在回应这样的要求,针对教育内容和教育方式进行改革,开展创造教育、创新教育,但是并没有像我们设想的那样培养出大量的创新人才,这才有了"钱学森之问"——为什么我们的学校总是培养不出杰出的科技创新人才?

以学科知识为主要学习内容,教师可以在教学设计方面进行创新,但是让教师培养学生的创新能力,则是缘木求鱼。创新是对已经形成的概念、观念、设计、程序、方法、产品的发现、发展、优化、替换或者重新组合,而教学的主要任务是帮助学生对现有知识体系的理解、内化、迁移,这个过程更多的是继承,可以重新组合知识,却无法对知识体系本身进行创新。教学面向过去,创新则需要面向未来。人类可以把自己的基因遗传给后代,却无法将观念、文化、思维直接遗传,所以每个人都要对人类的文明成果从头学起。

在教育领域里,创新占有主导地位,但究竟什么是创新,我们的认识有时候比较模糊、抽象、笼统、不具体。我们习以为常的教育方法不仅不利于学生的创新,甚至还会遏制他们的创新。旷日持久的作业与创新无关,因为都是以熟悉某类知识、某项技能为目的,不存在创新。频繁的考试也与创新无关,因为考试要求学生用预设的答案回答试卷,如果学生要在考试答题上创新,很可能在成绩上"吃亏"。甚至很多物理、化学、生物的学生实验也与创新无关,因为我们一般要让学生按照规范的实验流程和操作标准进行实验。

其实,有时我们的学校教育还存在对创新的错误理解,不了解创新,培养学生的创新能力就是一句空话。

创新不是凭空而来的,而是深刻认识事物规律以后出现的新认知。尽管人类早期的很多发现都是从无到有,比如发现轮子运送物体比拖行省力,轮子就被广泛应用,但是人类的大多数创新都是对已有成果的改进、重组或否定,这就是为什么要学习专门的学科知识,因为只有深入了解一个学科或者一类知识,才能在这方面创新创造。

我们经常给学生讲关于创新发明的故事,往往会提到瓦特如何发明了蒸汽机,爱迪生如何发明了电灯,牛顿如何发现了万有引力,爱因斯坦提出了相对论,等等。但这些故事都是后人在传播中产生了偏差的结果,真实情况并非如此。如果我们仅仅是讲故事,这些信息就足够了。但如果我们要通过这些内容激发学生创新的兴趣,这样的故事反而有害,因为它们往往把创新的时代背景和创新过程简单化,忽略了创新的复杂性,而且牛顿、达尔文、瓦特等这些我们熟悉的伟大人物,在很大程度上是历史选择的结果。其实同一时代研究同一问题的人很多,只是我们知道的这些人物是被选择的最具代表性或成绩最为突出的一个,他们就和某一创新关联到一起,似乎是一人之力的结果。为什么牛顿说"站在巨人的肩膀上",就是说明创新一方面是前人积累的结果,另一方面也是同一时代的人们共同思考的结果。就连牛顿说的"站在巨人的肩膀上"这句话也是有很多人表达过同样的意思。

我们经常告诉学生,要通过努力学习,培养和提高自己的创造力。这只说对了一半，创新需要扎实的知识做基础，但这远远不够，创新有时候和努力也没有直接关系。创新不是某一个天才人物苦思冥想或者潜心研究的结果，创新的原动力是需要，但是有需要还不足以催生创新。积极心理学代表人米哈里·契克森米哈赖在《创造力》里说："创造力不是发生在某个人头脑中的思想活动，而是发生在人们的思想和社会文化背景的互动中。它是一种系统性现象，而非个人现象。"这也意味着创新更多依赖于社会文化。

有了知识并不必然带来创新。布莱恩·阿瑟在《技术的本质》里提出一个问题：为什么新技术通常会高度集中在一个或最多几个国家和地区？他的问题是，"如果技术的力量来自知识，即关于技术和科学的信息，那么，原则上讲，任何一个拥有工程师和科学家的国家都应该和其他国家一样具有创新性。毕竟，大多数国家应用的是同样的科学，同样的学术期刊，同样的知识、事实、真理、理念和信息。"但事实上，不同国家、不同地区之间的创新能力差距很大。

我们的教育还有一个问题，过于追求标准答案，缺乏容错的评价，这限制了学生的奇思妙想，而创新恰恰是以批判和否定为前提，在批判和否定中难免会出现错误的结果。如果教育不能对学生的失败和错误给予包容和鼓励，那么学生的创新能力也很难培养。

看来学校教育要培养学生的创新精神，并不是靠主观意愿所能达到的。

八、技术进步能不能从根本上改变教育形态

在漫长的人类历史上，没有哪个时代能够像今天这样，技术无处不在地影响着人们的生产生活，技术进步速度如此之快，以至于超过人对技术变化的适应速度。虽然说教育的进步主要是观念的进步，但是也与技术进步如影随形，教育的进化史也是技术不断融入教育的历史。没有印刷术的普及，夸美纽斯也可能不会提出班级授课制的设想，教育的普及化也不会那么快，因为大规模的教育需要廉价的教科书。没有信息技术和互联网，我们想阅读一本书就必须去图书馆或者书店。

工业革命以来，技术对教育的改变日渐深入，无线广播、电影、录音、电视、录像、照相、互联网等技术，无不在教育教学活动中被广泛应用，并演化出电化教育、PPT课件、智慧教室等工具与技术层面的变革，以及慕课、翻转课堂、线上线下混合教学等教学模式的变革。技术不仅改变教学方式，而且还制造了新的知识体系和

技能要求。

技术进步的脚步不可阻挡,教育跟随技术进步也不可逆转。教育总是以积极的心态拥抱技术的革新,因为教育一直在寻找改良学习效果的有效途径。但是,教育的根本任务是对人的塑造和改变,教育始终以人的发展和解放为中心,不仅仅是完成学习知识的任务,还要对人的思维、态度、情感、价值观进行塑造。技术在教育中的应用总是无法触及根本。

教育发展过程中,人们或主动或被动地拥抱新技术,每一项新技术的出现,都会被当成教育变革的一次契机。虽然说技术进步改变了知识的传播方式、呈现方式,改变了人们对教育、课程、学习的认识和观念,重新定义了学校、教师、学生,但是技术对教育的影响似乎并不像对生产生活领域带来的改变那么明显,并不像人们期待的那样让教育发生多大的改变。2011 年,乔布斯就提出一个问题:为什么IT 改变了几乎所有领域,却唯独对教育的影响小得令人吃惊? 这就是著名的"乔布斯之问"。早在 100 多年前电影出现的时候,杜威就曾经说过,坐在影院观看影片中播放的内容与坐在课堂里听老师讲课,并没有什么本质的不同,真正的学习需要积极主动的社会性参与和互动过程,而不是被动观察。以语言犀利著称的美国计算机科学家尼葛洛庞帝在《数字化生存》中举了一个例子:如果让一位 19 世纪的外科医生穿过时光隧道来到今天的手术室,他会茫然不知所措,因为现代科技已经完全改变了外科医学的面貌。但要是让一位 19 世纪的教师来到今天的教室,他拿起课本就能很快适应他的角色。这个对比虽然不是特别准确,但是至少说明要想通过技术进步改变教育形态是非常困难的,或者人类至今没有找到那个让教育发生根本变化的"切口",因为教育的根本是人的学习与发展,而学习是一个人的认知、思维、精神、生命、意义、行动、情感等方面发生蜕变的过程,技术无论如何进步也很难抵达这种内在的改变。

历史上,人们对技术发展始终存在悲观和乐观两种态度。乐观的态度认为技术延伸了人的能力,拓展了人的认知宽度、广度,改善了人的体验;但悲观的态度认为,技术进步带来了人的异化、物化,人的自然本性被改变,人的很多能力也会退化,人变成了工具。我们无法阻挡技术的进步,也不可能排斥技术对教育的介入,但也要认识各种技术观念的片面性。

技术进化是为了满足人的需要,解决人在发展中遇到的问题。但是,技术在解决问题的同时，又在制造新的问题。比如互联网技术带来学习的便利，但同时又让一些学生沉迷网络；信息技术改进了教学方式，又会因为使用时间过长影响学生的视力；智能时代获取知识的方式十分便捷，又带来信息的真实性、有效性和权威性难以辨别的问题，给学习带来选择困境，使学习负担更重。教育的数字化转型过程中，将带来教育形态的根本性变化，什么是知识，什么是学习，什么是学校，都需要重新认识。但是英国人汤姆·古德温又提出了数字达尔文主义，可能某些社会群体会在数字化转型过程中按照"适者生存"发展规律，无法适应变化而走向失败，在教育方面，数字化转型中可能会促进发展，也可能会加大教育差异。

现代社会中，技术已经成为最为广泛、最为活跃的社会文化基础，任何一个人或组织都不可能离开技术，甚至都不敢在技术的迭代中掉队。但是在教育领域，技术还仅仅是作为工具而存在，对教育最为本质、最为核心的存在没有太多改变。尽管有人做过对比，现代的人与半个世纪前的人相比，智力水平普遍提高，但是长远看来，今天学生学习中遇到的记忆、遗忘、理解、热爱、思考等问题依然存在。

结　语

教育的很多问题越是深入思考，越是让人感到困惑，看似司空见惯的一些观念，真要分析其来龙去脉，却很难三言两语说清楚。不同的背景会产生不同的教育价值观，我们不能苛责所有人都有先进的教育观念，因为观念并不是一种强加的选择，而是个体与社会文化环境互动的结果，选择任何教育的价值观都有其合理性和不得已，但是我们希望，每个人对自己的观念要有理性的认识，知道为什么这样，应该怎么样，理性也许能够统一社会对教育的价值认同，而不是让社会对教育的价值认同处于割裂状态。

教育规律究竟是什么

在教育话语体系中,"尊重教育规律"一定是绝对正确的表述,对一项教育决策不满,我们会说"这是不尊重教育规律",对极端的教育行为也会说"简直就是违背教育规律"。围绕"尊重教育规律"还衍生出"回归教育本真""回归教育本质"之类的说法。无论什么样的教育主张,都以尊重教育规律的名义出现。但如果我们再往下追问,究竟什么是教育规律,得到的回答可能就千差万别,语焉不详,不那么振振有词了。

当然,想要知道什么是教育规律,查查百度,翻翻教科书,也会得到答案,但是你一定会对那些答案深感失望。百度上说"教育规律是教育现象与其他社会现象及教育现象内部各要素之间本质的、内在的、必然的联系或关系",相信以一般人的经验来理解有一定的困难。教科书上说教育规律是"间接经验与直接经验相统一,掌握知识与发展能力相统一,教师的主导与学生的主体相统一,传授知识与思想教育相统一"。我们很难理解使它们达到"相统一"的方法是什么。要是从教育行为的结果看,"相统一"就是既体现了甲的主张,又满足了乙的价值。教科书式的抽象表达看起来更像是纸上谈兵的文字游戏,不能启迪在具体情境下的教育认知,反而会禁锢人们对教育可能的多元化理解,给教育认识带来更多的迷惑。

一

邬志辉在《教育规律的三重本性》中提出,教育规律具有发生学本性,人类世界发展变化,教育规律也随之变化;教育规律具有类型学本性,学前教育有学前教育的规律,职业教育有职业教育的规律,中国教育有中国教育的规律,英国教育有英国教育的规律;教育有人性学本性,不同的人、不同阶层、不同立场、不同价值观对教育规律有不同的理解。也就是说没有永恒性、绝对化和客观性的教育规律。教育规律是一个边界模糊、高度抽象的问题,甚至有没有真正的教育规律也受到质疑。

但是,人类总是期望通过对事物因果关系的把握来找到达成人类目的的工具、手段、方法、策略和机制。对教育规律的探寻始终是一种夙愿,孔子和苏格拉底追问过,卢梭和洛克追问过,杜威和陶行知追问过,我们自己或邻居家的大叔大妈也可能追问过。我们可能更希望把握那些能够被经验和一般认知所理解的规律,而不是什么"本质的""内在的""必然的"之类的抽象表达。

二

很多人认为,教育规律不就是教育的常识吗? 其实常识往往并不等于规律。

常识无须证明和推理,是不言而喻的认识。不能用教小学生的方法去教幼儿园的孩子,这是常识而不是规律。常识往往来自人们的经验,但是经验往往并不是真实。太阳从东边升起西边落下,通过这个常识判断是太阳围着地球转,但真实的情况是地球围着太阳转。常识告诉我们,只要学生刻苦勤奋,反复训练就一定能取得好的成绩,但是恰恰有的学生无论怎么刻苦都难以成绩优异。常识告诉我们,听话懂事的孩子一定遵纪守法,但恰恰有些孩子非常听话乖巧却做出极端的行为。常识说"学好数理化,走遍天下都不怕",但很多人学富五车,社会能力却很差。

由此可见,教育规律并不是人尽皆知、不言自明的道理,如果人人皆知什么是教育规律,那么教育的复杂性就是教育专家们制造的一个噱头。

三

很多教育理论指导的教育实践,都会认为自己的主张和行为就是教育规律的体现,而站在自己对面的那些教育行为都不符合教育规律。主张"以教师为中心"教学的人,认为教师的思维、言行会成为学生模仿的榜样,教师是影响学生学习的直接因素;主张"以学生为中心"教学的人认为,那些只注重教师"教"的教学过于陈旧,把学生当成知识的容器,忽视了学生的主体性地位,不符合教育规律;主张"以问题为中心""以思维为中心"教学的人则认为,以学生为中心也好,以教师为中心也好,都没有关注到学习的真正发生,课堂教学的效果太差。

根据常识我们无法判断,究竟哪一种主张真正符合教育规律。如果真有自己的判断,很可能是被某种流行的观点所左右。流行的观点看似时尚,有时只是一个时期的偏好,或者是一种矫枉过正、以偏概全的选择,但一定不代表绝对正确。"诱思探究""快乐教学""高效课堂""先学后教""翻转课堂""对分课堂",一时不乏狂热的追随者,但经过几年实践就会被大多数人所抛弃。

只不过,我们还是要肯定教育思考者和实践者这种孜孜以求的探究精神。

四

东方的思想家,西方的哲学家,都希望探寻教育的终极思想,把握最优的教育理论和方法。西方人寻找教育的"圣杯",追求教育的绝对真理;东方人也以特有的思辨方式在努力理解教育的"道""法""本真",认识教育的本性。

自从人类把教育作为相对独特的现象去思考、认知、发现和探究,教育就一直处于观念的冲突之中,即使科学教育学诞生以来,教育仍然没有走出观念冲突的旋涡。没有所向披靡、无往而不胜的教育观念,只有教育观念的选择,但很多选择经常在理想与现实中失去平衡。

之所以无法找到教育的绝对真理,在于教育者、受教育者、教育的内容、教育的方法四个要素之间的千差万别,而且变动不居,组合到一起不知道会发生什么"反应"。

五

教育始终处在观念的矛盾与冲突之中。孟子主张性善论,认为人的内心都有善的种子,教育就是让善的种子萌发生长。荀子主张性恶论,认为人都有耳目之欲、声色之好、求利之心,需要通过教育克制、压制人性之恶。孔子主张"古之学者为己",认为学习应该以提高自己的德行和境界为目的,反对"今之学者为人",认为学习不是为了取悦别人,不是做样子给别人看的。同样的矛盾在古希腊也有"有用之学"和"无用之学"的分歧。柏拉图、亚里士多德、毕达哥拉斯认为教育就是追寻真理,用辩证的方法探寻知识最纯粹的形式。而他们的反对者,伊索克拉底认为学习知识、方法才能获得德性和良好生活,知识只是达成某种目标的手段。

这样的矛盾争论绵延几千年也未有定论。

六

教育理论的创新有时是非常迷人的,但是永远缓解不了人们在现实中需要做出选择的矛盾困惑。

20 世纪初的美国,以杜威为代表的进步主义教育运动一时兴起,提出一整套颠覆传统教育的理论,认为传统教育只会灌输教育,把适合成年人的知识强加给未成年的儿童,脱离儿童实际,扼杀儿童天性。进步主义提出教育就是生活本身,"教育即生活""学校即社会"的教育观,主张以儿童为中心,尊重儿童自主发展,儿童应当在"做中学",让他们在园艺、木工、金工、烹饪等活动中"主动作业"获取知识和能力。进步主义思潮对现代教育产生了非常积极的影响,以至于现在我们的教育改革还将这些思想奉为圭臬。

但是,进步主义运动兴起的同时,又出现很多不同的声音,特别是以巴格莱为代表的要素主义,认为儿童并不像进步主义认为的那么理想,那是别人家的孩子,自家的孩子还是会感情用事,还会胡作非为,捣乱纪律,还是有各种各样的毛病,需要强调纪律,注重训练。人类创造的那么多文明的成果应该作为教育的要素,教育就是要传授真理、传授知识,至于儿童对所学的东西是否有兴趣,那是次要的。

虽然过去 100 多年了,这种分歧同样发生在今天的教育界。但是,当 1957 年苏联人把人造地球卫星送上天以后,美国上上下下觉得更愿意接受要素主义的主张,"以儿童为中心"的教育看上去很美,但是还是让儿童的学习力有所下降,影响到国家的创新和发展。

七

我们再看一个自己的例子。

21 世纪,中国开始新一轮基础教育课程改革,背景是我们的学生深受"应试教育"之苦,在课程体系上过于注重知识传授,而且知识内容"繁难偏旧",教学方式简单、枯燥、陈旧,学科之间相互割裂,学习脱离学生生活实际。新课程改革的倡导者认为"应试教育"对儿童造成极大伤害,不利于儿童健全人格的培育和成长,扼杀青少年的创新精神和实践能力,不适应时代进步的要求,基础教育课程应当重整旗鼓。新课程要打破学科界限,改变机械的灌输式教学,减少学生学习内容。但是,很快就有人觉得新课程改革也存在问题。2004 年起,在教育理论的领域掀起一场罕见的、针锋相对的学术争论。反对者认为新课程改革存在"轻视知识"的思潮,应该摒弃"应试教育"向素质教育转轨的提法,不能一味批评和否定对升学率的追求,这一现象在我们国家有着深厚的社会历史基础,我们的发展阶段决定对升学率的追求还会长期存在。

虽然今天我们的基础教育仍然在应试教育还是素质教育的旋涡中打转转,但是这一场旷日持久的教育争论还是给我们认识教育问题带来了很多积极的影响,让我们的教育观念更加多元,无论是教育决策者、校长、教师,还是家长,都会在这种教育观念的冲突中选择自己的主张。争论为教育改革打下了思想认识上的基础。

八

对教育规律的认识决定教育方式方法的选择。教育规律并非人尽皆知,昭然若揭,需要探索和发现。如果教育始终处在观念的矛盾与冲突之中,而且这种矛盾和冲突几乎是相伴相生,比比皆是,难分难解,那么我们究竟该如何把握教育规律?

教育规律可不可以理解为在观念的矛盾与冲突之中寻求符合教育目的的平衡点?

教育观念的矛盾与冲突几乎无处不在,正是对这些矛盾和冲突缺乏清楚的认识,导致了整个社会普遍性的教育焦虑。

公平与效率、人文主义教育与功利主义教育、应试教育与素质教育等这些属于宏观层面的对立观点,在一些更具体的问题上也存在矛盾与冲突。

先天与后天。对学生的学习来说,先天天赋更关键还是后天努力更关键,一直存在争议。我们每个人可能都在上学时都遇到过这个困惑,有些同学看似一天吊儿郎当,上课看课外书,该玩玩,该吃吃,但是学习成绩却不比别人差;而有些同学点灯熬油,废寝忘食,却成绩平平。我们就会认为有些人天生是学习的料。但是,东方和西方的学习观念差异也在这里,西方人相信智商、天赋,所以会接受成绩不好的事实,选择适合自己的学习方式。而东方人认为后天努力更重要,相信勤能补拙、天道酬勤,所以东方国家学生学习普遍刻苦。当然,教育科学研究发现,从短期看,努力勤奋是可以取得优异成绩的,但从长远看,优秀还是依靠天赋。当然天赋和勤奋相结合则更是如虎添翼。

考试与竞争。芬兰在全世界是教育质量的"优等生"，但却不是靠强化学生的竞争获得教育质量的提升。在全球教育都以竞争、选择和更多考试提升教育质量的风潮中，芬兰基础教育改革却淡化了考试与竞争，而是通过提升教师专业化、建设校本课程、强化以信任为基础的教育领导来提高学生的学习能力。芬兰教育改革的领导者认为："如果考试让学校和教师承担教育质量不良的后果，教师就会根据考试设计教学方法，提高考试科目的优先性，让教育沦为压榨学生脑力，强迫学生记忆的工具，而不是理解知识。"（帕思·萨尔伯格《芬兰道路》）但是，我们往往把考试作为评价教育质量的核心标准，通过考试成绩排名激励学生竞争，反倒是牺牲了长久的学习动力。当然，我们的教育今天仍然不能取消竞争，因为取消竞争并不能消除对教育机会、资源的争夺。但是，建立一种弱化倾轧、排斥而又促进共赢的竞争规则却是可以做到的。

满足与限制。有一种观点认为，儿童早期的需求应该无条件满足，比如吃甜食、玩游戏、看电视、买新衣等。得到充分满足的孩子，长大以后才不会有匮乏感，心理才会更健康。如果家长一直无视孩子的需要，限制需要的满足，孩子会有不安全感，甚至在心理上产生一种"不配"享受这些需要的匮乏感，成年后可能会发生报复性的满足，变得贪婪、自私。这种观点有一定的道理，尽管我们也知道对需求过于限制不利于孩子的成长，但是无条件充分满足孩子需要的观点还是与我们的经验相悖，究竟该不该无限满足，满足到什么程度，我们也需要寻求一个平衡点。

可以说在教育实践中，处处充满这种矛盾对立：标准化课程、统一教学与鼓励学生个性发展之间存在矛盾；以工具性为目标的教学与以价值观为目标的教学之间存在矛盾；全面发展要求合理分配时间，深度学习却要求在某一方面耗费大量时间，二者也存在矛盾。

九

教育规律本身可能并不是一个客观存在，而是一个认识方面的问题。认识事物并不能改变事物本身，但可以利用认识和理解的道理实现目标。我们认识天体运行规律并不能改变任何一个星球的运行轨道，但我们可以利用这种认识发射人造地球卫星。

把握教育规律就是要在教育现实的对立矛盾中寻求一个平衡点,但是什么决定了你的平衡点,如何寻求平衡点却会千差万别。如果认识不到这种对立矛盾,就无从把握这个平衡点,对对立矛盾认识得越清楚,也就越能准确把握自己的选择,越接近教育规律。决定教育认识的是价值观。

清华大学知名教授刘瑜在演讲中说"我的女儿正在势不可当地成为一个普通人"时,远在云南大山里的时代楷模张桂梅却用半军事化管理、题海战术的方式帮助 1800 余名云贵山区的女孩走出大山,改变命运。每个人站的位置不同,教育的价值观不同,对教育的诉求也不同,我们无法苛责任何一个人的教育选择,因为这都是那个"平衡点"所决定的。

当然,选择什么样的教育方式和学习方式,也需要相应的支撑条件。如果选择以讲授为主的教学方式,支撑条件就是教师讲课要足够有吸引力,如果课堂上学生昏昏欲睡,还不如让学生自学或者互相教学。如果选择某种模式的课堂教学,支撑条件就是教师能够领会并驾驭这样的模式,学校要有鼓励和引导教师对这种教学模式进行优化的制度和评价机制。

10 多年前,一本《虎妈战歌》红极一时,作者蔡美儿讲述了她如何用东方家庭严苛的教育方式"逼迫"自己的两个女儿每次考试拿第一,学习钢琴和小提琴。作为支撑条件,"虎妈"蔡美儿是美国耶鲁大学法学院终身教授,毕业于哈佛大学法学院,获博士学位,先后在杜克大学、哥伦比亚大学、纽约大学及斯坦福大学任教,她作为第二代华裔移民,深知一个人成功的秘诀,知道如何让孩子变得更优秀,而且她能够把控住让两个女儿不偏离方向。

一个家庭要想通过高强度训练让孩子变得优秀,除了外在条件的保障,还要有强大持久的精神支撑。

总结一下,教育规律并非显而易见,需要探寻。教育的实践中,始终存在着观念、方法、方式的对立、矛盾和冲突。把握教育规律需要认识这些对立、矛盾和冲突,寻找矛盾的平衡点。每个家庭、每所学校、每个学生所站立的位置不同,这个平衡点在矛盾天平中的位置也不同。对矛盾的认识程度决定对教育规律的接近程度,遵循教育规律需要有利的条件支撑。这支撑条件可能是观念、方法,可能是物质保障,也可能是坚定的信念。

谈论教育的方式

这是一个教育话语众声喧哗的时代。

教育话语中,政策话语、理想话语、世俗话语等话语粉墨登场。政策话语说的是规则,以改革的面目出现;理想话语说的是理论,以道义的面目出现;世俗话语则说的是现实,往往表现为情绪的面目。除了这三种,还有其他话语,如:教育的政治话语,由于过于宏大,一般也没有讨论的余地,关注者甚少;教育的科学话语,因其专业、抽象的特性,也关注者寥寥。

一

人人都有教育话语权,教育的语境中各种话语错综复杂,若即若离,但是作用有大小,影响有轻重。相对来讲,政策话语占据主流,但是,很多情况下理想话语和世俗话语也会干扰政策话语的表达。

健康的话语环境应该是在理想话语的引导下,各种表达能够充分沟通,让育人目标求同存异,让教育规则最大共识,让教育环境持续优化。但是,每一种教育的言说都代表了不同的价值观,背后则是主张、诉求、利益、身份、阶层的分化,这种分化在教育的语境中很难调和,注定了教育对话的非理性、鸡同鸭讲。理想的状态在教育发展不充分的情形下很难出现。

二

政策话语的核心是对法律、制度的延展,主要表达规则、原则、秩序,表现出强烈的国家主义,强化国家意志,调整教育的发展秩序和资源分配方式。

政策话语表达不能不顾及世俗话语的存在,一旦表达不恰当、不充分、不及时,都会引发世俗话语的抵制和喧哗。比如一省的高校招生计划,扩大了省外计划,尽管省内计划没有减少,也会引发省内民众的抵制。很多城市出现的市民抵制解决外来务工人员子女的义务教育政策,正是世俗话语的一种表达,说明在政策话语中没有说清市民入学机会的保证。政策话语具有一定强制性,但是政策表达超越教育发展的现实阶段,无视具体语境,也会激起世俗话语的质疑。"小升初"摇号选择生源的方式,本来只是一种资源分配方式的改变,但是这一资源如果是垄断性资源,又是稀缺性资源,则要充分考虑利益群体的心理承受。在不需要摇号就能入学的学校普遍满足不了对优质教育资源需求的情况下,摇号入学只是一种迫不得已的选择。这种迫不得已根本谈不上什么改革,因为对资源的分配,武力抢夺不能用,平均分配不能用,优胜劣汰不能用,只有靠运气分配,这也是最原始的办法。这一办法必须申明一点的就是部分人利益的牺牲。另外,有些方法不能因为别人使用了,我使用也是对的。具体现实千差万别,任何一种分配资源的方式也不可能具有普遍正确性。如果仅是一小部分人使用这种原始的分配方式,并不会带来社会恐慌,而大家全部参与到这种资源分配方式中,就会带来整个社会的焦虑。商场里的名牌包断货了,可能受影响的人并不多,但是超市的食盐断货,可能就会成为社会问题。所以,这一分配方式即使再机会公平,再组织严密,都不能用所谓改革或成功改革来表述。这样的政策话语会激起利益受损者更为不满的情绪。有时政策话语更需要缓解世俗话语的焦虑。

三

理想话语的核心是对人的和谐发展的表述,表现为各种教育思想、理论、理念、规律的主张,往往具有一定的超越性,在一定程度上会引领教育观念的更新和教育政策的调整。

理想话语往往抵不过强大的现实。我们可能经常会困惑,教育家说"素质教育非常重要""教育就要引导孩子的趣味""教育要保护孩子的兴趣""教育就是唤醒""教育要首先教会做人"等,这些都是教育的理想话语,都绝对正确,但是,所有的教师和家长虽然认同这些道理,却走不出升学、应试的泥潭。转换成世俗话语,那就是我还要分数,我还要排名,我还要奖牌证书,我还要上名校,我还要考清华北大……

理想话语如果无视现实,就会成为自说自话,无人喝彩。"减负"最能说明这一点。"减负"通过政策话语表达到了无以复加的地步,"减负"的主张应该来自理想话语,因为理想话语要谈规律,要谈理论,但是在中产阶层并未壮大,社会差异并未消除,用人制度并未改变,考试选拔制度并未多元的现实下,"减负"将课业负担由校内转向校外,不但没有遂人所愿,而且南辕北辙。理想话语和政策话语脱离了现实语境,只能遭到世俗话语的漠视与抛弃,甚至阳奉阴违。

理想话语也不能脱离文化积习。人是文化的动物,人的行为选择除了受本能支配,更多受到文化的左右。理想话语执迷于"他山之石,可以攻玉"的信条,却总是南橘北枳。2017 年,《日本教育减负 30 年反思》《日本挥手诀别"宽松教育"》两篇文章似乎在世俗话语的语境中对"减负"的主张找到了说"不"的理由,但是要知道中日两国的制度文化差异很大,社会差异更甚,在就业率和升学制度方面都存在差异。日本学生中,追求较高的学生自然会在学习上更拼一些,如果仅是一般生活水平的追求,则完全不需要像中国学生那样拼命。日本学生的负担是个人对未来选择的结果,而中国学生的负担则是文化裹挟的结果。我们的文化里顽固地充斥着"一分耕耘,一分收获""勤能补拙""囊萤映雪""头悬梁,锥刺股"等元素,加上我们的学生缺乏人生规划,成长目标单一,排斥学习方法的研究,所以学生负担更多来源丁文化。还有一篇网文《愤然离开中国的德国助教:你们的教育是犯罪!》,也是理想话语对世俗话语的猛烈抨击。但是中国的文化就是这样,世俗话语就是文化选择。理想话语对政策话语和世俗话语发挥引导和批评纠正的作用,但是当政策话语和世俗话语占据主导的时候,理想话语就会被弃置一边。

"减负"如果不从学习方法、策略、路径的改进方面寻求突破,"减负"政策就无法见到成效,这正是各种话语缺乏有效沟通的结果。

四

世俗话语的核心是对教育功利化的文化表达,表现出强烈的现实实用性。之所以说是一种文化表达,是因为除了受到功利目的的影响,往往还会受强大文化积习的影响,经常表现出情绪化、娱乐化。

2018 年高考结束,李镇西写了一篇文章《变态的高考——从"旗开得胜"说起》,批评了高考引发家长和学校的种种所谓"丑态",比如考试那天,考生妈妈们穿上旗袍,寓意"旗开得胜",爸爸们穿上马褂,寓意"马到成功"。这是典型的理想话语对世俗话语的误读。世俗话语表达的是一种现实的、直接的心理期待,不考虑严肃、正确,完全是一种文化心理机制的反映,就如同中国民间寺庙里的神灵并非为信仰而供奉，而主要为了现实实用目的来供奉。河北易县奶奶庙，香火很旺，主要是满足了人民群众对现实生活的升华，那里供奉了保出行平安的车神，直接手握方向盘。世俗话语就是这样，同样是表达教育的问题，你没法与它较真。

教育世俗话语的表达比较直接，只看结果。各种教育改革到底有没有效果，世俗话语不太关心。比如政策话语和理想话语语境下的课程改革，什么理念，什么方法，什么评价，都不在世俗话语的讨论范围，世俗话语只看考试成绩有没有提高，升学率有没有提高。

世俗话语的影响有时也会强大到惊人，因为根深蒂固，所以生命力和抵抗力很顽强。理想话语和政策话语经常会合流，并驾齐驱，但也不能完全战胜世俗话语。

2016年，河北涿鹿县教育和科技局局长郝金伦推行"三疑三探"的课堂教学改革，各方专家给予一致好评。改革的出发点是良好的，目的是要改变"满堂灌""题海战术"等不科学的教学方法。而正是这一充满理想，充满激情，在其他地方取得成功的改革，却遭到广大家长甚至教师的集体抵制，县委县政府不得不终止改革，回到"满堂灌"的课堂，并将郝局长免职。郝金伦局长非常无奈地打了个比方：做一个肿瘤手术，很专业，可是病人家属要怎么做就怎么做，很可笑。

这一事例说明，世俗话语有时也可以改变政策话语，也会抛弃理想话语。

五

教育改革的复杂性和艰巨性不言而喻。社会进步是博弈与妥协的结果，教育的进步需要建立各种话语表达的沟通协商平台，并形成对话机制。但是，现在还远远没有达到这一步。在政策话语的表达里，世俗话语只不过是罔顾事实、情绪发泄。在世俗话语的眼里，政策话语充满了傲慢与偏见。在理想话语中，政策话语和世俗话语都太功利、太现实。而政策话语和世俗话语共同认为，理想话语需要了可以拿来用用，不需要了就王顾左右而言他。

话语既是权利，也是权力。政策话语对整个教育话语环境具有匡正作用。政策话语摇摆不定、模棱两可，就会导致世俗话语的混乱。

今天，在中国教育的语境中，需要建立一种对话和沟通的机制，这个机制中理性应该为基本价值，各种话语应该相互包容、相互观照，这样才能确保教育改革发展的健康有序，告别自说自话的尴尬。

教育发展与文化的桎梏

　　教育是传播文化的事业,教育的使命之一是为整个社会的文明开化而服务,为先进文化培养人。广义上说,教育也是文化的重要组成部分,有什么样的文化,就有什么样的教育。文化往往具有稳固的一面,越是积淀深厚,越是演化迟缓,即使疾风骤雨般的文化运动,也很难把旧有的文化连根拔起。

　　今天,与世界教育进步不断接近的中国教育,已经发生了深刻变化。新的教育思想、教育理念通过专家撰文、媒体传播等途径不断冲击着人们的头脑,新的教学观念、教学方法、教学手段也在通过各种实验、试点的方式在广泛实施。但是,无论是专家学者,还是家长学生,甚至教育工作者,都没有真切感受到耳目一新、允满希望的新教育的到来,反倒是批评之声不绝于耳。

　　所谓教育改革“深水区”,教育的变革力求突破文化藩篱,努力让整个社会树立正确的教育观、人才观,只是文化积习的影响根深蒂固,难以撼动,以致教育改革在突围中四处碰壁。教育改革的理想面对冰冷的现实,往往表现得无所适从,可能还需要从整个民族和社会的文化根基中寻求突破。

一

　　大家都在批评中国教育陷入功利主义的泥淖,而这功利主义也不是突然从天上掉下来的,其根源还是传统文化中的等级观念。几千年的社会文化建立在以血缘宗族为基础的伦理关系之上,长幼尊卑次序深入人心,这种生活的伦理关系有着严格的等级秩序,个人的物质生活和精神生活都取决于在这个秩序中所处的位置。费孝通在《乡土中国》中所说的“差序格局”真实地反映了这一现实,在这样的秩序中没有个体的地位,不允许有个人主义,而从人性的角度讲,个体又有自我实现的需要，要通过各种手段提高自己在"差序格局"群体中的地位。也正是在这种秩序中，每个人的价值都建立在与他人的参照对比中，要体面，要受人尊重，要有尊严，就要比别人过得好。反映在教育上，学业有成的人不一定是优秀者，但一定是优胜者。

西方也有家族、宗教、国家的群体，也有等级观念。但是宗教改革和启蒙运动之后，个人主义成为社会主流，个人追求自适、自足的生活方式并不会影响自身价值的存在，所以与人攀比的心理需求并没有那么强烈。

在群体之中满足个体的内在追求，所有的价值观都建立在与他人的比较之中，有人称之为"互倚型自我观"。几千年来中国人处于这样的生命状态，传统的文化基因顽固地左右着人们的观念，这种观念甚至不会因为社会的进步与发展而有所改变。我们耳熟能详的"学而优则仕""万般皆下品，唯有读书高""劳心者治人，劳力者治于人""光宗耀祖""一人得道，鸡犬升天"等，都深深刻在今天中国人的教育观中。

社会等级观念明显地对很多职业保持着轻贱的思想。大家都熟知"孟母三迁"的故事，孟子的母亲不遗余力地要远离那些丧葬、商贾和屠宰行业的人群，虽说是相信环境影响孩子的成长，行为背后却透露出观念深处对这些行业的轻贱和厌恶，传统文化"重学术，轻技术"的思想也就通过这种故事一代一代流传下来。职业教育备受冷落也说明了这一思想的顽固。

在西方，马克斯·韦伯的《新教伦理与资本主义精神》创造性地提出，资本主义不仅仅是一个经济问题，而且是一个文化问题。新教徒为了获得上帝的救赎，就要恪守自己的天职踏踏实实工作，即使是一个泥瓦匠、卖报人，都要兢兢业业，勤勤恳恳。正是各行各业的清教徒这种勤奋的、忠于天职的精神，才成就了工业革命，创造了经济社会的繁荣与进步。

人才观、职业观与教育密切相关，直接影响了教育改革的推进，中西方传统文化中对职业的不同观念影响了各自教育现代化的进程。

基础教育作为公共服务体系，首先要考虑公平，而公共服务体系的公平更多的是均等化和平等的问题，这样的追求又与传统观念中"互倚型自我观"格格不入，于是导致了教育改革无论如何努力也会遭受各种不满和诟病。

今天教育中的考试排名问题、择校热问题、名校恶性竞争破坏教育生态的问题,多多少少源于传统的文化观念。而各项教育改革又是追求公民社会理念意义的现代化,两相比较,简直就是南辕北辙。所以,教育改革不从中国传统文化土壤中提取适应现代社会的价值观,可能很难走出困境。试想,如果我们所有义务教育学校都标准化了,师资水平都一致了,都均衡了,家长可能又会对学生和家长群体的社会背景做出选择。

二

教学是教育的核心,历次课程改革都在努力突破教学上的陈旧观念,改变教师灌输式与填鸭式的教学,改变学生机械训练的学习方式,但是除个别教师以外,普遍意义上的有效教学并不广泛,特别是学生课业负担过重的问题几乎成为中国教育的魔咒。

过重课业负担固然与升学竞争激烈、评价单一有关,但是在我们传统文化中盛行的勤奋的观念也是潜在的因素。

中国古代也有"乐学"的思想,"学而时习之,不亦说乎"人人皆知。但是,勤奋的基因始终流淌在中国人的血液里,上至帝王将相,下至商贾农夫,勤奋是做人的基本条件。100多年以前,美国人阿瑟·史密斯写的一本《中国人的性格》深受推崇。其中有一章就写到,所有的外国人都惊异于中国人的勤奋刻苦,中国人无论是勤奋持续时间的长度,社会成员勤奋的广度,还是习惯勤奋和专注效率的厚度,都可算作世界上最勤奋的。史密斯专门提到:"中国教育模式在总体上是弊大于利,但有一点引起人们的注意,那就是勤奋。"在中国教育格言里充斥着太多劝人勤奋的金句:"头悬梁,锥刺股""囊萤映雪""一寸光阴一寸金""吃得苦中苦,方为人上人""少壮不努力,老大徒伤悲"。在中国的文化里,勤奋刻苦是至高的美德。无论是家长还是老师,都坚信勤能补拙,就算你天赋异禀,人们还是宁愿相信通过勤奋刻苦,更能够臻于至善。勤奋变成一种文化,则掩盖了对学习科学和效率的重视,面对学生厌学和学业失败,家长和教师一般不会从学习的方法、策略、动力等方面寻求出路,而总是从加倍努力去要求。尽管优秀的教师也在探寻更加有效的教学方法,更加科学的学习方法,但是也摆脱不了一种观念,那就是通过长期坚持不懈的艰苦训练才能取得优异的成绩。

勤奋程度上升为道德标准,学生表现出的努力有时就与学习无关,他们会把勤奋刻苦变成取悦教师和家长的表演,每天看似态度端正,按时按点,起早贪黑,却没有触及学习的本质,真正的学习并没有发生。这就是为什么很多孩子看上去很努力,成绩却总是上不去。

当然,勤奋是一种优秀品质和美德,但是西方自古的自然主义、快乐主义、幸福主义哲学更关注个体的感受。从柏拉图、夸美纽斯、卢梭,到斯宾塞、杜威,都在强调要在学习当中体验幸福和快乐,强调教育不能违背儿童的天性。特别是斯宾塞明确主张"用快乐原则进行教育",猛烈地抨击了宗教盛行时期人们按照"禁欲自苦"原则拒绝满足儿童欲望的做法,倡导用适合儿童成长规律的教育,直接把快乐作为教育的目标和教学的目的,提出了快乐教育的一整套方法和准则。

对比之下,我们中小学"减负"几十年收效甚微,可能是没有认清文化传统的制约,没有找准病灶,开错了药方。

三

缺乏批判精神和创新思维是中国学生最大的问题,也引发了著名的钱学森之问:为什么中国教育培养不出杰出人才? 其实这既是一个教育问题,又是一个文化问题。

纵观中国古代历史,我们的文化传统中是不鼓励创新的。除了春秋战国的百家争鸣,中国历代思想文化的生产几乎都是对儒家经典的不断注解和证明,而不是批判和重建。秦始皇焚书坑儒,汉武帝罢黜百家独尊儒术,"坑儒""尊儒"方向相反,但都指向了对自由思想的钳制。后来帝王们动不动大兴"文字狱",严重地扼杀了思想的生产。而西方的传统文化里充满质疑精神,后人不断推翻前人已经形成的理论,建立新的理论体系。哥白尼质疑亚里士多德的地心说,形成日心说;开普勒质疑哥白尼及其以前各种天体运行定律,创立了行星运动三定律;爱因斯坦质疑牛顿的引力本质,形成相对论;等等。对前人思想的不断否定,才带动了人类文明的进步。

从观念的角度看,中国传统社会文化更注重实用,缺乏对超越现实的人类问题、宇宙问题和规律问题的追问。因为追求实用,很多科技成果没有被发扬光大,而且没有发展出原理性的科学思想。我们津津乐道的四大发明,更多的是建立在经验之上的技术,而非科学。指南针技术用来看风水,火药技术用来炼丹,造纸和活字印刷技术没有为中国带来出版业的进步，反倒是在活字印刷发明后的800多年时间里一直使用雕版印刷。

当代哲学家张世英研究提出，中国的天人合一思想严重制约了中国的科学与民主思想，天人合一讲的是万物一体，物我同类，混同了主体与客体的区别，人的主体性丧失，认识、改造客观世界的思想缺乏。天人合一在儒家思想中，天代表了父母、家族、国家、集体，个人的天职是服从，没有独立性。而道家的天人合一又是顺应自然，个人的所谓自由只是逍遥、消极，所以也缺乏主体性。而我们今天弘扬传统文化，又要用这些曾经制约我们的思想来解放思想，显然不符合现代社会进步的要求。

我们的教育深受这样的传统思想文化的影响，过分要求学生学会服从，学会听话。今天，我们的课堂鼓励学生自主、合作、探究学习，鼓励学生发挥主体性地位，但是我们的教学目标却有着太多的标准答案、记忆性知识，以及正确的价值观。在这些条条框框下，学生不能越雷池半步，更谈不上批判的精神和思考的自由。创新思维和批判精神的基础是人的自由，人只有在宽松、自由的状态下才会有天马行空的思想，才会有创新。如果我们的学生在学业成就方面只需要把标准答案烂熟于心，只需要通过刷题把应试的技巧练得炉火纯青，那就根本谈不上什么创新精神和批判思维。

四

梁漱溟在研究中国文化问题时发现，传统文化中有很多怪现象：物质文明很发达，却没有发展出科学问题；民主思想很发达，却没有民主政治。这个结论如果用到今天的教育难题上，我们也不难发现：教育的技术手段很先进，却没有创新性思维；教育的理念很超前，却没有先进的教学行为。

制度改革既要引领文化的发展，又要尊重文化的传统，脱离文化现实的改革难免会增加改革的成本，而且很难保证改革的成效。今天，中国教育正在走向世界，走向现代化，因此，突破文化的制约很关键。教育现代化要么改变文化的土壤，推进文化的现代化，要么找准中国传统文化观念中那些根深蒂固的症结，挣脱文化的桎梏，对症下药，否则教育的现代化进程将会事倍功半。

"应试教育"错在哪里

一位教育局局长关于"应试教育正确性"的讲话稿在网上流传,很受关注,似乎道出了很多人想说而说不出的肺腑之言。

这份讲话以一种勇气十足的语气,洋洋洒洒、旁征博引地为应试教育进行了义正词严的辩护。梳理一下,大概从以下三方面阐释为什么该抓应试教育:第一,提高教育质量就应该抓应试教育,而且要光明正大地抓。长期以来应试教育被污名化了,需要纠正,基础教育只有应试,素质教育是其他阶段教育应该重视的。应试教育与中国几千年的主流价值一脉相承,今天社会的各种浮躁恰恰是没有抓应试教育的结果,而且今天的应试教育已经今非昔比,也很讲科学;第二,应试教育是硬实力,素质教育是软实力,当今社会崇尚丛林法则,软实力敌不过硬实力,高考制度没改变,因而基础教育阶段必须依靠应试教育这个硬实力;第三,农村孩子需要通过应试教育改变命运,应试教育是最现实的选择,素质教育是要有雄厚的经济资本做支撑的。

这位教育局局长的讲话真是言之凿凿,可以看出他还是知识涉猎较广,对教育问题思考较深的,讲话中流露出的对教育现实的批判态度很能迎合人们的焦虑情绪。但是仔细琢磨,讲话中关于应试教育、教育质量、素质教育等很多概念、逻辑以及类比都是经不起推敲的,也是不恰当的。这种以偏概全的论调能够受到追捧,也暴露出我们整个社会对教育问题的理解和认识存在着严重的缺陷。

我们不禁要问,反对应试教育就是要取消考试吗?应试教育到底是什么教育?应试教育和考试制度是什么关系?大多数人并没有弄清楚这些问题。

其实,应试教育主要是以应对考试为目的,采取非理性而极端的教学方式和学习方式,再延伸也涉及政府乃至社会对教育的评价方式和管理制度等价值导向。

这种非理性而极端的教学不是为了合理的、适合的升学目的而选择的行为方式，在升学、应试、学习等行为选择上表现出一种盲从性，有时甚至导致学生放弃自己的兴趣爱好和个性特长，通过拼时间、拼体力进行学习训练。

这种非理性而极端的教学，将升学作为教育的唯一目标，为了升学目的而不惜付出了沉重代价，身心健康、人格健全、自由全面等教育的价值理性被抛弃不顾，例如"只要学不死，就往死里学""人生何必贪睡，死后自会长眠"等极端的学习口号所倡导的学习方式。

这种非理性而极端的教学，看似取得了升学率，可是为了达到升学目标，社会和学校也付出了沉重代价，教育偏离了自身规律。例如在中小学生中，大量学生睡眠不足，青少年的体质普遍下降，这些都是社会和个人为应试教育付出的沉重代价。

这种非理性而极端的教学方式，即使达到了升学的目的，对个人发展和社会进步也没有任何促进作用，反倒是败坏了个人的身心健康，败坏了社会的风气。因而"钱学森之问"才提出了创新人才缺乏，整个国家创新能力不足、缺乏活力的问题，钱理群先生才说我们的大学培养了大量精致的利己主义者。

这位局长所引用的丛林法则、考试是硬实力等都说明其对教育的非理性理解。

他认为应试教育的价值内核与中国几千年的主流价值观一脉相承，似乎只看到了科举制下的极端案例，而从孔子"学而时习之"的学思结合思想，"不愤不启，不悱不发"的启发诱导教学思想，因材施教等教学思想，到以后的"传道受业解惑""知行合一"等才是中国传统教育思想的主流，而"头悬梁，锥刺股"之类的极端学习方式也只是民间演绎的一些故事，恰恰是没有接受主流教育价值的结果。

这位局长提出应试教育改变了农村孩子的命运，看似有道理，也很符合道义，但是相对大量农村学生来说，那些升入重点大学的毕竟是少数，而应试教育恰恰是把整体的教育变成少数人的教育，为了那些通过升学改变命运的学生，却让大量的学生在应试的战车上成为陪跑者，成为失败者，成为牺牲者，这难道不是教育的"平庸之恶"吗？

如果是一位家长、一位网友发表这样一篇言论倒也无可厚非，但是作为教育局局长讲出这样的观点则是危险的。这样的言论无视国家考试改革从知识为重向能力为重的价值导向转变，无视重点大学招生向农村学生倾斜的政策努力，也无视一线教育工作者们通过深化课堂教学改革、拓展育人渠道等提高育人质量的努力和探索。

当然,这篇讲话受到追捧,说明它迎合了很多人对教育的认知取向,也反映出我们在推进素质教育、反对应试教育20余年的过程中,并没有澄清一些教育的基本价值。在推进教育现代化的今天,我们不仅要求教育手段的现代化,可能更为关键的是教育治理的现代化、教育体制的现代化以及教育观念的现代化。

今天应有的共识是应试教育与素质教育并不是矛盾对立的,也不是非此即彼的。应试的能力也是素质的体现,只不过我们的教育一直没有把握好知识与能力的关系问题,把知识作为教育的目的,而忽视了知识只是提高能力的工具,所以大多数人看重分数却忽视了分数背后应该具备的学习品质问题。这位局长在强调应试教育正确的同时,也没有否定素质教育,这也是他做局长应有的态度,只是他对素质教育的理解十分片面。

在推进素质教育的过程中,简单地将素质教育与应试教育对立起来的观念在逻辑上站不住脚。20年前,在关于素质教育与应试教育的大讨论中,社会历史学者秦晖就深刻地指出"不能把素质教育与应试教育简单地对立起来"。

素质教育是就教育目的而言的,它以全面提升人的素质为目的,与之可比的是以培养某种"信仰者"为目的的意识形态教育,以培养好勇斗狠者为目的的尚武教育,以增加"工具理性"为目的的唯智教育,以培养对某人的忠诚为目的的奴性教育;等等。而应试教育则就教育过程中成就评估、资源竞争、资格认证、测量手段而言,与之可比的是不以分数而以个人的赏识为标准的"推荐、报送教育",以及以出身为标准的"伯乐相马式教育",以长官意志为标准的"种姓教育""成分教育",以财力为标准的商业化教育;等等。

这样的对应试教育与素质教育的认识似乎并没有被广泛接受,所以鼓吹应试教育的错误观念才有存在的空间。当然,相对于素质教育来说,应试教育更具有可操作性,更具有量化的标准,这也许就是它的现实基础。

应试教育能够大行其道的现实土壤是整个社会缺乏教育理性反思和教育科学指导。应试不应变成你死我活的竞争,而应该有理论、技术、政策的支持。也许,整个教育系统应该做出这样的努力。

一是普及科学的生涯规划知识。教育寄托着千百万家庭的希望,每个家庭都希望孩子通过教育实现个人的充分发展,丰富人生价值。但是现在的考试制度导致"千军万马过独木桥",似乎让人也对教育失去了理性,所有的学生都有一个奋斗目标,那就是上最好的大学,在一路拼杀中有人纷纷被挤下桥,有人失去希望,有人于心不甘,本来应有的人生目标都变得十分茫然。这一现象反映出大多数家长对孩子的教育是没有规划的,都是随大流式的盲从心理。没有规划的教育就会失去学习方式和学习预期的选择,就会表现出非理性极端化。这就需要提高生涯规划的科学性,也需要政府在教育分流方面的制度设计。当然,有人会认为人的发展具有很强的偶然性,不能把人限制在一条既定的发展路径上。

二是强化学习科学化的指导。教育无法回避考试升学的现实,只要有教育就会有考试,只要有人才需求就会有相应的筛选机制,考试无疑是较为公平合理的选人机制。反对应试教育不是反对考试的存在,而是反对那些不恰当的应对考试的方式。可以说应试教育遭受诟病就是因为其违背科学的非理性表现,所以今天研究科学的学习方法对教育来说至关重要。这些方法需要建立在多元智力、脑科学、最近发展区、深度学习等教育理论的基础上,这些方法也不能仅停留在研究层面,而应进一步转化成教师、家长的认知和行为。

三是建立多元化评价导向机制。现在的教育让孩子和家长都不能从容应对,是因为人的成长渠道太狭窄,发展路径太单一,必须从制度上改变用人机制的僵化和片面,建立多元评价机制,引导学生多元化发展。

四是明确学校教育的责任边界。教育作为一项基本公共服务,要体现公平性就应该有责任和权利的边界,学校教育总是有限的,个人的需求却是无限而多元的,差别化的教育需求仅靠学校教育很难得到满足。在一些国家,公办学校提供的是标准化的教育,并不需要满足精英教育的需求,超出公办学校教育供给标准的教育需求,是个人和家庭通过民办学校或者培训机构获得的。当然,这种政策在我国没有现实基础,但是也不代表我们的学校就是全能责任,就应当包揽学生的一切,保证所有的学生都能充分发展。应该说我们学校的责任界限不清,将学校的升学压力变成学生的学习压力,导致应试教育愈演愈烈。

经过近30年的应试教育与素质教育的争论,应试教育已经与30年前的表现形式大不相同,这应该是一种进步。但是真正做到让教育更多一些理性精神,多一些科学指导,多一些规律遵循,让每个孩子的成长少走弯路,让教育更接近理想,还需要做很大的努力。

学生"减负"的时代意义

进入新发展阶段,推动高质量发展是时代主题。高质量发展必须面对主要矛盾,解决"创新能力不适应"的问题。在教育领域,中小学学生学业负担过重,像是几十年来附着在中国教育肌体上的"癌细胞"。学业负担是一个根深蒂固的教育问题,有着深刻的社会文化根源。但是无论从哪个角度看,与教育本身的复杂性相比,学生负担都是一个低层次的问题。如果不能认清学业负担的本质,从根本上明晰"减负"的关键,中国教育就谈不上培养创新人才,也谈不上教育的高质量发展。

学习的根本是一个人大脑不断被塑造的过程,涉及人的认知、思维、记忆等心理问题,也涉及人的情感、意志、道德发展等问题,以及社会环境、历史文化、家庭背景等因素,具有复杂性、系统性、综合性。把学生学习中的困难仅仅理解为负担问题,是把复杂问题简单化,忽视了学习的真相。多少年来,行政命令做出的减负工作决策中,无非是要求学校给学生缩短学习时间、限制作业时间、减少考试次数和校外补课,但都没有切中学生学习的要害,导致的结果是"越减负担越重"。教育高质量发展之所以要抛弃"减负"这个概念,就是需要从更深刻的意义认识学生的学习问题,而不是简单地用学业负担这一表面化的描述,掩盖教育的全部。

中国学生学业负担有着深厚的历史文化基因。传统社会对教育的认知基本上是经验层面的感性理解,缺乏实证研究基础之上深刻的科学理解和认识,传统直接影响着当下整个社会的教育观念。人的选择是文化与现实共同作用的产物,人的教育观念的选择也受文化传统的制约。从学生学业负担的角度看,传统文化至少在三个方面产生影响。

一是把学习过程的刻苦勤奋推崇到至高无上的地位，而且把勤奋上升到道德高度。传统文化鼓励学习勤奋，有很多励志的故事："头悬梁，锥刺股""闻鸡起舞""囊萤映雪""凿壁借光"，尽管宰予是七十二贤之一，但孔子也因为他懒惰而痛斥其"朽木不可雕也，粪土之墙不可圬也"。一个人即使很聪明，若是不勤奋也不符合道德要求。从现代教育的角度来讲，学习要产生效果，离不开反复练习，但必须尊重规律，比如知识的记忆，需要按照遗忘曲线的规律安排复习才最有效，这些问题传统教育文化并不涉及。

二是传统文化对学习的理解偏重于功利化、实用性，强调学以致用，忽视了学习的超越性，导致学习的意义感丧失，便会让人把学习中的痛苦、焦虑合理化。东西方都重视青少年的学习，但区别在于东方强调"学以致用"，西方强调"学以致知"。我们鼓励学生学习，潜意识里都会有这样一个逻辑：好好学习，上好大学，将来找一份好工作。我们甚至不能理解还存在非功利意义上的学习，坚定地认为学习的意义就是实用而功利的，非功利的学习还有什么必要。学以致知则会认为学习知识要知其然还要知其所以然，把探究真理和事物本源作为目的，鼓励学生好奇、自信、尝试，寻找学习的意义。如果把学习只当作一个阶段的目标，则会丧失学习的意义感。而人与动物的区别就在于人有存在的意义感，人能够省察自己的生活，如果学习的意义感丧失，也就把学习应有的属性降低了。

三是注重学习的外在目的，不从学习本身谈学习。传统文化中"学而优则仕"的观念占据很强的地位，世俗社会中更是把学习当作"光宗耀祖""出人头地"的途径，这些外在目标虽然也能激发学生的学习动力，但不是就学习论学习，忽视学习过程的艰巨性和复杂性。这种观念下，家长、学校会把自己的意愿和期待强加给学生，而不是从学习本身对待学习。经常会有家长对孩子说"我为你付出了这么多，你还不好好学习"，而家长的付出和孩子的学习并不具有直接的相关性。这种观念的结果是学习只能成功不能失败，一旦失败就只好被动接受。今天看重学习外在目标的表现就是重名校、重学历，导致很多家长把孩子的学习看成一个家庭的面子问题。唯学历、唯文凭的问题也是这一思维方式产生的结果。

学生学业负担在很大程度上是这些文化根源造成的，"减负"的逻辑也以这种文化心理为逻辑起点。而教育高质量发展的价值就在于，从学习本身出发对待学习问题。

高质量发展要求面对错综复杂的现象,用系统性思维解决现实问题。从教育的角度来看,学生学业负担过重的本质,是对教育理解的短视化、片面化、简单化。短视化是把升入好大学当作学生接受教育的终极目标,忽视终身发展所需的学习能力和基本价值;片面化是把人的发展局限在学业成绩这个单一维度,忽视对人的信念、价值、道德、人格、健康等必备品格的培养;简单化是把学生的学习过程理解为投入产出的关系,时间上高投入,方法上重复性,忽视了影响学习因素的复杂性、学习规律的多变性以及学习策略的高阶性。在教学层面,学业负担表现为学习时间过长,学习强度过大,但是这种低效率学习的本质是教学方式和学习方式的僵化和机械化。学习处于低层次,导致学生学习体验上的枯燥、乏味以至厌倦,而不是通常意义上学习强度和学习时间的问题。为什么教师和家长会选择并迫使学生接受这种低层次的学习方式,因为人的本性会避重就轻、趋利避害,所以选择让学生进行机械重复、填鸭式学习以及在学习时间上的高投入,才会让教师和家长感到心里踏实。而这种低层次的学习显然与高质量发展风马牛不相及。

"减负"政策一来,要缩短学习时间、限制作业时间、减少考试次数、保证课外活动,这些举措只是从学生学习的表面现象看待学习,没有触及学习的本质。如果用布鲁姆的教育目标分类分析,学习分为认知、情感、动手等领域,具体为识记、理解、应用、分析、综合、评估等六个水平的学习,识记、理解知识只是学习的初级水平,需要反复训练,可能很机械,但是必须经历。而高阶的学习是很难用时间衡量其效果的,学习时间长是不是学业负担也很难判断。规定作业时间对小学生可能是一种减轻负担的有效措施,但是对减轻中学生课业负担来说则如同隔靴搔痒。

学生负担过重问题,往往会归咎于升学考试压力。然而,考试和教育相伴相生,任何国家的学生都不可能免于考试。一方面需要通过考试选拔人才;另一方面考试也是检测学习成效的必要手段,是教学的组成部分。考试本身没有过错,问题就出在人们对待考试的态度。名目繁多的考试不可改变,岗位竞争带来的学业竞争不可改变,一味强调"减负",掩盖不了学习带来的焦虑问题,也不符合家长对学生学习的期待。

教育高质量发展,应该以理性主义对待教育和学习问题。现实中家长和学校对待学生学习,从认识到行为都表现出理性不足,主要表现为学习科学方面知识的严重匮乏,漠视学习的真相。家长不知道该给孩子报多少辅导班是合适的,教师不知道如何面对学生学习困难的问题。从元认知的角度看待学习,我们必须告诉孩子那些学习的真相:人并不天生喜欢学习,学习是对人天性的挑战。学习是一个缓慢的过程,学习是必须付出努力的。学习中的失败是正常的,学习的过程就是直面问题、解决问题的过程。有成效的学习一定是有难度的,越轻松的学习效果越差。面对学业成绩差的孩子,教师和家长是否了解他们产生学习障碍的深层原因是什么。孩子不能持续投入学习是习得性无助的心理因素,还是注意力缺陷、阅读障碍或写作障碍,还是把本应建立的内部动机,变成了奖励、分数等外部动机的失效。研究发现,有的学生学习以成绩为目标,有的以学习本身为目标。前一种只是为了证明自己,后一种则是为了掌握知识和技能。在教学中,阶段性的测验是不是有利于学习,反复训练是否有利于对知识的长期记忆,作业的价值和形式应该如何体现,学习指导中是不是解决了学习习惯和时间管理的问题。这些家长和教师常见的困惑,需要用学习科学的研究成果去面对,才是高质量发展的体现,而不是一味地强调学生该如何努力,强化以学业成绩对学生进行优胜劣汰。

从学习本身看,学生的学习体验差,家长的教育焦虑,学校和教师来自升学率的压力,到底是一个情感问题还是理性问题? 其实,家长更多的是情感上接受不了自己的孩子学业失败,接受不了自己的孩子无缘上名校,接受不了孩子上职业高中,而不是从理性出发尊重孩子符合什么样的教育。家长的焦虑经常会造成在学习问题上与孩子的对立、分歧甚至冲突,学生在学习中不仅体验不到意义感,甚至丧失了尊严感,谈不上什么高质量教育。

教育高质量发展也需要评价的高质量。在学生学业的评价中简单化、单一化的考试评价也是低层次的教学,而如何运用好结果评价、过程评价、增值评价和综合评价,则要求建立一套有机的评价系统。用结果评价解决学生学习中基础知识与基本能力的达标问题,用过程评价指导学生学习中的策略与方法问题,用增值评价判断学生的心智结构和能力成长结构,用综合评价激励学生学习的动力。而目前的教学评价基本是以考试的方式给学生排名,而且一排了之,没有发挥好评价结果对学习过程和教学过程进行诊断、激励和改进的功能。这也不是教育高质量发展的题中应有之义。一直以来,"减负"主要是减少让学生感到疲惫不堪的考试练习,但是如果真正作为一种诊断、改进的考试测评还是应该鼓励的。

经常有媒体曝出一些学生因厌学或学业失败自杀的消息,每次看到这种信息,人们都会声讨、痛斥现在的教育扼杀学生的生命力、创造力,都会强烈要求减轻学生的学业负担。面对这种现象,为教育辩护就显得很无力,但是如果深入分析这些极端现象就会发现,很多的孩子出现这些问题,学业的原因仅仅是一个表面现象,更深层次可能是家庭关系紧张、父母期待过高、对学习阶段性困难认识不足等原因,这些问题也不会因为减轻了学习负担而消除。学生学习的很多表面现象都会导致对学业负担的错误判断。有些孩子学习很勤奋很努力,但是成绩平平,很可能是他做出努力学习的假象,为了赢得父母或老师的同情和肯定,掩盖了他学习动力不足、方法不当、习惯不良的问题。有些孩子学习上懒惰,但是懒惰并不是他的天性,很可能是因为情绪抑郁,又可能是因为缺乏学习的意义和价值感,也可能是学习的习得性无助感导致。如果把学生的种种问题都归结为学业负担过重,则有以偏概全的误导。

几十年来,对中小学生过重课业负担的诟病,不但没有解决根本问题,还让学校、教师和家长无所适从,仅仅从教育的低层次、表象化的症结中寻求出路,而没有用科学理性的观念和方法触及学业负担的根源,自然收效甚微。今天,进入教育高质量发展阶段,需要从更高的境界、更深的层次和更优的方法面对学生的学习。显然,应该抛弃"减负"这一过于片面的提法,用优化学习、完整学习等改进学生的学业状态。

理解教育的高质量发展

一个时代有一个时代的发展主题。进入新发展阶段,推进高质量发展成为中心主题。高质量发展从经济领域拓展到各项事业,在各领域又会有不同的特点。教育是各项事业的重要组成部分,既有共同性又有特殊性。理念是行动的先导,能不能按照教育的规律理解教育高质量发展,直接影响教育高质量发展的未来成效。

教育高质量发展是一种相对性理念。质量是教育发展始终的追求,21 世纪以来,质量和公平一直是中国教育改革发展的两大主题。但在一定历史时期,教育的重点任务是满足人们基本的教育需求和使人们享有平等接受教育的机会。教育发展的重心是扩大规模、改善条件、建立制度,在效率优先的思想下,教育高歌猛进式地快速发展,规模不断扩大,条件不断改善,从学前教育到高等教育各个学段,从普通教育到职业教育各种类型,教育覆盖率都在提高。教育快速发展取得历史性成就的同时,也积累了大量的问题和矛盾:教育管理方式过于简单粗放,体制机制僵化,办学缺乏活力;教育结构不平衡不协调,学段之间相互割裂,区域、校际、群体之间的教育差异不断扩大;教育教学方式陈旧,学生学习缺乏科学指导,学习不讲策略,学习体验差;教育评价不科学,把考试成绩和升学率简单等同于教育质量。教育高质量发展就是相对教育质量不高的一种新发展理念。从教育的宏观管理,到教书育人的实践行动,都应该把尊重教育规律、崇尚公平正义、发展推进内在品质、均衡协调作为一种追求。如果说新发展阶段之前教育发展的关键词是规模、条件、覆盖率、速度、效率等外在目标,教育高质量发展的关键词就是品质、内涵、价值、效果、优化、规律等内在属性。

教育高质量发展具有相对性,教育发展的整体性成就不能回避差异。转向高质量发展,发展相对滞后的区域、学校或领域,一方面要立足自身条件,寻找差距,扬长避短,做出特色;另一方面还需要从宏观上借助外力,促进资源流动,实现均衡与协调发展。教育高质量发展是一种动态性趋势。教育发展永无止境,教育高质量发展绝不能理解为把教育推进到一个高水平的阶段就一劳永逸,推动教育高质量发展就是建立教育可持续发展的有效机制。效率优先的时代,急功近利的行为在教育发展中表现突出,乡村学校撤点并校造成学生受教育成本上升,城市人口激增带来教育资源短缺,为了升学率牺牲学生健康,为了学校升格无序挖取人才,为了快速提高学业成绩忽视对学生终身学习能力的培养。这些行为,只顾眼前的短期效果牺牲长期利益,只顾局部发展忽略整体平衡,只顾外在成绩忽视内在的体验与成长,导致的结果就是我们的教育规模很大,教育发展很快,教育培养出的杰出人才却与其不成正比。2015 年,联合国教科文组织发布的教育报告《反思教育:向"全球共同利益"的理念转变》中的一个核心观念就是可持续发展,重申:"必须根据公平、可行、可持续的人类和社会发展新观念来重新审视教育的目的。这一可持续的愿景必须考虑到人类发展的社会、环境和经济层面,以及所有这些因素与教育的相互影响:赋权型教育可以培养出我们所需的人力资源,这样的人才富有生产力,能够继续学习、解决问题、具有创造力,能够以和平、和谐的方式与他人共处,与自然实现共存。假如国家确保所有人终其一生都可以获得这种教育,一场悄无声息的变革即将拉开序幕:教育将成为实现可持续发展的动力和建设更美好世界的关键。"

教育高质量发展应该摒弃急功近利、工具主义、竭泽而渔的思维习惯,坚持创新、协调、绿色、开放、共享、发展相统一,把满足国家、社会、家庭等不同主体对教育的需求有机统一起来,根据不同禀赋、不同阶层、不同群体的教育关切,让教育表现出美好向上、协调全面、充分适合等特质,让教育保持健康肌体、良好生态和可持续的趋势。教育高质量发展的动态可持续还要建立一个自我纠错和纠偏的机制,确保教育的各项改革不走弯路,向着积极的方向发展。

教育高质量发展是一种适应性供求关系。教育并不存在一个恒定的、标准化的供给水平,教育高质量应该与教育主体的个性化需求相契合。教育的复杂性就在于,一方面要不断追求统一的标准,另一方面又要强调因材施教满足个性化的需要。现代教育的制度体系作为工业革命的产物,从学制安排、教学内容、评价标准等方面把标准化和统一化推进到无以复加的地步,在满足差异化教育需求方面无所适从。对大山里的孩子而言，高质量的教育能够改变命运，同时让他们摆脱封闭和蒙昧，多一些关爱，少一些伤害。城市的孩子还要追求开阔的视野、综合素养、社会担当和创新能力。一个认知能力存在障碍的学生和一个有特殊爱好的学生，对教育质量的要求也是不同的。

教育的现实就是这样，不同地域、不同文化、不同阶层、不同个体对教育的需求不一样，对教育质量的理解和认识也不一样，教育高质量发展不可能无视这种差异化需求。适应教育对象的需求，体现的是教育的公平与正义。正因为个体差异的现实需要，适应性教育必然是多元化的教育。建立多元化的教育质量评价标准，树立多样化的人才成长观念，制定以岗位特征选人用人的评价标准，就需要进行教育的制度创新，让因材施教成为可能，也让人尽其才成为现实。

教育高质量发展首先是一种新发展理念，没有理念更新和认识转变，高质量发展只能是空谈。不被旧观念阻碍，才能把高质量发展变成实践和行动，高质量教育体系才能真正建立。

"双减"要告别教育工具主义

中央部署减轻义务教育阶段学生作业负担和校外培训负担的工作,并以前所未有的力度推进落实。这一政策推进的强力态势,首先让培训资本市场敏锐地感觉到获利时代即将结束。但很多学校和家长对这一政策可能带来的变化还有些无所适从,一些家长还不能接受——孩子如果不能参加校外学科培训,该如何提高学业水平?

"双减"政策作为一项国家行动,从压减学生校内作业和校外培训的双重负担着手,必然有其历史、社会的深刻原因。"双减"政策作为教育领域综合改革中最核心的一个环节,与考试招生制度、教育评价改革、课程改革和学校管理改革形成了一套"组合拳",让教育告别工具主义时代,开启教育和学生学习的新历史。

一、工具主义属性的教育不能适应现代社会要求

现代教育体系肇始于200年前的工业革命,尽管各国教育存在差异,但教育的思想观念、体系设置、学制设计、方式方法,都带有工业生产的属性。学校像一个个工厂,教育像流水线生产,培养人的过程像标准化作业,统一课程设置、统一教学标准、统一评价方式。同一年龄的学生同时入学并进入同一个年级,学校的各项纪律也类似工厂的管理制度。学生作为学校的产品,也被贴上优等、合格、不合格的标签。工业生产的观念、思维浸透到人们对教育认识的方方面面,在教育中也要计算投入产出比,把绩效和效率看得高于一切,本来应该具有个人属性的学习和教师的教学也带上了工业生产的特征。资本家靠对工人延长工作时间、增加工作强度提高生产效率,教师和学生也靠延长教学时间和学习时间、提高教学和学习的强度及难度来应对学业。

　　工业生产的观念和思维导致人的工具化。教育本来是让人通过学习，获得知识、能力、观念和文化，最终实现自我的全面和谐发展，适应社会对人的要求。教育是工具，人的发展是目的。工业生产的思维把手段等同于目标，把人的受教育过程变成实现某种目的的工具，要么是实现政府政绩的需要，实现学校对升学率的需要，要么是实现父母光宗耀祖的需要，实现自我某种争强好胜的心理需要，唯独把人全面发展的内在属性放在一边。曾经让我们无比振奋的教育口号"知识改变命运"，也是把学习知识等同于改变命运的外在目标，从而丧失了知识对完善人性、丰富生命的意义感。马克思在对资本主义的深刻批判中发展了"异化"的概念，人与生产劳动相割裂和对立，受制于自己的劳动和产品，被异化成工具，连人与人之间的关系也被异化。工具主义下，教育也被异化，学生的学习被校内作业和校外培训所奴役，学生成了学习的工具，师生关系、亲子关系也异化成提高学业成绩的合作关系。

　　这种思维下，我们甚至把价值观教育也变成了一种工具。诚信，本应是一种人生的信条，是一种必须遵守的道德底线，但工具主义的教育却告诉学生，你不诚信，就会受到社会的惩罚，你就会寸步难行，这是典型的用"功利得失解决道德问题"。爱国，本应是一种自然的情感，如同子女爱父母一样不言自明，但我们却要告诉学生你要一定爱国，有国才有家，国家不安定你也没有好日子过，某种程度上爱国成了利益交换。这种思维下，学习是为了将来找个好工作，想找好工作就要上好大学、好中学、好小学、好幼儿园，学习的功利性不断被强化。

　　今天，我们的各项事业进入了一个全新的历史时期。教育面对的大变局就是民族化和信息化。民族化就是要立足中国发展的历史任务"扎根中国大地办教育"，强调教育的价值观倾向。信息化就是要适应以人工智能、大数据、互联网为特征的现代教育，强调学生学习的个性化、终身化和社会化。学生过重的作业负担和校外培训负担都是工业文明价值观和思维方式的结果，被工具主义严重异化的学校教育和学生学习都遇到了巨大挑战。面对百年未有之大变局，要让社会感受到教育的美好，学生过重负担这一根深蒂固的顽瘴痼疾必须从根本上得到扭转。

二、教育高质量发展需要终结工具主义教育

对于一个国家来说,教育的基本任务是提高国民素质和培养人才。虽然这一功能定位也是从教育的外在价值建立起来的,但在国民受教育程度普遍较低或者国家发展的特殊时期,都是合乎整体利益的。近代以来,教育救国、救亡图存是教育的基本任务,无力顾及教育的个性化或人本化。新中国成立以来,为国家建设与发展培养大批应用人才是教育的基本任务,既不能兼顾人的价值观培养,也兼顾不了学业失败者的利益。这种工具主义观念和思维,是学生作业负担重的深层原因,也是校外培训疯狂生长的深层原因。可以说,在这种观念和思维的影响下,教育在国民素质提升方面的作用并不明显,在高素质人才培养方面也存在很多问题。

在教育规模日渐增大,基础教育普及程度不断提高,高等教育大众化的时代,教育在国民素质提高和人才培养方面的作用也发生了巨大变化。还有,信息技术深刻改变社会生活和国民经济运行方式,工业生产思维的工具主义教育无法培养出适应未来社会需要的高素质国民和创新型人才。

信息化打开了一个全新的社会,人工智能和大数据已经渗透到我们生产生活的方方面面,要培养适应未来的人才,教育必须从根本上进行变革。关于未来教育,有大量的书籍文章为我们描述了各式各样的崭新图景,我们需要重新定义教育、学校、知识、学习、课程等基本概念。

尤瓦尔·赫拉利在《今日简史》中指出,未来的重大改变是"不连续性"成为最显著特征。"从远古时代开始,人的一生分为两个阶段:学习阶段和工作阶段,你先在第一阶段积累各种信息,发展各种技能,构建起自己世界观的同时,也建立起稳定的身份认同……在人生的第二阶段,你依靠累积下来的技能闯荡世界、谋取生计,贡献社会。""但到21世纪中叶,由于改变的速度加快,人的寿命延长,这种传统模式将无以为继。人一生之中的各个接缝中可能出现裂痕,不同时期的人生不再紧紧相连。"这也就告诉我们,今天的学习和明天的生存没有太大的因果关系。

进入这样一个时代,知识已经不再是传统意义的知识,你所学的知识如果打开方式不正确很有可能成为人生的桎梏。2007年6月,iPhone第一代手机发布,当时的手机王者诺基亚还在耗费巨大的精力研制物理按键如何布局才能让用户体验更

好。如果仍然处在功能机的时代,诺基亚的王者地位无人能撼动。但是没过多久,诺基亚研制的物理按键的这些知识已经失去意义,因为 iPhone 已经重新定义了手机,诺基亚原来积累的知识越多,越会限制和窄化其对手机的理解。我们在现实中已经见证了太多行业的这种迭代更替。现在学生学习的内容、标准、方式和方法无不是工业生产组织形式的产物,我们几乎可以判断这种知识和思维,很难适应未来社会对人的要求。

"十四五"期间,我们要建设高质量教育体系,就要改变旧有的教育模式。高质量教育对于学生的学习来说,至少应该有四个方面的特征。

一是健康。工具主义的教育把追求升学率、考高分凌驾于学生的身心健康之上,只要考试成绩好,健康在次要位置,体音美课程可以被挤占,语数外是一节也不能落下,还出现了很多极端的励志口号。在这种学习方式下,学生的学习体验极差,学习让青少年身心俱疲,甚至出现严重的心理和人格问题,牺牲健康的教育一定不是高质量的教育。

二是科学。工业生产的流水线上,通过强化工人的熟练程度提高效率,而工人在某一方面技能越来越熟练,就会导致其他方面的能力萎缩。工具主义的教育也是通过机械训练、反复刷题让学生成为考试的熟练工,学生和教师都不注重学习科学,不遵守成长规律,学生的学习意义感严重丧失,即使是学业成绩优异者,也会产生厌恶学习的心理。不讲科学的教育不是高质量的教育。

三是正义。教育需要公平,但更需要正义,公平不等于正义,教育正义要求合宜地、正当地对待每一个人的成长与发展。有教无类体现教育的公平性,因材施教则体现教育的正义性,现代教育制度可能是公平的,但未必是正义的,比如分数面前人人平等,对学业成绩高的学生有利,而对学业存在障碍的学生则不算正义。教育的正义要求面向每个具体的个人采取恰当的教学,而工业思维下,只有课程标准和考试成绩,鼓励竞争,为了部分学生而把大多数学生作为陪衬,显然有失正义。

四是本质。教育的本质是教书育人,是有效地促进每一位学生的全面发展。而工具主义的教育只注重教书,不注重育人,把教育仅仅理解为完成既定的教学目标,把人的学习狭隘地局限在学科教学,否认学科之外的知识,轻视课堂教学之外的学习。即使是学科教学,也只注重知识的学习,忽视心理、人格、情感、态度和价值观的养成。偏离本质也不是教育高质量发展的应有之义。

三、告别工具主义教育需要各方共同改变

面对日新月异的社会,教育改革明显滞后于社会发展,主要是因为二三百年来的工业化思维对教育浸染太深,想要改变并非一朝一夕。国家推进"双减"政策,从作业和培训两个学生最基本的学习方式出发,也是为适应时代发展做出的不得已的选择,也只有从国家层面推进这项改革,才有可能取得成效。但"双减"若是仅仅作为国家政策的推进实施,学校、教师和家长没有做出相应的改变,这场历史性的教育变革也难以取得成效。

学校是落实"双减"政策的中枢环节。"双减"政策是课程改革、教学改革、考试招生改革和教育评价改革的组成部分。教育改革的系统性要求所有环节紧密衔接,学校是系统改革的"中枢",既要落实国家政策,还要带动和影响社会、家庭参与改革。当下,学校所肩负的提高国民素质和人才培养的双重任务并没有变,但是培养方式需要改变。学校要区分什么是教育的目的,什么是教育的手段和工具。所有校长首先要清醒认识,现代学校制度不是最完美的制度,特别是在信息化时代更是弊端重重。学校要始终把学生的发展放在第一位,而且是每一位学生的发展,不是少数学生的发展。要对每个个体都有具体的针对性,且要适应未来社会的要求。"双减"政策实施以后,课堂教学的方式要发生变化,课后服务如何发挥作用也是学校要做的一篇大文章。

教师要在"双减"政策中转变角色。"双减"政策传递出的信息是推进学习方式的改变,工具主义教育忽视学生的学习体验和学习策略,教师需要在教学中努力改变机械训练、反复刷题的做法。教师要认识到,在互联网时代,学生学习的多样性将改变教师的角色和作用。杰里米·里夫金在《第三次工业革命》中说:"越来越多的教学模式旨在把教育从竞争性比赛转变成互相合作、充满关爱的学习体验,因为学校和大学都努力想与现在的这一代年轻人沟通,这一代年轻人伴随着互联网长大,习惯在开放的社交网站上互动,而在互联网的世界里,信息是共享的,而不是存储的。"里夫金还提出了"分散式合作"学习的观点,认为知识具有社会属性,存在于社会之中;学习不仅是个人经历,人与人互动产生的想法和思考更重要;社会参与也能学习知识。互联网时代个人的学习都是有限的,合作学习才是更好的学习。

学习方式和知识存在方式的变化,如同广播电视的时代,一个人想听什么看什么节目,要看电台播放什么,每个人听了什么看了什么都大同小异。而互联网时代资源海量,听什么看什么完全取决于自己的偏好和选择,人的知识结构千差万别,面对相同的问题,共享知识更为重要。教师应该认识到,教师不再是向学生传播知识的权威,更不是唯一的权威,学生获取信息的途径远比教师更多,增加作业负担只会堵塞学生学习方式改变的通道。教师尽管属于一个学科,但不仅是学科教师,教师要变成学生学习的指导者、合作者、学习资源提供者和生涯规划参谋者。

家庭对学生学习和成长的影响更加重要。校外培训的泛滥,一方面是强大的资本市场驱动的结果,另一方面也是家长教育焦虑的结果。不管是功利主义还是剧场效应,现代的家长都应该清醒地认识到,虽然我们把教育子女的权利让渡给政府和学校,但不要指望学校和教师包揽学生的学习,孩子的未来更多取决于家庭,因为孩子的学习动机、学习态度、学习方式以及孩子的视野更多是由家庭决定的。父母不能把家庭变成学校教育的延续或者升级版的课堂,而是变成孩子的心灵归宿和情感依托,让孩子以健康的心态面对世界。家长要学会尊重孩子,因为孩子可能更了解这个世界。《今日简史》里说:"过去,听大人的话是个相对安全的选项,因为在当时,他们确实懂这个世界,而且世界变化并不快。但21世纪不一样。变化的脚步越来越快,你永远无法知道,大人告诉你的到底是永恒的智慧,还是过时的偏见。"父母提供给孩子的不再是经验,而更多是体验和见识,是要保证孩子学习的完整性和丰富性。学习是伴随人一生的生活方式,学校教育仅是终身学习的一个阶段,在知识快速更迭的时代,50岁的人和15岁的人面临几乎相同的学习问题。

任何一项教育政策的出台都是时代的产物,工业文明带来的价值观念和思维方式已经不能适应智能时代的社会。"双减"政策是国家在教育进入新发展阶段做出的历史抉择,必将从价值观念、育人模式、教育治理方式等方面改变教育形态,它将改变每一所学校和每一个家庭对教育和学习的认知,也势必改变每个人的教育选择。

未来教育的基本价值是人本主义

今天,我们一只脚已经踏进了未来社会的门槛。人工智能、大数据、互联网、物联网、虚拟现实等对现实生活的改变,已经是教育无法回避的问题。

面对未来教育,大概有三种态度:期待、排斥、观望。

期待的心态,要么建立于对当前教育体制机制的不满,期望通过未来教育的系统化变革,实现教育现代化,让教育升级转型,让教育发生真正的变革;要么执着于未来信息技术的应用,推动技术革新与教育深度融合。

排斥的心态,全盘否定人工智能革命性的意义,坚信教育为人的活动,任何技术发展都改变不了教育的本质,对人工智能可能带来的变化视而不见。这种观点也不是没有道理,毕竟人类对意识、学习等问题的生理、心理机制的研究还很受局限。

观望的心态,虽认为"未来已来",但究竟什么是未来教育,并没有在现实中真正发生。这是一种追求稳妥的心态,这种心态不会带来社会的进步。

无论如何,未来教育是不可阻挡的事实。但是,无论对未来教育持什么态度,对未来教育的基本价值观需要有清醒的认识。科幻小说、科幻电影对未来的幻想,大多数都把技术成熟假想为人的对立面,企图战胜人类、控制人类,进而奴役人类。这种假想导致很多人对未来教育更多的是一种担忧:技术的进步会不会带来对人更为严重的异化? 我认为,未来教育应该建立在对现行教育体系反思、批判和重构的基础之上,让教育回归人本主义的基本价值。

一、未来教育既是颠覆,也是回归

教育的核心问题是学习。如何认识学习,如何对待学习,如何评价学习,代表了教育的基本价值观。未来教育需要回顾人类古老的理想教育，才会有更深刻的文化意义。

人类最初对学习的理解都自觉地指向以人为本，即从人自身的价值出发，而不是把学习作为外在目标的需要强加给人。"轴心时代"伟大的思想家们提出的认识世界的思想基础，关于学习的论述都体现了人本主义，即从人的自我发展理解教育，外在的社会目标则退居其次。

汉语当中"学习"一词最早出现在《礼记·月令》中："季夏之月……鹰乃学习"，后人解释为，夏初时节，雏鹰开始反复练习飞翔，这是学习。古人对学习的本质理解是自主性、能动性和实践性的，并没有外在的功利目的。

在西方，苏格拉底的"助产式"教学法，以学习者所熟悉的事物开始问答，促使其积极思考、主动寻求答案，从而能有效激发求知欲望和学习兴趣。柏拉图把教育当作实现人生幸福快乐的根本途径，认为一个人获知"理性"（即"智慧、真理和卓见"），便获得"快乐"，由此产生"幸福"，进而成为"完人"。教育的责任在于养成青少年的理性或理智。亚里士多德则以"善"和"幸福"为人生目的，认为"幸福与快乐相融合，遵循智慧的活动在合乎德行的活动中是最快乐的"。虽然每个人生来都渴求知识，但是人的活动受到本身的快乐所影响，如果感到写和算对他是痛苦的，他就不肯再写和算了。

东西方的先哲们都强调了学习的人本精神，即从人自身的感受、兴趣和幸福出发，实现人的发展。学习本身就是一种价值，是自成目标的价值，不图未来的回报。但是，教育在发展过程中逐渐忽视了从人自身出发的本质要求，特别是在科学主义和工具理性思想的推动下，教育的外在性目的裹挟了教育的发展，教育的内容、形式、方法和评价都偏离了人本主义思想，"因材施教""有教无类"等古老的教育理想，在现代教育制度下几乎不可能发生。

未来教育需要建立在对现代教育的反思和批判之上，进行教育体系的重构。

现代教育体系是工业革命的直接结果，教育被外在的目标所左右，带来了教育本质的异化。数量的规模化、结果的标准化、过程的程序化及时间的效率化，这些工业时代的价值观极大地影响了现代教育的观念。

今天的教育体系作为工业文明的体现，主要特点是集中化、专门化和标准化。现代教育有进步的一面，那就是扩大了受教育者的范围，把受教育从少数人的特权变为大众的基本权利;形成了体系化的课程和教学结构,便于人系统掌握一定标准的知识;形成了一套教育的法律制度,成为现代文明进步的重要成果。

但是,这个教育体系的创设更多的是立足于外在的、功利的价值,而不是从人本身的发展出发。

学校设计,按照工厂生产的格局建设,发挥规模效益的最大化,在这个体系下个体变得微不足道。

班级设计,同龄学生组成,追求年龄上的统一性,关注的是整体的学习水平,忽视人的多样化存在。

课程设置,按照学科分类,每个学科自成体系,追求知识结构的系统化,无视学生的生活需要。

教学方式,严格进度安排,注重学科知识的递进性,不顾学生的接受程度。

教师角色,掌握知识和支配学生的优越地位,强调知识传递的权威性,难以关注个体学生的发展需求。

评价方式,制定统一的考试标准,鼓励学业成绩的优异者,制造了大量的学习失败者。

学校管理,制定严格精细的规章制度,强化纪律服从的一致性,约束了学生的个性化发展。

现行的教育体系严重忽视了人的价值。几百年来,一代又一代智慧且有良知的思想家、教育家对这一教育体系进行了无数的批判,呼唤教育向人的价值的回归。未来教育、人工智能如果不反思这些问题,将会违背"学以为己""有教无类""因材施教"等古老的教育理想。

二、未来教育既是技术,也是伙伴

2018 年,教育部制定《教育信息化 2.0 行动计划》,第一原则就是坚持育人为本,"面向新时代和信息社会人才培养需要,以信息化引领构建以学习者为中心的全新教育生态,实现公平而有质量的教育,促进人的全面发展"。

"以学习者为中心"成为教育变革的一项重大使命和重要突破。也正是人工智能、"互联网 +"等对教育的介入,让学习问题备受关注,让我们反思教育的核心问题到底是什么,学习的价值和意义究竟何在,学习如何真实发生。

信息化背景下涌现出大量的关于学习的思想、方法、模式,深度学习、混合学习、问题学习、合作学习、机器学习、智能学习、交互式学习等概念层出不穷,对学习问题的探索、思考和实践在人类历史上前所未有。

围绕以学习者为中心,未来学校的数据环境、空间设计和课程设置将会有机统一,整个学校实现数据环境化,环境数据化,随时随处可以使用学习资源。学习场所不再局限于教室,可以在会议室、餐厅、图书馆、博物馆和草坪,教室设计会根据学习需要随时将空间变为报告厅、讨论室、小剧场或者教室,校园里任何区域都会适应独自学习、小组学习、集体学习等不同的学习需求。

未来教育课程的特征是多样化、模块化和定制化。从课程供给来讲,多样化、模块化成为趋势,各种微课将极大满足学生学习的要求,如果喜欢艺术,会有培养艺术家的课程,也有一般的艺术欣赏课程。如果学校开设的课程里没有你感兴趣的,还可以利用社会资源进行学习。从课程需求来讲,个性化、定制化成为趋势,学生完全可以根据自己的兴趣、爱好、特长选择课程,五年级的学生,也可以学习八年级的课程。课程完全按照学生的需要匹配最适合的内容。

要使个性化学习成为一种可能,首先是学习内容个性化。学校和教师根据学生学习档案库的历史数据记录,制定相应的教学内容和教学进度安排,以适应学生个性化的学习需求。其次是学习方法个性化。利用数据环境、穿戴设备、图像捕捉等技术,根据学生学习行为和学习过程的数据分析,对每一个学生在学业成绩、学习习惯和学习态度方面的个体差异进行诊断,推送不同的教学策略和方法,也能让学习内容匹配学生个性。再次是学习情境个性化。未来学校数据环境化,教学数据化,利用现代化教学技术,设计个性化学习情境,能够运用各种新媒体、新技术组织个性化的学习活动。最后是学习组织形式个性化。学习内容可以自主选择,学习进度可以自主安排,学生与教师合作学习、平等交流。

当然,学习个性化与个性化的学习还有一定差别,也就是学生在学校的学习有多少是自主决定的,如果仅仅是方法路径上的个性化,如果学习的目标、规则和标准都是学校规定好的,也谈不上个性化学习。

学生的学习是为了适应未来社会,个性化学习需要社会对人的能力、素养的需求发生变化。未来社会具有复杂性、综合性和多变性,传统的以知识储备为主的学习不再适应社会对人的需要,而是重视学生的能力和素养胜过重视知识。当人工智能成为人的记忆外存和思维助手时,未来社会的竞争不再是生存问题,大多数学生已经不再把挣钱谋生作为学习的目标,而是把培养面对社会、解决问题的创新性、批判性、独特性思维方式当作学习目标。而未来社会对一个人的学习经历也不会再以所上的大学是否知名来判断,而是以学生接受过什么课程以及学习的程度来判断。

这种没有统一标准,没有固定场所,没有规定学制,没有系统内容的学习,与先贤们对于理想教育的追求是多么相似,因为孔子是这样教学的,苏格拉底也是这样教学的,直到卢梭、尼采、杜威也都认为应该回归到这种以人为本的学习状态,所以未来教育给学习的人本主义提供了可能。

当然,人们最为担心的是技术进步对人的异化,工业时代的技术进步就使人异化为机器的附属。

与传统的技术进步不同,人工智能等新技术创设的学习环境更符合人性的特征,因为人工智能是通过对人类大脑处理信息过程的模拟而设计出来的。"人工智能之父"西蒙和纽厄尔,提出人类大脑工作的原理就是"信息的接受、编码、贮存、交换、操作、检索、提取和使用的过程",并在此基础上诞生了认知心理学,认知心理学和人工智能相互促进,才有了今天的智能无处不在的现状。未来学校的数据环境设计理念也会来自学生,服务于学生,而数据环境又会促进学生学会学习、学会合作、学会生活,并将成长的需求反馈给环境,促使环境的改进。环境和人相互促进,相互成长,传统的教学相长思想变成了学习和环境的"相长"。

三、未来教育既是相遇,也是涅槃

无论你是张开双臂拥抱,还是站在岸边观望,以人工智能、大数据、云计算和物联网为代表的未来教育已经势不可当。那么,我们真的准备好了吗?面对未来,很多挑战就摆在我们面前。

第一,教育的观念转变了吗?当下的教育体系,已经有 200 多年的历史,这套体系下形成的教育观念、思维、方法、制度和习俗,在发展过程中不断强化,日趋稳固,如果进行革命性的变革,将会十分困难,几乎很难取得社会共识。在变革面前,很多人会固执地认为旧有的体系更符合人的发展,甚至不愿意承认在工业文明中形成的教育体系一直忽视人的价值,忽视人的生命存在,抑制孩子的自然天性。今天,我们是不是有勇气针对现行教育体系的弊端进行革命性的重建,决定了未来教育在多大程度上满足个性化学习的需求。当然,课程的国家意志属性不能发生变化,还要通过考查增强学生的国家认同。

第二,系统性变革准备好了吗?《教育信息化2.0行动计划》里明确,中国教育信息化发展水平走在世界前列,发挥全球引领作用,关键的一点是将教育信息化作为教育系统性变革的内生变量。未来教育,如果不是对学校环境的系统性变革,只能造成资源浪费。我们今天的智慧校园,只是建设几间智慧教室,用一体机代替黑板,使用选课走班系统,而没有围绕"学习者为中心"变革学习方式,改变教学形式,谈不上未来学校。

第三,评价体系建设好了吗?以学习者为中心体现的是一种人本思想,这一思想下要让学生个性化学习,而不是围绕着外在的要求学习。如果还用标准化的考试来评价学生,个性化学习以及可能的个性化学习都不会真正出现。我们不能把一个数学思维强的学生与一个写作能力强的学生分出高下,不能让鱼也学会爬树。而学习又离不开评价和反馈,这就要求根据不同学习目标建立起一个庞大的多元化评价体系,让每一位学习者都能得到正确的、个性化的导向。

第四,我们的教师准备好了吗?未来学校,人工智能会取代教师日常教学中一些重复的、单调的、规则的工作,缓解教师工作的压力,成为教师的贴心助理。但是,个性化学习所要求的教师角色也会发生深刻变化,教师就不再是知识的传授者,而是按照《可见的学习》的作者约翰·哈蒂所说,成为"适应性学习专家"。教师首先要使自己成为一位个性化学习者,成为学生共同学习的伙伴,成为满足个性化需求的教学服务提供者,成为设计定制化学习方案的咨询顾问。

未来教育肩负着变革教育积弊的重任,未来教育承载着培育时代新人的荣光,未来教育也担当着回归古老教育理想的使命,未来教育需要坚守人本主义的基本价值。

追逐教育的诗和远方

　　这里应该是一个分享教育智慧、交流教育思想、享受教育幸福的殿堂。但是，联想到最近各种媒体对教育问题的讨论，对教育热点话题的关注，我感觉，教育真是一个让中国人既爱又恨的事情，有人为教育着迷、陶醉、奉献，有人为教育焦虑、不安、逃避。为什么有这样的差别？我想，热爱教育的人，一定深知教育的真谛是爱与自由，懂得教育的规律是陪伴与等待，理解教育的生活是诗和远方。而教育的焦虑则来自对教育价值的误读，对教育行为的盲从，对教育规律的无知。

　　有人说，教育是一项事业，事业的意义在于奉献；教育是科学，科学的价值在于求真；教育是艺术，艺术的生命在于创新。我想说，教育是生活，生活的本色是诗和远方。

　　诗是美好的当下，远方是理想和未来。所有的教育都在追求最大限度的成长，追求可能的教育，如果没有对当下的深刻理解和洞悉，没有对未来的憧憬和畅想，就不会有教育生活的幸福。

　　教育的诗是涓涓细流。好的教育就是把所有育人的细节做到极致，把可能的教育变成现实。我对新知小学比较熟悉，新知小学为什么得到那么多家长的认可，那么多教育人的追随，就是新知小学把育人的所有细节都做到了极致。入学仪式对新生隆重热情地迎接，学校每一个角落都有育人的元素，读书年，经典诵读，大体育课，放学时老师的目送，毕业典礼上校长与班主任和每一位毕业生深情地拥抱，都是教育的细节，都会让孩子体验到成长的力量，让孩子的心灵得到温暖的滋养，也让教师们体会到职业的幸福，体会到诗意的栖居。

　　教育的诗是扎根传统，与世界融通。今天中国教育正在走向世界，走向世界的力量源于扎根中国传统。中国教育的现代化过程中，教育的体系、教育的思想都来自西方,但是走向世界的时候要成为中国的。2014 年,李吉林的情景教学获得首届国家级教学成果特等奖,她的语文情景教学,思想的源头就是来自中国传统艺术的"意境说",美好的意境让学生在美好的氛围中学习,让学习成为一种滋养,一种浸润。今天学习英语,不仅仅是学习西方的语言,还要用英语讲好中国故事。在一些地方,考查英语水平已经变成如何用英语表达中华传统文化的内容。新知小学在扎根传统方面也是独具匠心。新新论语、新新唐诗、新新宋词、咯咯鸡读书年、小诗王大赛等课程都体现了对传统文化的尊重,学校文化建设中,睿源池、温故知新石、二十四节气园、三秦历史墙,无不透出浓厚的传统文化气息。

教育的诗是对规律的尊重。诗的美来自韵律、格律,也就是规律。教育的诗意来自对规律的尊重。今天,我们的教师大多是师范专业毕业,大学期间要学习教育学、心理学和教学论,可是很多教师走上讲台后就只埋头于自己的学科教学,很少再用教育学、心理学方法去研究自己的学生。目前,关于"减负"的话题讨论得沸沸扬扬,可是所有的观点都难以触及问题的本质,反倒干扰我们对学习的认识。作为教师,教学的目的是关注学生的学习,而不是仅仅停留在自我的教学。有一句话叫"物理老师不是教物理的,是教学生学物理的",说的就是这个道理。现在的很多家长教育孩子更不理性,不懂得孩子的成长就是遇到问题、面对问题和解决问题,最后走向独立。很多家长遇到孩子的成长问题,首先是选择逃避,孩子感到班主任不好就要求调班或者换班主任,孩子感到不能适应学习就选择留级。其实,孩子的成长、成功需要智慧,需要包容,需要耐心,需要等待。

教育的远方是孩子的未来。任何孩子的成长都是缓慢的、未知的、不确定的,尊重孩子的成长需要面向未来的社会。当前社会急剧变化,畅想 2035 年、2050 年,各行各业的骨干、精英,就是今天坐在我们教室里的孩子,他们将要面对怎样一个世界,我们就要提供给他们怎样的能力,很多时候我们只想到了那些眼前的急功近利的作业、考试,很少考虑到底什么是适应未来的知识、能力和素养。今天做什么样的教育,明天就有什么样的国家。关注学习,必然要关注孩子适应未来要具备的能力和素养。

教育的远方是把握时代的脉搏。未来是一个充满未知的社会,今天要让孩子适应一个人工智能、大数据、互联网无处不在,万物互联的世界,教育就要教会孩子用新技术感知生活,用新媒体了解世界。一些人提出要限制孩子使用手机,我认为这不一定符合未来社会对人的素质的要求。手机已经成为每个人须臾不可离开的工具,拒绝手机不就是拒绝未来吗? 我们何不教学生学会正确使用手机,理性对待手机,有效利用手机。我们很多教育方式就是限制,限制让孩子对得不到的需求产生更加强烈的愿望,更加沉迷,更加迫切。有的愿望满足了,也许他就能够学会选择,学会利用。作为学校和教师,必须要引进信息化的教学手段,让学生有机会接触未来技术,建立未来思维。

教育的远方是坚持教育自信。今天,中国进入了一个新的发展阶段,在人类命运共同体中,为世界贡献教育改革、教育治理的中国范式、中国智慧、中国样本成为一种自觉追求。今天中国教育对世界教育已经有了深度参与,世界经合组织的PISA测试,上海小学生数学两次获得第一,英国政府出资4000万英镑购买上海数学教材,就说明这一问题。

中国教育为世界贡献中国样板,不仅是国家宏观层面的事情,也包括办好每一个地方的教育,办好每一所学校,教好每一个孩子。

第二章

学习：观念的高度与方法的转变

　　求知的意愿，同样要靠千百条不知睡眠和不知疲劳的须根提供养分。学生期望着的那种欢乐无比、魅力无穷，却又并非轻而易举的劳动，便是这样的须根。只有当勤奋与自尊不可分割地联系在一起时，智力劳动才成其为这样的劳动。学生应当感觉到自己是劳动者，并为凭借着自己的勤奋而取得的劳动成果自豪。培养这种自豪感，意味着在内心里建立成为有思想的人的愿望。这是整个教育学中一个最敏感的问题。没有智力劳动所激发的自尊感，也就没有教书过程中的育人，更谈不上教书和育人的统一。

——［苏联］苏霍姆林斯基《教会学生学习》

学习的观念决定教育的高度

学习是教育的关键问题,对待学习的观念在不同社会、不同阶层和不同文化中存在很大差异。智能时代对学习问题关注的热情前所未有,研究学习的理论、方法、工具和观点层出不穷。学习的观念具有时代性和社会性,如何理解学习的目的,如何看待学习的意义,会决定教育的高度。

一、人为什么要学习

学习和教育是同一项社会活动的两个面,教育的目的是让个体按照社会期待成长,而学习又是每一个个体按照自我发展的可能获取知识、能力和价值观的改变。一个是外在目标,有工具性取向;一个是内在目标,更偏向于价值性取向。学校和家庭都应当追问学习的本质是什么。

学习行为的发生需要从人类演化的历史和个体成长两个角度去认识。

一是人类演化的历史的角度。今天人类认识世界的方式是由数千上万年来发展出的文化决定的。而人类最初理解自身与世界的能力,是在与恶劣的生存环境抗争中获得的。从采集狩猎走向定居是人类进化的飞跃,这一过程中,人类对待其他动物的态度发生改变,从动物的伙伴变成其主宰者,站在了自然的对立面。人类对自身的优越感有了全新的感受,开始驯养动物,种植作物,产生共同生活意识和共享精神,学习成为人类认识自我和认识世界的需要,而这一需要深深嵌入人类发展演化的基因之中。最早的主动学习者应该是那些从事巫术或原始宗教的人,他们自视通晓超越日常经验的道理,相对族群中的其他成员地位优越,这些人最终脱离生产劳动专门从事"知识"的生产和传播。从与动物分道扬镳,到通晓一项技能或道理,人因为对世界的好奇获得特殊的身份,成为学习的心理定向。

二是个体成长的角度。学习是儿童获得一种能力后内心满足的体验。儿童早期成长深谙学习带来的满足感,从学会翻身开始,孩子就能体会到每一个进步都需要得到大人的肯定。这个时期孩子并没有和其他孩子进行竞争或比较,完全是自我超越。孩子学会唱儿歌、背唐诗、堆积木,或者发现一个玩具的玩法,就喜欢给大人展示他的能力并期待获得赞许,从而获得满足感。如果孩子的表现被大人忽略,满足感就会丧失,成长的动力就会弱化。

学习行为作为人类与个体的自我需要,一旦产生就存在外在工具性目标与内在价值性目标的分野。东西方早期文化中都有对这一问题的探讨。《论语》开篇就讨论学习问题:"学而时习之,不亦说乎?"孔子把"学"与"习"看成两件事,"学"是效仿,"习"是实践,效仿并时常去温习练习是令人愉悦的事情,愉悦正是获得优越感的表现。但是,这里仅描述了学习的外部特征,真正揭示学习本质的是《论语》里的另一句话:"古之学者为己,今之学者为人。"荀子《劝学》里也提到这一句。"学以为己"是追求自我的道德完善,自我丰富;"学以为人"是追求学习的功利性,把学习作为超越他人、炫耀自己的手段。孔子主张前者,反对后者,这一理想的学习观对后世影响极大。台湾学者李弘祺认为"学以为己"是中国传统教育精神最具代表性的表达。

柏拉图在《理想国》里的"洞穴隐喻"是理解西方哲学的一把钥匙。他主张理念世界是真实,现实世界是假象。洞穴里的囚徒,背对洞口,只能看到投射到墙壁上的影子,囚徒们把看到的影子作为真实的世界。有一天,有人走出洞穴,看到阳光下的世界,就不会再相信影子的真实,就会同情那些关在洞穴里的人,即使让他做这些囚徒的王,他也会不屑一顾。"洞穴隐喻"启示,学习如同让人走出洞穴,获得启蒙,开启智慧,看到真实的世界,他们便不再把自己等同于那些囚徒。学习让人获得尊重、尊严、体面等文化感受,或者说获得了人之为人的意义,就是康德所说的"人是教育的产物"。

二、为什么学习观被异化

今天,社会普遍性的教育焦虑表现在学习观上。过于关注学习的外在目标,把学习作为获取未来职业、地位和荣誉的工具,学习的内在价值性被遮蔽,学习行为变得功利、短视。实现学习的外在目标一定带来投入产出思维,就是学习一定要有回报,而且是高投入高回报,这个回报变得不确定会让学生和家长陷入失落甚至崩溃的境地。在这一学习观影响下,教育变成了训练,人们丧失了学习的价值感和意义感。

教育要实现外在的社会目标,建立了以知识传授为核心,以人才选拔为目标,以考试评价为手段的现代教育制度,助推了学习观的异化。

现代学校制度过于强调学生获取知识,掌握、获得能力的结果,奉行实用主义,追求学以致用,忽略学习的意义感。伊万·伊利奇在《去学校化社会》里说"学校训导他们(学生)混淆过程与实质……导致学生把教与学、升级与教育、文凭与能力、语言流畅与叙述新事物的能力混为一谈;导致学生的想象不是基于应有价值,而是根据所受的服务;导致学生误将药物治疗等同于卫生保健,将社会工作等同于社区生活的改善,将警察保护等同于人身安全,将军事防备等同于国家安全,将激烈竞争等同于工作效率……"这种功利化不仅在中国的学校中有表现,在东西方现代学校中也都有一定的表现,现代学校建立的学科体系、升学制度、评价方式必然带来学习的功利色彩,只是在中国或者东方文化的教育中表现得更为明显。

学校教育的最大弊病就在于对待学习这件事,建立了一套统一的价值体系、统一的评价标准、统一的评价方式。尽管教育的任务是努力通过这一体系促进人全面而多元地发展,照顾人的个性特征,但在现实的行动中,往往会狭隘地变成便于操作、便于识别的标准。我们以学业成绩评价学生的应试教育、升学教育,就是因为学业成绩是最直观、最便捷、最易操作的评价。这一评价方式唯我独尊,忽视了个体学习千姿百态的表现形式,因材施教的理想更是无从谈起。

三、未来社会需要怎样的学习观

教育要面向明天,今天的教育必须考虑未来社会对人的需要,但是未来社会充满不确定性,一个人不可能储备了足够的知识,获得了专门技能才去应对未来的生活。所以世界各国强调核心素养的培养,做好终身学习的准备,这样的学习观就带有内在性。但同时,谁也不能忽视追求文凭的学习,这两种学习观有时统一,有时矛盾,因人而异。那么,教育要做的是让每个学生都保持学习的热情和兴趣,而不是把学习的内在需要变成痛苦的学习体验。

教育观念发展到今天,各种理论都支撑了"以学生为中心"的教学观。传统课堂关注教师的教,学生是否有效学习往往被忽视。那么,关注学习是否真实发生,就要关注学生的学习体验。如果满足了内在需要,学生的学习才是真实有效的。学校教育在很多情况下不仅没有关注到内在需要的满足,甚至抑制了这一需要,才会出现学习困难、学习障碍的问题。

所有的学生都希望学习得到肯定,不希望在被否定中学习。但是由于缺乏学习过程指导,部分学生无法克服遇到的障碍和困难,从而畏惧学习。人类的大脑注定不擅长学习,学习需要耗费人的心智和大脑能量,学习的过程并不伴随着愉悦体验。学习能够带来愉悦是克服了困难取得收获心理体验,这种愉悦超越了满足生理需要后的愉悦感,是更高级的体验。

学生学习追求外在的目标,为了父母的期望,为了教师的要求,忽视了作为内在需求的学习,经常表现出虚假学习。学生做出学习的样子,制造学习的假象,看似按照要求完成了学习任务,耗费大量的时间究竟发生了什么,学习的真实性却值得质疑。

真实的学习,在情感上表现出对探究知识和事物规律的热爱和执着。深度学习强调学生学习全身心投入,不仅关注事实性、概念性知识,而且愿意探究知识背后的内在规律以及知识的关联,能够积极地和同伴分享学习的成果。

真实的学习,在情绪上表现为学习者一种良好的学习体验,而不是把学习当成一种痛苦和折磨。“减负”是中国基础教育的一个重大话题。学业负担过重这一问题的关键是学生的学习体验极差,学习内容缺乏趣味,学习方式缺乏变通,学习评价过于简单,学习文化过于褊狭,导致学习过程令人生厌,压抑了学生的学习动力。

好的教学,不仅要看重考试分数的高低,还应看到学习的内在需要是否被保护、被发现、被满足。

四、为什么学习观念决定教育的高度

好的教育一定对学生学习有包容的态度,并能够引导学生的兴趣特长得到好的发展。

学习从根本上看,是学习者个人的事,任何人都不能被代替学习。既然学习极具个体性,本人愿不愿学就决定了学习是否真实发生。一般来说,学习是指知识增长、能力提高、技能熟练、认知深化、悟性开化、觉悟增强等过程。基于兴趣的学习，都应该被肯定。我们的眼光里，只把学习有用的知识看作学习，对待其他技能的态度一般是鄙视、蔑视和漠视，嗤笑其为雕虫小技。而作为学习的本质，兴趣可能会体现在方方面面。评价制度的简单化和模棱两可，会让学习的价值感和意义感被遮蔽、被扭曲，把学习变成滋生虚荣心、嫉妒心和好胜心的温床。但是，从心理机制的角度讲，所有的兴趣爱好都有存在的价值，有些兴趣可能并非主流，但得到正确引导，可能会产生更大的社会价值。

我们固有的评价学生的狭隘观念是现代教育制度的结果，很多清醒的教育理论都是想告诉人们，这种评价方式贻害不浅。比如强调记忆力、注意力、观察力、想象力、思维力等智力因素之外，还存在动机、兴趣、情感、意志、性格等非智力因素，这些都是学习的关键。加德纳的多元智能理论认为，智能不是一种能力，而是多种能力的组合，包括语言表达、逻辑数学、空间感受、肢体运动、音乐感知、自我认识、人际关系、自然探索等。

每个人都与众不同，每个人的秉性和需要千差万别，每个人的学习都需要获得认同评价。教育评价的多元化，根本是教育价值，包括学习观念的多元化。价值来自文化传统、现实利益和制度安排，文化传统的改变是个缓慢的过程，现实利益需要通过制度安排来调整，转变观念需要制度引导。

现代社会把学习变成个体获得资源与机会、荣誉与地位的工具，评价制度改革的任务就是要使学习的各种兴趣取向都得到伸展，让学习的内在价值性与外在工具性目标得到融合。学习有赖于教育评价，评价的水平决定教育的高度，从制度层面建立学习的多元评价体系势在必行。

究竟是什么影响着学生的学习方式

　　教育改革的目的是不断改进学生的学习和成长方式,塑造人独立思考和合作创新的能力。现代社会,学习是青少年时期的主要任务,也是伴随人一生的生活方式。一般理解学习行为主要依据教育学、心理学、脑科学等学科的研究成果,但是这些理论难以解释不同国家、不同民族的学习文化差异。2012 年 4 名哈佛大学的学生拍摄了一部纪录片《学习的人》,其中考察了 9 个国家学生的学习现象,让人看到不同文化环境下学生学习状况悬殊。这部纪录片让我们看到,真正影响学习方式的是民族的文化传统。

一、东方国家的学生学习更拼命

　　学习是人类发展的力量源泉,学习是人类持久的欲望。虽然不同文化有不同的学习动机,但人们都希望通过学习成长,通过学习让明天的生活比今天更好。

　　相比而言,东方国家学生的学习普遍带有一种十分强烈而悲壮的感情色彩。

　　中国、印度、韩国、日本等东方国家那些面临升学的学生有一个共同特点,他们的学习刻苦和勤奋程度令人吃惊。每天学习都在 12 小时以上,几乎没有任何的闲暇,尽量压缩吃饭和睡眠的时间,一天的学习任务没有完成就不会去睡觉,大批的学生在学校学习结束后还要去补习班学习。韩国首尔大峙洞,以“韩国最高端补习班一条街”著称,有补习学校 1000 多家,每晚都有大量的中小学生在这里学习到10 点以后。印度西北部拉贾斯坦邦的小镇科塔,被称为“补习之都”,4 万多名考生远离父母聚集到这里,过着最简单的生活,冲刺高考。

　　东方国家学生的另一个特点是学习动机带着强烈的使命感,他们不仅把学习看成是个人的事情,而且看作是家庭、学校、国家和民族的事情。对他们而言,学习不是为了满足好奇和兴趣而做的事。中国学生特别强调学习是为了将来回报社会、建设国家、报答父母，有些学生认为不学习就会有一种羞耻感和罪恶感。日本、韩国的学生把学习看作关乎家族荣辱的事、进入精英团体的台阶。韩国学生还感到学习不好会被社会看不起，交不到好朋友。

另外，东方国家的学生把学习的成败得失放在第一重要的位置。由于重视集体意识，东方学生会在社会关系中确认自己存在的价值，几乎所有学生都把考大学当成一场个人或家庭面对的战争。考试几乎是学习的全部意义，把考上自己心目中的大学作为评判学习成败的唯一标准，考上就拥有了一切，考不上失去一切，很多付出努力的学生接受不了考试的失败。

高考的激烈竞争让学生把学习看作是和他人的较量，学习要高度集中精力，避免一切分散注意力的活动。从学校到培训机构，各种激励学习的口号和警句成为一种文化现象，带有强烈仪式感的考前动员、誓师活动在上述几个国家的学校都存在。

二、不同文化带来的学习方式的差异有多大

西方文化传统重视学生带着好奇心去学习，学习以提问和讨论为主，注重培养学生的思维能力。考察英国、美国、法国和以色列的教育，学生学习的主要形式是对话、提问和讨论。犹太学生的这一特征尤为明显。犹太人是一个通过学习欲望确立文化认同的民族，有时候犹太人不仅是一个民族、一种宗教，而且是一种学习文化的共同体。犹太人从家庭到学校，都主张学习不是掌握书本知识，不是接受绝对真理，而是和他人分享意见，互相提问。他们甚至反对背诵，认为背诵是人人都能做到的，但追问知识用来干什么、应用到哪里、产生什么结果这些问题更为重要。犹太人聚居的地方都要建图书馆，作为学习的场所，学生三三两两大声激烈讨论，有时互相争论的两个人可能根本就不认识，而为了学习在一起激烈争辩。讨论学习让图书馆变得喧闹嘈杂。学生在不同意见中完善自己的想法。犹太学校教师的口头经常重复一句犹太语"马达后修普"——你的想法是什么？他们不希望孩子无目的地背诵知识，而是鼓励他们进行深入的思考。

提问和讨论的学习文化在欧美学校较为普遍，形成了很多以讨论为主的教学方式和学习形式。

英国牛津大学作为欧洲最古老的大学,把一对一上课的小班课作为学校最大的竞争力,上课主要方式是教师提问。学生为了应对教师的提问,课前会做大量的准备工作,包括查阅资料、提交问题,与同伴进行交流。教师会在学生提交的文章或问题上做出批注,上课时学生陈述自己的观点,教师不断质疑,给出见解。牛津大学还一直保留着一个传统,就是把晚餐作为学生一天中最重要的活动,大家身着正装,严肃而轻松地围坐在长桌旁,与其他学生自然交流,围绕各种主题进行讨论。他们认为大学就是交流的桥梁,学生除了独立学习,互相交流知识更能扩宽思考的界限。

美国菲利普斯埃克塞特学院创立并坚持80多年的教学方法——哈克尼斯圆桌教学法,就是讨论课的代名词。学生围坐在圆桌旁,每个人都能互相看见,他们进行课前准备,独立思考和提问,提出自己的想法。在课堂上,所有人的提问、意见和想法都是平等的,学生通过他人的想法学习,教师引导帮助他们进行对话。

法国高考必考哲学,法国的一些学生高考前不去学校,不去辅导班,而是去街头的咖啡厅,在那里与人讨论哲学问题。法国从小学就开始学习哲学课,课堂也是以讨论为主,尽管学生的观点还不成熟,但是他们看重的是对学生表现自我和思维能力的培养。

与西方提问和讨论的学习文化形成明显对比的是,东方学生的学习以背诵和记忆为主。在东方文化中,学生知识来源以书本为主,学生要把大量的内容背记下来,应对考试和现实问题。在这种学习观念下,各个国家的学生也形成了不同的学习方法。中国的早读课,每个学生高声朗读,保持注意力的高度集中,以此来强化记忆。日本学生把整理笔记当成一门学问,从小到大训练笔记的方法,学习前辈的笔记方法,通过做笔记建立系统思维,教师还要评判学生的笔记,从笔记来判断学生的学习表现。印度有背诵的传统,学校每天的早会,学生集体背诵传统诗歌,训练背记能力。印度创立了一种辅助背诵的手势,称为"苏阿",背诵时用这种手势来强化记忆,在数学学习中还创立了一套公式体系,学生背下这些公式就能进行快速的心算。

三、是什么决定你的学习方式

为什么你选择这样学习而不是那样学习,这并不是一个方法问题,而是由强大的历史传统文化所决定的。学习的方式方法既有文化性,也有民族性,《学习的人》这部纪录片所要告诉我们的正是这一现象。

东方文化深受儒家思想影响,人们把学习理解为将先贤古圣的经典和语言准确记住并加以实践和发展。中国古代奉行"六经注我,我注六经",背诵和记忆是主要的学习方式,信奉"书读百遍,其义自见",推崇"博闻强记",很多人因为记不住知识而痛苦,可以说我们的文化传统已经规定了我们的学习方法。中国人创立科举制度,要求所有人必须用规定的典籍应对考试,作为选拔官吏的科举制度实行1200余年,深刻影响着人们的学习观念。东方国家的文化重视人的社会关系,集体观念强烈,家国情怀深厚,个人服从家族、国家和民族的利益,学习虽然是个人的事情,但是也要服从共同体的利益。还有东方文化传统中非常重要的一点,个人是在家庭的脉络中找到自己的位置,每个人都要从各种关系中认识自己,因而衍生出面子文化,有时为了迎合共同体的规范要求去学习,特别看重自己在一个群体中的位置,不能忍受比别人落后。

这样的文化传统让东方国家的学生更擅长考试。美国得克萨斯州数学科学英才高中每年选拔招收400名当地的英才,竞争十分激烈。但是学校2/3学生是亚裔出身,而得克萨斯州亚裔人口比例仅有1%。从东西方学生的比较可以看出,东方人的学习方式在考试中占有绝对优势。美国学生也认为,如果进行关于记忆内容的测试,印度学生一般都会获胜。

犹太人以提问和讨论为主的学习方式源自犹太人的圣经《摩西五经》《塔木德》等。这些典籍不记载绝对真理,不给出特定的答案,而是以提问和答辩的形式构成,成为讨论问题的指南。犹太人坚信讨论能带来价值,人在讨论中打磨了自己的想法。犹太人祖先的聚居地被罗马人摧毁后他们不得不四处流落,他们生活在极其恶劣的环境中,全靠宗教真理生活,他们认为只有知识不会被掠夺,他们不断提问回答,延续宗教信仰,通过讨论、争辩不断更新知识。犹太人父母在孩子从学校回来时不会问"你今天学了什么?"而是问今天在学校提出了怎样的问题,为什么提,理由是什么,是否出于好奇提问题。他们认为,提问意味着孩子们对学到的内容进行了思考。

犹太人的学习方式不仅在以色列表现突出,只要有犹太人的地方就会保持这种学习方式。哈佛大学就有犹太人学生会组织犹太学生延续他们的学习方式。令人感到惊奇的是,在非洲乌干达的小城市姆巴莱,有一个犹太黑人聚居的村庄,他们也经常在礼拜堂进行激烈讨论,他们所办的学校也以提问讨论的方式教学,这种教学还吸引了一些不同文化圈的学生。可见一种文化有其对学习方式强大的塑造力量。

欧美国家的讨论学习文化应该源自古希腊,早期的教师职业就发端于古希腊的辩士,他们教授演说、辩论、修辞及探究世界奥秘,发展出哲学思维。卢浮宫希腊馆的雕塑反映出,古希腊时期,儿童的学习就是和父亲讨论,7 岁就要去老师那里,没有书本,只是自由地讨论。他们学习不是为了习得普遍的知识,而是通过对话和讨论,培养表现自己的能力,并以此发展思考能力。这个传统一直延续到现在。

四、什么是最好的学习

文化决定学习和思考的方式,每个人的学习好像都很难超越文化的制约,那么不同的学习文化和学习方式有没有优劣之分? 当然,任何一种学习文化都不可能绝对的好,也不可能绝对的差,但是教学改革必须认识到每一种学习方式既有其存在的合理性,也要认识到任何学习方式都有优点和缺点,只有如此才会选择应该坚持的改革方向。

东方国家学生学习的责任和使命意识较强,考试成绩也明显优于西方国家的学生,然而他们付出的代价却非常高,而且应对考试的学习方式越来越低龄化。虽然取得优异成绩,但是儿童时期应该有的运动、艺术、自然、探究等却得不到满足,学生在创新方面的能力明显受限制,睡眠也受到影响,丰富生活的经历和体验也相对较少。而且东方国家学生在学习过程中承受的压力也远远大于西方学生,日本、印度和韩国的学生因学习压力而自杀的比例都比较高。犹太人提问和讨论的学习方式,可以对人的思维进行打磨训练,但是也有其局限性,由于个休差异较大,讨论是否能在对等情况下发生? 如果是自说自话,讨论缺乏建设性,则失去了讨论的意义。

东方学生更倾向于独立学习,缺乏讨论与交流的文化氛围,学习成为一件非常孤独的事情。韩国学生高考前专门到补习学校把自己封闭在一个非常狭小的空间,排除一切干扰学习。在这种学习文化下,学生不善于分享知识和思想,缺乏合作的意识。纪录片中有一个实验,给出一套数学难题,让东西方学生分别完成,并提供数学专家帮助。通过隐藏的摄像机观察,西方学生在遇到困难时很积极地请求帮助,而东方学生请求帮助的频率极低。东方学生会认为与其让人知道你不会做,还不如做错那道题。东方文化使得学生学习的时候不喜欢依赖别人,认为提问会展现自己的弱点,是丢面子的事。这些来自文化的心理现象都不利于深度探究的学习。

这部纪录片选取的视角是文化对学习的影响,其中对学习的认识令人耳目一新。让我们感到新奇的是不同文化背景下,学习方式的差异竟然如此之大,而且是本质性的差别。虽然距这部纪录片的拍摄已经过去10多年,然而今天看仍不过时。该纪录片的不足之处是主要考察不同文化中的个别特殊群体的学习,比如中国农村高中的高考生,韩国补习学校的学生,欧美国家大学名校的学生,这些群体的学习状况有典型性,但并不能反映一种学习文化的全貌。

正视"学习危机"

世界银行发布的《2018 年世界发展报告》核心主题是"全球学习危机"，把教育领域当中的学习问题提到了与气候变暖、能源危机、粮食安全等宏大主题同等重要的地位。报告认为，科技进步是现代社会经济结构和生产方式发展的主要推动力，社会发展越来越依赖于对高技能劳动者的培养，然而现实当中，世界各国教育投入的增加、教育机会的扩大并没有转化成学生的优质学习体验和令人满意的学业结果。报告前所未有地提出一个判断，上学不等于学习，教育投入不等于教育结果，这一现象直接带来人力资本的浪费。

一、一种现象

"学习危机"的提出并非危言耸听，我们的社会有着深切的体会。

在学生学习这件事上，大多数的家长都很焦虑，要么对孩子提高成绩操之过急，要么对孩子的学习状态不够满意，要么对孩子的发展只看成绩不顾其他，即使那些学习能力很强的博士、教授，有时也会对自己孩子的学习感到茫然无措、无计可施。

学习危机在学校也普遍存在。这个问题本身就很有意思，学校是学习的场所，是负责学习的专门机构，应该在解决学习问题上最专业、最权威，但恰恰是学校这样的专门机构，忽视了"上学并不等于学习"的问题。学校的管理者和教师对学习理解狭隘，在观念中以"分"取人，唯"分"是从；在教学上以"教"为主，对"学"关注不够，对学生的学习困难和学习障碍要么无视，要么无能为力，带来学生学习的方向感、意义感缺失。报告中也指出"教师缺乏进行有效教学的技能或动力"是学习危机的一个成因；在学习评价方面以"考"为主，评价方式扁平、单一、粗放，评价结果运用不科学、不充分,考试评价的指导性、针对性、诊断性、策略性无形中被弱化。在教学的管理上,学校和教师虽然也注重学习方法指导,但对改进学生学习方面,无论在经费支持、资源倾斜,还是教师精力倾注方面,都没有投入太多,学业成绩优异的学生获得的关注多,学习有障碍的学生得不到应有的指导。这些教育教学中的现象让学生的学习变得越来越局促,学习体验越来越枯燥,学习目标越来越功利。

"学习"既是个教育问题,也是个社会问题。当下社会发展变化和技术进步的速度已经超出了人适应的速度,很多新技术、新概念和新名词还没被了解就已过时,学习成为一个人生存的立身之本。

有一个现象值得关注。一方面,在社会文化里,学习研究成为一个热门的领域,从脑科学、神经学、心理学、认知科学,到学习文化、学习情境,研究成果不可谓不丰硕,学习相关的书籍琳琅满目。学习的观念、概念和方法充斥弥漫于各种媒体。另一方面,在真正的教学改革中,教师也给学生进行方法的指导,却很少敢于把这些所谓科学的学习理念用于实际教学中,教师们更坚信强化记忆、机械训练、熟能生巧等一些传统的教学方式。在技术发展的驱使下,教师在教学中使用了信息化、数字化和智能化的技术,但是学生学习的认知觉醒、思维拓展、学业体验和学习观念并没有根本性变化。从更大的视角看,学习问题在社会与学校、理论与实践、研究与应用之间表现出冰火两重天的现象。

这些现象反映出学习危机存在的客观条件。一方面是理论、观念与实践之间还有着相当的距离,需要把一些观念转换成一种共同认知和常识,才能改变学习的行为,而且传统的观念和方法非常顽固地左右着现代人的行为。另一方面,人类独有的理性精神和科学认知虽然获得了巨大发展,但是对学习现象和学习本质的研究还不充分,对人类学习的认识还存在很多未知领域。

学习的变革容易被一些宏大的口号所裹挟,但是如何转化成具体的教育行动,就变得语焉不详,模棱两可,好像怎么理解都可以。比如说全面发展,这个思想理念是正确的,但究竟如何实现全面发展,如何评价全面发展,什么样的发展是全面发展,全面发展与个性化发展是什么关系,好像没有人能弄清楚。从考试的角度来讲,不偏科就是全面发展;从教学的角度来讲,德智体美劳全做了就是全面发展。

二、另一种现象

"学习危机"也可能表现为社会整体性对学习持有狭隘、盲目和偏执的理解。

今天，整个社会的学习观念中，最根本的底层逻辑还是精英主义，还是成功学思维，忽视教育应该有的多样性和丰富性，忽视学习的自由性和意义感。我们深知学生的学习能力和学习特点存在非常大的个体差异，但是我们并没有具体针对这些差异进行教学设计，往往会被一些自以为是的、统一要求的学习理念所裹挟。这种学习观念下，表现出三种倾向。

一是急于求成的心态。学习会遇到心理、生理、文化、观念等一系列外在因素的制约，涉及认知、理解、思维、情感、技能等一系列变化，是一个缓慢的过程，对学生来讲，记忆与遗忘、习惯与惰性、迷思与领悟等很多障碍并不能轻易逾越。然而，我们往往会关注学习的结果多一些，迫切期望学生学习很快出成绩，每一门功课、每一项才艺都能够速成，无视学习的复杂性和渐进性。这种状况导致家长在作业辅导中失去耐心，学校在教学中频繁进行考试，教师顾不得解决学生学习过程中动机、兴趣、方法等方面的困惑，急于推进教学进度，完成教学任务，导致那些进步缓慢的学生失去改进学习的信心。

二是投入产出思维。很多家长会用经济上投入产出的思维方式看待孩子的学习，盲目地认为，付出必有回报，付出越多回报就越多。这个逻辑从大概率的角度看是成立的，但并非所有的孩子都是这样。学习与认知并非线性发展，有些学习本身就是目的，有些知识并不具有实际用途，有些孩子学业成绩的获得轻而易举，有些孩子尽管很努力却未必有好成绩。联合国教科文组织 2015 年发布的教育报告《反思教育：向"全球共同利益"的理念转变？》认为："学习可以理解为获得知识的过程。学习既是过程，也是这个过程的结果；既是手段，也是目的；既是个人行为，也是集体努力。"也就是说，学习行为本身就是目的，而学习结果则是不确定的。

三是一招制胜的愿望。今天，科技进步的速度远远超过了人适应进步的速度，大家都急切地想要找到一种最优的、最佳的、最便捷的学习方式或教学方式。在教育实践领域中，突然涌现出一堆学习的理论、概念、方法，学习理念如深度学习、情景式学习、跨学科学习；学习方式如项目式学习、探究式学习、任务式学习、思维型学习、团队合作学习；学习方法如多学科融合学习、问题导向式学习、人工智能辅助学习、体验式学习,还有费曼学习法;等等。学习的名目"忽如一夜春风来,千树万树梨花开"。从科学的立场和理性的角度关注学习问题是教育的进步,也是社会的进步,但是各种学习主张中,最令人担忧的是把某一种学习方法奉为圭臬,认为它是无往而不胜的。但恰恰是任何学习观念都要落实到具体学习者的行为和认知中,任何学习方法都需要在一定条件下才能达到最佳效果。没有一招制胜的学习方法,只有对学习本质规律的认识才能找到学习的"圣杯"。

三、走出学习危机

人的学习是一系列复杂的心理、生理、认知和文化行为。学习要达到预期的目标就要面对很多先天性局限,有些制约无法超越,甚至可以说,几千年前的人类学习和今天人们的学习在发生机制上并没有太大的变化。面对学习危机,世界银行发布的《2018 年世界发展报告》提出了三条改进意见:对学习进行评估,让学校更好地为学习者服务,各方参与者协同整个系统为学习发挥作用。我认为还是要从认识、观念的改变入手,正视学习危机。

超越对学习的狭隘认识。教育最根本的问题是对学习的认识。尽管对人类学习的认识还存在很多未知领域,但是今天的人们对学习的认识远比古人的视野要开阔了许多。之所以出现学习危机,一方面是我们对学习问题关注不够,另一方面可能是我们对学习的理解被偏见和狭隘所困。在目标上,我们把学习局限在了升学就业上,所有的学习方式、学习方法都围绕着如何提高成绩来选择。我们所理解的学习就是听课、读书、作业和考试,我们的观念中,学习效果只有变成实实在在的考试成绩,才能让人感到放心、踏实。现代教育体系给我们规定了一种普遍性的学习成长路径,那就是社会发展进步需要优秀的人才,按照这种需要,制定相应的课程体系和培养方案,通过学校组织培养,最后通过考试制度选拔人才。所有的人都在这样一种成长模式中安排自己的学习。如果我们把这种模式倒过来看,其中很多问题就比较清楚。顶尖学校选拔少数拔尖的人,中等的学校再选拔次一等的人,底层的学校培养剩下的人。拔尖的人在整个群体中只占少数,但我们的培养模式都是按照这个少数人的成长和发展要求在设计,那么大量的非拔尖学生的学习特征往往被忽视。要走出学习危机,就要关注到学习并非仅有一种路径,对于学生来说,日常生活事务的处理、与成人的交往、社会参与都是学习。知识不仅仅是通过读书这一种方式获得,在辩论、讨论、游历中都可以获得对世界的理解。

理解学习的基本问题。学习是对人的认知、理解、思维、情感、价值观和技能的全方位的改变过程,在这个改变过程中,需要克服人的生理、心理、文化等各种局限,这也是学习的本质问题。教学设计、学习方式选择都要立足于对人的局限性的认识。在学生学习中,必须面对的基本问题和矛盾很多,包括记忆与遗忘、专注与坚持、思维与理解、能力与方法、积累与创新等矛盾,包括什么是知识、什么是能力等命题,包括资源利用、时间管理、环境选择、评价反馈等外在条件,这些问题需要教育者和学习者去正确理解和面对。学习危机的表现是教师对这些问题的认识比较模糊。比如记忆问题,教师肯定希望自己所教的内容、方法和思维让学生长久地记住,并能随时提取,但是遗忘是人的生理本性,如何对抗遗忘,记忆和遗忘的规律是什么,如何运用艾宾浩斯遗忘曲线揭示的现象安排学习内容的强化和巩固,都是教学和学习的关键。在学生学习中,对事实知识、概念的记忆固然重要,但这些记忆并不是学习的最终目的,知识和概念是获得理解力、价值观和技能的工具。对知识记忆与学习目标、记忆与思维、记忆与认知等关系不清楚,导致教学和学习以知识灌输为目的,各种背诵、默写成了教师的法宝,却成了学生的"噩梦"。

认同混合化的学习策略。现在铺天盖地的学习理论和学习观念确实让人有些"乱花渐欲迷人眼"的感觉。教育研究者、教育工作者和家长都在努力寻求和发现自己认可的学习主张。虽然对学习的认知还存在很多盲区,但是学习科学已然成为这个时代的显学,研究和认识的视角越来越多维,人们发现并不会有一种学习理论是放之四海皆准的灵丹妙药,任何一种学习的主张都只在一定条件下是最优的。这也符合科学研究中"可证伪"的原则,如果哪一种理论认为自己绝对正确,那一定是需要警惕的教条。比如探究式学习主张,学生是否具有探究的知识储备和能力准备就是条件。比如最近火热的以思维为主的教学主张,很有可能强化了思维,而忽视对态度、价值观的关注,而且思维也需要以知识储备为基础,还要掌握思维方式的进化史。

那么,对学习究竟应该持有什么样的态度呢? 我们可能要了解学习过程的复杂性、缓慢性,要熟悉学习目标的多样性,而不是把学习问题简单化。法国科学认识论专家安德烈·焦尔当在《学习的本质》里说:"学习是个混合词,在不同的情况下,它既可以指理解、认识、记忆、发现、经验获得,又可以指调动已有知识。"美国国家科学院等编写的《人是如何学习的Ⅱ》指出："人有好恶；有长处和短处；有家庭、友谊和身份；有经验和记忆，还有兴趣目标和梦想。所有这些特征都会影响学习。"对于我们来说，并不是说因为没有绝对正确的学习主张而忽视对学习问题的重视，恰恰相反，我们需要在整个社会和教育领域大兴学习科学的研究之风，让学习科学成为社会共识。我们需要了解每一种学习主张的利与弊，在鱼龙混杂的主张中辨别真伪，避免在学习问题上"踩坑"。

四、学困生的逆袭

日本电影《垫底辣妹》是一部喜剧片，更是一部励志片。

一名高二女生，整日吸烟、喝酒、K歌、奇装异服，学习一塌糊涂，对未来不抱任何希望，因吸烟被学校处分休学，无奈之下母亲送她去培训班打发时间。在培训班的第一次测试，看地图分不清东西南北，不知道什么是主谓宾，不知道圣德太子是男是女……测试结果为0分，学业水平经鉴定只有小学四年级水平。主人公沙耶加就是这样一位不可救药的辣妹，培训班的老师却给她制定了考取庆应义塾大学（日本排名前五位）的目标。

从这一天起，辣妹沙耶加痛改前非，和过去的朋友减少来往，不去K歌，不去喝酒，认真投入到那个对很多人来说都不可企及的"大学梦"。当然这中间有过放弃，有过怀疑，有过不被理解，但更多的是坚持。经过了一年多的努力和波折，沙耶加真的考取了庆应大学的政治专业。

据说这是一个真实的故事，剧组为拍这部电影专门请故事中人物的原型当顾问。如果这个故事是真实的，至少说明教育有很多的偶然性，不管别人怎么抛弃一个学困生，只要自己不放弃，结果可能会创造奇迹。

今天，我们研究教育，研究教学，更应该研究学习。如果学习是一场战役，那么有关学习的研究就是对战术与策略的研究。而学习规律的掌握不是每个人都能够独立完成的，需要教师从方法、技巧到心理、情绪、精神等多方面的扶持。学习知识是为了成为知识的主人，而不是被知识所奴役。学习过程既是学习知识的过程也是学生成长的过程，要用科学的、正当的、合理的方式去学习，而不是不择手段地去拼命、拼时间的颟顸而为。如果学生对学习的科学性、合理性缺乏认识，也谈不上做学习的主人，只能事倍而功半，苦不堪言。

学习比教育更重要

学习和教育是一回事吗？

这个问题如果不仔细思考，好像还可以说出一二，认真思考，反倒让人糊涂了。不做专门的研究，一时很难说清这两个概念的异同。

读完法国人安德烈·焦尔当的《学习的本质》一书，似乎明白了关注学习比关注教育更为重要。而现实中，很多教师和家长面对孩子学习中的问题手足无措，正是对学习问题了解不深入，研究不透彻的结果。

最近，这本书很受追捧，因为作为专业书籍，这是一本比较通俗晓畅而且不乏趣味的书。

焦尔当发现，在学校，很多教学活动都是一种无效的浪费时间，学生学了一堆似是而非甚至错误的概念，而教育只顾传递所谓有用的知识，根本没有关注到学生的学习。

焦尔当讨论学习的本质，有一个贯穿始终的理论，即"先有概念"，人从生活的社会环境、文化环境习得了对所有事物的初步认识，就是先有概念，而人的学习就是对先有概念的不断改变。

理论太抽象，举例说明。

比如有个四川娃儿张大明，吃饭偏好麻辣味，因为从小他周围的人都这样吃，他甚至不知道世上还有其他风味的美食。突然有一天，父母说从今以后改吃粤菜，不许再吃麻辣烫之类的川味美食，那么他就要在自己的经验里努力去修复火锅给他留下的美食记忆，以适应粤菜的清淡。

对火锅的习惯和记忆，就是先有概念。

努力忘掉火锅，忘掉麻辣烫，忘掉夫妻肺片，努力喜欢上蜜汁叉烧、鲍汁扣辽参,这就是学习,这个过程叫知识炼制,因为你在改变先有概念,炼制新的知识。

如果张大明压根就吃不惯粤菜的清淡,但是不行,家里从此断掉一切与川味有关的烹调,只做粤菜,你爱吃不吃,不吃就饿着去。这就是教育,教育是生生地把概念、知识传递给你,而不管你愿意不愿意,喜欢不喜欢。

这个举例虽不恰当,但是应该能够说明焦尔当的理论,似乎也有着皮亚杰"学习就是适应"学说的影子。

由此看来,我们的教育很多时候并没有关注到学习者的感受,忽视了学习者的主动性,淡化了对学习者的学习指导。可以说是重视了教育,忽视了学习。

焦尔当的理论并不复杂,归结起来不过就是三个关键词:"先有概念""知识炼制"和"境脉"。但是,你不得不说他的学习理论非常务实,没有那些哲学思辨,仅从学习的现象出发,分析学习的内在机制。无论是对教师,还是家长,《学习的本质》都是一本反思学习问题的好参考书。

《学习的本质》中提供了大量学习的现象分析,我们会不由自主地对自己理解的学习经验有所反思。

焦尔当的学习理论也立足于对传统观念的批判之上,他回顾了历史上三种重要的学习理论:

一是传统的教育就是知识传递,学习就是记忆、记录。这一理论假设了知识是信息,教师是信息传递者,学生是信息接收者,师生之间是一种简单的线性关系,忽视了信息接收者对信息的吸收情况。这一理论在认识上已经被教育界所抛弃,但在实践中未必不使用。

二是基于条件反射理论,认为教育就是训练,学习就是建立条件反射。这一理论是拿狗实验的,带有严重的驯化倾向,也已经被新的学习理论所不齿。

三是大名鼎鼎的建构主义学习理论,强调个体出于自身的需求和兴趣,通过意义建构获得知识和经验。这一理论至今仍雄踞霸主地位,似乎不可撼动,焦尔当认为建构主义过于简单地界定学习,因为儿童很少会主动学习,除非他在学习中找到了兴趣。

如果说焦尔当的理论也是"站在巨人的肩膀"的话,他更接近于建构主义学习观,但是不等同于建构主义,因为他不仅从学习者自身出发,还从学习者已有经验出发,即改变先有概念。

改变先有概念,有外在的原因,就是原有的知识不适应环境的需要,自身会有失衡的感觉,需要通过知识更新去适应新环境,那就会产生学习。比如四川娃张大明到了广东上大学,满街道找不到火锅店,只有早茶、甜品和粉肠,那么他就要主动更新自己的口味需求,要么就是学习寻找川味饭馆的办法。学习也是这样,学习内容的不断深化,难度增加,旧有知识不能适应新的学习需求,就要主动去更新原有概念。

面对新知识,学习者进行主动学习必须具备一些条件。

比如,如果学习者了解新知识对他的当下状态是有用的,他就会主动学习。给你一款你从未使用过的新手机,你不用别人教,就会主动去学习手机的功能和用法。

比如,如果学习者能够改变原初的心智结构,甚至是重塑心智结构,他就能学习。这个现象带有主观性,就是学习者要有改变自己的愿望,为什么年轻人更容易接受新事物,因为他需要也能够改变自己的心智结构。

比如,如果新知识能让学习者感受到这种学习的好处,他就会去学习。这一现象说明,考试、升学、奖励等,这些外在的东西并不是学习本身,但是这些"好处"能激发学生学习的动力。

学习其实很孤独。

焦尔当说:"只有学习者个人才能进行学习,别人不能取而代之。"当然,这一点在中国,即使胸无点墨的人也知道,"师父引进门,修行靠个人"嘛!但是我们没有从学理的层面去解释,特别是没有区分教育和学习这两个概念的差异。

所以,学习纯粹是个人的事,尽管父母会创造优越的学习环境,提供良好的学习条件,学校会给予精心的培育,但是改变先有概念还是需要自己挑灯夜战、苦思冥想、反反复复地去"炼制新知"。即使父母把孩子送进顶尖的名校,如果孩子自己不去完成先有概念的改变,也是无济于事的。

焦尔当的学习理论强调情感、情绪等在学习中具有战略性地位。人在学习中会充斥着各种情绪,欲望、焦虑、愿望、挑衅、乐趣、愉悦、厌恶等贯穿整个学习过程。可见看似平静的学习,其实在一个人的世界里却是多么的波澜壮阔。

学习者都有一种愿望,把学习变成一场恋爱。对所学习的知识朝思暮想,痴迷癫狂,辗转反侧,百转千回,欲罢不能。这可能是最佳的学习状态。但是,恋爱也不是随便就能发生的，一般情况下学习还是一个苦差事。

《红楼梦》里的香菱学诗，提供了这样一个学习状态的典范。香菱作为一个丫鬟，经常和一群吟诗作对的公子小姐混在一起，无法文化融合，原初的知识体系失衡，产生学诗的动机。遇上黛玉这个好老师，对改变先有概念进行有效指导。她先说明学诗并不难，写诗"不过是起承转合"，平对仄、仄对平，遇到奇句，平仄也都不要了。然后又帮香菱制订学习计划，首先读王维，其次读杜甫，再次读李白，最后读陶渊明，等等。香菱的学习动机很强烈，调动了学习的所有内在机制，学起诗来，茶饭无心，坐卧不宁，要么在池边出神，要么蹲地上抠土，做梦都在吟诗，梦里有了诗句，还要赶紧起床录下，一大早拿去让黛玉指导。

用现在的理论表述，香菱这种状态是深度学习，如同着了魔一样的学习，是感知觉、思维、情感、意志和价值观全面参与，全身心投入的学习。

为什么很多学生看似学习很用功却成绩平平？家长对这种情况要注意，这很可能是学习的假象。正是因为学习具有强烈的目的性，所以有些学习行为并不是学习本身，很可能是为了达到取悦老师、应付家长、自我安慰等外在因素而表现出的身心分离的现象。

有些家长抱怨学校布置的作业太多，孩子常常熬到半夜才能完成。其实，学习用功和学习成绩没有必然关联，不成正比，因为学生学习会有很多假象。学习必须有动力，没有动力，学生可能会花几个小时假装自己在学习，好让自己心安理得。他看不到学习的价值，对老师布置的作业之类的任务不明就里，所以选择了一种回避策略，制造出学习的假象。

学习和知识紧密相关，但是"知识"容易混同于"知道"，我们掌握的很多信息仅仅是"知道"而不是"知识"。学生也经常会被"知道"的假象所迷惑，以为知道就是知识，学生在面对试卷时，经常会对试题有似曾相识的感觉，但就是无法准确地给出正确的答案。

生活中也一样，饭桌上，可能大家会对一个话题高谈阔论，但都是一知半解，仅仅是传递了知道的信息，而非知识。知识不能被应用到解决问题当中就不能称其为知识。就像有些学校不能给学生提供做实验的条件，由教师来讲实验，学生没有动手实践，就不能叫作知识，只能是知道。实践操作，解决问题的过程，就是炼制新知的过程。

有位专家,总结了学习的三种状态,有一定道理。

深入浅出。自己学得很深,又能把深邃的知识讲得很浅显,而且面对不同的人能用不同的方式表达,让人茅塞顿开,这叫学说。

深入深出。自己学得很深,但是深陷其中,不能自拔,给别人讲起来也是晦涩难懂,云山雾罩,这叫玄说。

浅入浅出。自己学得一知半解,浮光掠影,给别人讲得天花乱坠,尽人皆知的事情讲得神乎其神,反反复复,听着味同嚼蜡,这叫胡说。

焦尔当多次批评学校教育的无用,因为学校过于执着于对知识的介绍,而不是对制造知识的方法的介绍,近200年的现代学校教育,几乎始终没有使学校成为真正发生学习的场所。现在,传统的学科教学根本无法适应现代学生的学习需求,反而压制了学生的好奇心、学习动机和创造性。但他并不否定学校教育的存在价值,他认为学校应该走向一种整合教育的方向,因为现在的学科划分是19世纪中叶以来形成的知识切分,留下很多知识的空白,现代社会需要的很多知识被这种学科体系所忽略。

他主张,教育要从研究学习者开始,"了解学习者是一切教育实践不可或缺的出发点"。

我们今天教学改革的方向,由重视教师"教"向重视学生"学"的转变,应该是符合学习规律的。但是,现实中这种转变是艰难的,因为教师的先有概念是把自己掌握的知识体系按照自己的理解方式传递给学生,而无暇去研究如何使每一位学生成为炼制知识的主人。

苏霍姆林斯基说,"物理老师不是教物理的,而是教学生学物理的",这句话有着深刻的道理。

这就回答了"为什么学习比教育更重要"的问题。

但是,从先有概念改造的角度来讲,知识的更新是一件十分艰难的事。全新的知识具有威胁性,个体难以接受自己的知识体系被打乱,随之而来的还有打破学习者自我形象的风险。

由此可见,知识更新会给人带来不适感,甚至是惧怕感。

四川娃儿张大明要习惯粤菜,还要担心会不会影响肠胃功能,吃海鲜会不会皮肤过敏,会不会痛风,新的知识体系的风险就在这里。

读完这本书,我感觉各种教学改革之所以难以推进,是因为学校和教师普遍担心已经形成的教学平衡被打破,改变意味着风险。

另一个让人灰心的启示是,其实很多理论对具体的教学或者学习是无用的。趋利避害是人之本性,去繁就简亦然。教育理论的精深和繁复,使其在现实的实践中很难便捷操作,教师更愿意用简单、直接、务实、有效的办法去应对那些考试、升学、荣誉等学习之外的目标,而不愿意尝试所谓的先进理论。自主、合作、探究的课堂显然没有"满堂灌"的效果来得直接,因材施教也没有整齐划一的机械训练简单易行。

那么,教育的新思想真的没用了吗?有用,那就是作为反对旧思想的武器。反对成功,便会束之高阁。焦尔当的一句话耐人寻味:"新观念从未通过论战取得胜利,而是等到旧概念的维护者都死光才获得自己应有的地位。"

教育的理想主义者,只有扼腕长叹吧。

我们该如何保护学生的创新精神

2005 年，钱学森感慨，"这么多年培养学生，还没有哪一个学术成就，能够跟民国时期培养的大师相比""为什么我们的学校总是培养不出杰出人才"，这是著名的"钱学森之问"。多年以来，我们都在苦苦思索寻求"钱学森之问"这一艰深难题的答案。"钱学森之问"对中国来说其实是一个千古之问，因为不到 100 年前，还有一个叫李约瑟的英国人，编著了《中国科学技术史》，他发现中国古代科技的发达程度远远超过同时期的欧洲，但为什么近代科学没有产生在中国，工业革命没有发生在中国，这一问题被称为"李约瑟难题"，"钱学森之问"与之一脉相承。

今天，我们似乎觉得被称为中国新四大发明的高铁、扫码支付、共享单车和网购可以作为我们成功创新的表现，但是，这些与钱学森、李约瑟所说的影响人类历史进程的科学发现仍然相去甚远。

创新已经成为整个国家的价值追求，我们都在谈创新，那么基础教育怎么才能让学生学会创新，或者说怎么才能保护而不是湮灭学生的创新思维，需要我们反思。

一、教育观念不能追求实用性

世界上所有重要发现、发明和创新都是从超越现实的追问开始的。西方的科技发展史中，从亚里士多德时代的地心说到哥白尼的日心说，到牛顿万有引力的发现，到爱因斯坦的相对论，无一不是对人类命运、宇宙奥秘等超现实问题的苦苦追问。只有这些超越现实实用、仰望星空的"傻人"，才能带来科技的进步。钱学森说我们没有能与民国大师相比的杰出人才，其实民国很多大师去欧美游学绝不是为了什么博士学位、名校履历或专家头衔。蔡元培在欧洲游学 7 年，选择了不同学校的37门课程,并不在意能不能毕业、能不能拿到学位的问题。陈寅恪欧洲求学,辗转十几个国家,变换十几所学校,学习几十个学科,只为学问,不为文凭。正是这种超越现实功利的孜孜追求,才成就了大师。

而我们现在的教育和学习太实用主义了,也许这里有文化的根源。中国传统文化太注重实用性了,超越现实实用的价值追求较少。百家争鸣时期,那么多的思想巨人,他们主张的都是经世致用,儒家的实用表现在如何处理好人际关系,老子算是有超越性的,但是也是讲如何治理国家。李约瑟在分析之后也说,中国人太讲究实用,很多发现滞留在了经验阶段,所以没有科技的进步。这种实用的思想让我们缺乏对那些超越现实的问题的追问,而世界上所有的创新性科技理论都是对超越性、本源性问题的追问,是非功利的。

中国古代倒是有个人也喜欢追问超越性的问题,他总是在问"天会不会掉下来",结果被人耻笑,认为不切实际的担心是多余的,以致后来谁要是对那些超越性的问题进行追问就会被人耻笑为"杞人忧天"。我们担心被人嘲笑为杞人忧天,所以我们选择了"难得糊涂"。

实用性的价值观在基础教育方面就表现得很明显。教育目的局限在成绩和升学,即使强调全面发展,也是为获得更多机遇创造条件,人才培养就是成绩大比拼。而今天的学生如果只学习标准答案,只追求好大学、好工作,就谈不上创新。今天的学校教育,要允许学生有稀奇古怪的想法,要允许学生质疑,北大校长林建华"焦虑和质疑并不能创造价值"的说法实在让人大跌眼镜。我们还要允许学生失败,只有在反复的失败中才能谈创新。儿童都是思想家,他们有无穷无尽、千奇百怪的追问,只有宽容的教育观,才可能保护学生的好奇心,学生的创新精神才会有文化的土壤。

二、课程教学不能脱离学生生活

脱离学生生活的知识是死的知识,知识如果没有变成解决实际问题的能力,那么只能说是"知道"。我们今天教给学生的内容,也在力求联系他们的生活实际,但是与生活的联系还仅仅是一种书本上的联系,学生缺乏对知识的实践、体验和操作。我们的教学从概念到概念,从知识到知识,这是不得已的选择,因为我们的孩子要应对太多的考试。

世界各国的基础教育课程改革有一个潮流,就是基于现象的课程,也可以称基于生活或基于学生经验的课程。那些具有较强创新能力的国家一定是在基础教育阶段让学生的学业与解决实际问题紧密相连。比如芬兰,被称为世界上基础教育改革最成功的国家,两年前我们的媒体报道称芬兰进行历史上"最激进"的课改,取消传统的学科教学。后来各种确切消息证明,芬兰的课改是在保留原来学科教学的基础上倡导"现象教学",即学校确定一些源于学生生活现象的学习或研究主题,将不同学科知识融入新的课程模块,以这些课程模块为载体实现跨学科教学,并且通过政策保证现象教学的教学要求和时间安排,通过这一改革寻求学科教学与学科融合的平衡点,架起学习与生活的连通器。

我们的教学改革经常纠结于是让学生掌握扎实的知识,还是让学生具有较强的能力,新一轮课程改革其实就是在这种争论中推进的。有人认为重视扎实知识体系的掌握正是中国基础教育的优势所在,而有人认为过于重视知识教育,导致了应试教育,扼杀了学生的创新素质和科学精神。所以新课程改革强调知识和能力、过程和方法、情感态度和价值观的三维目标,也遭到存在"轻视知识"之嫌的指责。从理论上讲,强调学生全面发展似乎更加正确,更有话语权,但在实际中,应试能力可能更有市场,更受学校、家长的青睐,而这种现实的功利追求又何尝不是对学生创新能力培养的损害。显然,如果把任何一种教育价值推向极端的话,都会走向教育的反面,如果只重视人文素养,显然不能带来技术的创新与进步,如果只重视技能,有可能只有技术主义,导致超越现实的追求精神的匮乏。其实,我们的教学内容需要调和知识与能力的任何一种偏颇的表述,让知识成为能力自然发展的基础,如果没有系统扎实的知识,也就不会出现创新所需要的自由,如果教学仅把掌握知识作为目标而不是过程,必然也会拉低学生的创新需求。

三、现代化教学不能新瓶装旧酒

今天谈论创新,必然不能绕开信息化、新技术的运用。未来社会是一个互联网无处不在、大数据无处不在、人工智能无处不在的社会,人类的生产生活一定会以信息化作为重要基础。信息化在培养学生创新能力方面的重要意义就在于让个性化学习成为一种可能。我们可以说,现在实行的班级授课制作为工业时代的产物,对提高教育效率,扩大教育覆盖面产生过积极作用,但是在人的创新性培养方面绝对是一种障碍。我们都知道要因材施教,但是在班级授课制的教学组织形式中,因材施教几乎不可能实现,何况我们的班额普遍较大。我们要知道,人是千差万别的,人的兴趣、思维、认知、偏好及文化背景都有差异,如果按照统一的时间、统一的进度、统一的难度教学,势必会遏制个别人甚至大多数人的有效学习需求,抑制很多人可能的创造性、创新性。我们真的无法计算班级授课制埋没了多少天才。而信息化手段让个性化学习成为可能。我们看到微课程、翻转课堂的教学实验让学习时时可学、处处可学、人人能学,一些学校的走班选课也只能在信息化的条件下才能实现,一些人工智能的学习软件会根据一个人学习的大数据分析提出最佳的学习策略,这些在传统的教学手段下是不可能实现的。但是,我们现在很多学校还在信息化与教学的深度融合方面存在很多顾虑,置办了很多现代化的设备,但是没有改变传统教学的本质,没有主动适应现代化,"新瓶装旧酒",这不符合信息化发展的要求,是不利于学生创新能力培养的。

四、教育评价方式不能分数至上

我们基础教育存在的很多问题都源于评价不科学。单一的、唯分数的评价影响巨大,尽管我们通过考试制度、综合素质评价等改革努力扭转这种局面,但是收效甚微,我们还是看重考试成绩,看重升学率,看重分数之下的排名。当然,教育改革可以否定应试教育,但不能否定应试的制度安排。我们还没有建立起真正多元化的评价机制。在学校,好成绩代表了一切,在有些人心中学习成绩往往和学生的品行联系起来,分数不高至少说明你不够努力,不努力就是不好的品德。这种评价标准制造了大量的学习失败者,也产生了太多的"精致利己主义",让教育成为少数人的教育。我们今天打造优质教育,应该能够让各种人才脱颖而出,我们的教育必须坚信每一个学生都能获得成功,这种成功不仅仅是学业上的成功。同时我们对学习的品质也要建立起评价的标准,从而更加精确地指导每一位学生学习。我们要通过评价标准的改变,让学生的各种奇思妙想都得到认可,让学生对这个世界始终保持好奇心,那应该是我们民族的幸事。

创新是每个国家、每个民族都需要追求的精神,但不是喊喊口号就能创新,创新只有在观念、制度及文化的整体性改良后才能实现。

互联网时代,我们的阅读遇到了什么问题

关于阅读的讨论十分热烈。在所有的讨论中,传递出三个基本的认识:读书是一件无可争议的好事,对个人、对社会、对国家都是各种有利;我们这个社会,读书的状况并不好,很多人不读书,即使以读书为天职的大学教师,也不怎么读书;我们进入了互联网时代,读书受到各种媒介挤压,呈现碎片化、肤浅化的倾向。

这些讨论归结起来,互联网时代我们要读书,但是读书变成了一件困难的事情。那么,我们就要认识到,互联网时代阅读遇到了什么问题。

互联网时代为什么还要阅读? 现在的阅读问题和前互联网时代的阅读有什么不同?

为什么读书,这是人的天性决定的。人是世界上所有物种当中唯一一个知道寻求意义的动物。为什么人要追求意义感? 因为只有人能意识到一生是非常有限的。远古时代人们就懂得,有限的生命中要面对生存挑战、安全挑战和各种风险挑战。在非常有限、充满风险的生命过程中,寻求意义才能支撑我们活下来,并且让自己超越低等生物,成为一种高等生物。我们赋予包括生命在内的所有事物一个意义。本来是一件很平常的东西,因为和某件事情发生了联系,你就觉得它非同寻常,比如定情的信物、亲人的遗物等。这些东西其实和别的东西没有本质上的区别,但是你赋予它一定的意义,就会觉得珍贵,知道珍惜、珍视。小王子进了玫瑰园,发现千万朵玫瑰和他那朵玫瑰没什么两样,但是他非常牵挂他亲手种的那朵玫瑰,他给那一朵玫瑰遮风挡雨,浇水捉虫,他为此付出了感情,所以它显得与众不同。互联网给你呈现的信息浩如烟海,但稍纵即逝,而你阅读一本书的时候,就会深深地沉浸,跟随作者一起开心,一起忧伤,一起深思,一起成长,阅读变成了一种生命体验。这就是我们今天为什么还要强调阅读的一个原因。

人要寻求意义,就会追问究竟人是什么。人类会通过找一些参照物来认识自己。第一个参照是动物,人是区别于动物的,动物不知道什么是意义。第二个参照是人创造的一个完美形象,或是天使,或是神灵,在与天使、神灵的对比中发现人的不完美。但是人既不是动物,也不是神灵,更不是天使,这两类参照物让人对自己的存在更加模糊,无法回答人的很多问题。

互联网时代,人又找到一个参照——人工智能。人工智能的行为是按照人的思维方式去处理信息,在这个参照中,人发现人越来越像机器,机器越来越像人。这又给我们带来一个反思,信息化时代我们的未来是什么?很多科学幻想作品担忧,有一天机器人或者人工智能高度发达,会不会统治了地球,消灭了人类?

随着计算机的应用,出现了一门新兴的心理学,叫认知心理学。认知心理学就是根据机器人的运算过程,对人的思维进行判断。机器人的运算过程是收集信息、储存信息、整理信息、加工信息及处理输出信息这样一系列环节。所以人用机器人的思维去反思人的存在,在智能化时代,人的本质到底有没有被改变?阅读是人和机器人都能进行的活动,但是人在阅读中不仅获得信息,还有情感、精神、人格和道德的获得,这些都是机器人所不具备的。

我们为什么感到互联网时代的阅读遇到了问题,主要是电子化的时代,信息都是零碎的,人的阅读变得碎片化、肤浅化,不成体系。其实这不是一个新问题,人类在面对每次技术变革时都会感到不适应。苏格拉底反对书籍,反对读书,他觉得语言是人的第一本能,他认为希腊时代的文字不够精致,不能记录人的深邃思想,文字的传播一定会导致思想的扭曲。当然他这个观念不符合历史进步的要求,如果当时没有文字、没有书籍的话,苏格拉底的很多言论无法记录,今天的我们也就无从了解了。技术变革给我们带来恐慌,我们真正担心的是技术革新对传统价值带来的冲击。15世纪,印刷术在欧洲出现的时候,欧洲也出现了一个阅读的恐慌。在印刷术出现之前,所有的经典都是通过羊皮、石板之类,易于保存的、贵重的东西来记录手写的,手写的过程中就有一种神圣感和神秘感。当印刷术出现以后,除了这些经典之外,很多个人的东西都可以通过印刷,通过纸来和读者见面,因此有人对印刷术提出了质疑。大量印刷品的出现让传统少数人才能享有的经典的传播受到冲击,什么东西都可以通过印刷传播。印刷技术带来的另外一个结果,就是人类要应对信息过量这样一个过程,因此发明了公共的图书馆,发明对书籍的目录管理,发明了个人笔记,也催生了现代学科体系的形成。

互联网时代,信息海量涌现,如何鉴别信息、处理信息及引用信息成为一种能力。信息过剩、认知过载成为我们的困惑。过去书籍匮乏,人们得到一本书就如获至宝,那种珍惜,那种崇拜,不仅仅是因为它满足了读书的需求,也因为它是一个精神的载体和寄托。今天我们获取一本书太容易了,只要打开互联网,任何世界名著都会找到,但是这些阅读不能代表真正的书籍阅读。过去我们中国人说一个人能够识文断字,能够知书达礼,就是有文化有知识的人。但是今天,谁都识字,谁都能在网上找到信息。就需要我们重新认识信息知识和学识、智慧。网上读到的很多内容,仅仅是一种信息,它还不是严格意义上的知识。互联网时代,人们对知识的认识至少包含了三种含义:第一,知识是真实的;第二,你确认它是真实的;第三,必须通过一种方式验证它是真实的。所以互联网更容易制造谣言、制造虚假的信息。读书,只有读书才能让我们深入地去了解一些信息、一些思想和一些观点,而互联网是无法解决这个问题的,大量的信息你是无法验证的。比如有人说不吃晚饭可以保持健康,类似信息你无法判断,所以它不能成为你的知识。书籍的内容虽然也需要验证其是否真实,但它是确定的,它的观点和思想是比较稳定的,所以在寻求人生意义的过程中,我们得了解到底什么样的东西能够提高我们的意义感。

互联网时代,我们获取信息的方式太多,信息以各种方式呈现出来。今天用手机的人可能有一半以上的时间在手机上看视频,我们不能说手机上的信息都是没有价值的东西,但是我们用手机这样一个工具去读书的时候,会受到很多干扰,我们会把大量的时间花在那些不知不觉地偷取我们时间的视频当中,这是每个人都会遇到的问题。有的人说视频也有传播知识的功能,其实这个问题在电视发明后,人们就感受到了。电视深入到人们生活的方方面面,但是人们对人类传媒的研究发现,电视完全降低了人的思维能力和水平,因为在电视之前是印刷品的时代,印刷品时代无论是阅读还是交流,都是以文字为载体来进行沟通的。文字本身就包含着思维的体系,电视出现以后就是以图像或者视频的方式呈现信息,视频的方式和文字的方式呈现信息的区别就是视频是稍纵即逝的,它不会在你头脑中留下深刻印象。但是你看过一本书所留下的印象是相对深刻的。读书是一种沉浸,它是一种思想挖掘的过程。

阅读可以分为两种形式:一种是为了获取信息的阅读;另一种是和人的认知、

情感、精神有关的阅读。一般意义上，提起阅读都是指后一种。前一种也是阅读，但是肤浅粗糙。我们要阅读经典，阅读纸质书，实际上就是认识人的本质的问题。经典是经得起时代检验的文化遗产和精神财富。一部《红楼梦》，我们读一遍不行，就读两遍，读两遍不行，就读十几遍，读完就会给我们构建起自己精神世界当中的一座宝库。意大利文学家卡尔维诺说，经典就是人们经常说"我在重读"而不是"我在读"，经典就是你看似知道了，但是你再读的时候，仍会有新的发现、新的惊奇，会发现它的独特之处。经典就是那些也经常会受到批评，但是它又会用自己的魅力去抖落批评的灰尘，依然让人们喜爱的作品。我们今天说，不要过多地用电子书，而要读纸质书，实质上是认为读书还是一种仪式，同时也是一个认知的心理过程。图书印刷术发明以来，欧洲很多富有的家庭把家里拥有多少藏书作为炫耀的资本。所以书在人类的精神文化当中，其实有一种精神的象征意义。那么在互联网时代，我们获取信息的渠道很多，我们能接触到名著经典的途径也很多，但是读书和上网看书是截然不同的学习方式。

学习作为一种生活方式

社会发展越快，我们对"终身学习"理念的体会越深。新理念、新思想、新技术和新方法快速更迭，层出不穷，凭经验应对工作任务、日常生活的要求和挑战已经力不从心。无论从事什么职业，学习上的懈怠或停滞都会让你恐慌，产生无力感。

现代人的学习也有着明显的困境，学习机会越来越多，资源越来越丰富，方式越来越多样，学习的倦怠感却越来越深，获得感越来越稀薄。在知识匮乏的时代，我们苦于书籍太少、接触新思想的渠道太少、聆听大师声音的机会太少，对新知识有一种"饥渴感"。现在是知识过剩的时代，学习的时间、空间、方式及内容已经基本不受限制，但是我们却失去了更新知识经验和增长智慧洞察的热情。我们经常会把学习变成一种资源占有，硬盘里储存了一个个人电子图书馆，收藏夹里保留着国内外知名大学的课程，手机里有多个学习 APP，我们却无心料理，令其长期沉睡，真正的学习难以发生。

尼尔·波兹曼在《娱乐至死》的前言里有一段话令人印象深刻，他说："奥威尔害怕的是那些强行禁书的人，赫胥黎担心的是失去任何禁书的理由，因为再也没有人愿意读书；奥威尔害怕的是那些剥夺我们信息的人，赫胥黎担心的是人们在汪洋如海的信息中日益变得被动和自私；奥威尔害怕的是真理被隐瞒，赫胥黎担心的是真理被淹没在无聊烦琐的世事中；奥威尔害怕的是我们的文化成为受制文化，赫胥黎担心的是我们的文化成为充满感官刺激、欲望和无规则游戏的庸俗文化。"正如赫胥黎在《重访美丽新世界》里提到的，那些随时准备反抗独裁的自由意志论者和唯理论者"完全忽视了人们对于娱乐的无尽欲望"。在《一九八四》中，人们受制于痛苦，而在《美丽新世界》中，人们由于享乐失去了自由。简而言之，奥威尔担心我们憎恨的东西会毁掉我们，而赫胥黎担心的是，我们毁于我们热爱的东西。

按照这个逻辑观照我们的学习,也是这种情形。

匮乏时代我们忧于可看的书太少,过剩时代书籍泛滥,我们却失去了读书学习的饥渴感;匮乏时代我们害怕自己孤陋寡闻,过剩时代我们却因为见多识广变得茫然而空虚;匮乏时代我们害怕自己变得蒙昧懵懂,过剩时代理性和卓见却淹没在林林总总的偏见与煽动之中;匮乏时代我们害怕身处知识和信息的荒漠,过剩时代知识和信息的无限膨胀以及多元化、碎片化却让我们充满偏见、随波逐流;匮乏时代我们担心无知毁掉生活,过剩时代我们的生活却毁于所知太多。

终身学习的理念强调人们不仅要为了适应职业的要求而不懈学习,还要从思想成长、精神成长和道德成长的需要,把学习变成一种生活方式。学习化的生活不同于学生为了升学而求知学习,也不同于专家们为了攻克一个科研项目或者为了完成一个课题研究学习,而是完全出于一种自我成长内在需要的非功利化、兴趣化的学习。当然,这种学习化的生活可能在客观上也会有助于自己专业的成长,但却不是以此为目的。

历史上很多伟大思想和理论都是在非功利目标的基础上产生的。牛顿不是为了提出万有引力定律而探究宇宙奥秘的,达尔文不是为了提出进化论才去钻研生物演进规律的。近代科学原理的创立都是那些对宇宙奥秘、自然规律和主客观世界认识有着浓厚兴趣的人提出的,他们不是为了攻克什么科研项目,获取什么基金支持,拿什么奖项而去做这些事情的。我们当下的学习,目的性太强,往往把升学、考级、评职称、完成课题、获取岗位作为学习的唯一目的,以至于一旦达到目的就对学习深恶痛绝,因而也让学习过程变得枯燥难熬。

我庆幸自己没有放弃学习的习惯。虽然很多学习并没有确切的目标,有些浅尝辄止,但是保持一份对学习的热情和对书籍的痴迷,就让你超越了生活的烦琐和无味,获得一种精神的丰富和满足,不觉光阴的虚度。

我给我的教师朋友都建议,教师这个职业的"本钱"是学习,专业成长没有捷径,唯有学习。教师要过上学习化的生活。学习虽然不能目的性太强,但也不能没有目标。结合自己的经验,我提出了"四两"学习的方法,即日常利用"两份专业杂志,两本经典专著,两门网络慕课,两个听书网站"来学习。

两份杂志。给自己订阅两份杂志,并且是专业的、权威的学术杂志,至少是核心期刊。学术杂志是新思想、新理念和新方法的交流平台,每篇文章都有自己的主张,观点可能互相矛盾,但呈现的是对这个时代教育改革问题最新的思考成果。如果不经常看杂志,就不知道在我们职业的领域中大家都关注什么,争论什么,倡导什么。现在的杂志也鱼龙混杂,教师要能够辨别杂志的品位。专业权威的杂志都会有自己的质量标准和导向,更加强调思想理论的本质性、哲学性,对辨别真伪能力的提升大有裨益。每期杂志可能你感兴趣的文章不会太多,但却引领你关注专业发展的动态。我一直订阅《教育研究》《教育发展研究》,近几年《课程·教材·教法》也对我影响很大。

两本专著。每年至少读两本教育专著,而且是经典的、大师级的专著。历史上伟大的教育家、思想家灿若星辰,我们至少读一读孔子、荀子、蔡元培、陶行知、叶圣陶,也读一读苏霍姆林斯基、杜威、蒙台梭利、赫尔巴特、福禄贝尔、小原国芳,再读一读顾明远、朱永新、于漪。经典是那些超越时空的思想精华,是人类文明沉淀下来的思想宝藏。

卡尔维诺概括了经典的一些特征:经典是那些你经常听人家说"我正在重读"而不是"我正在读"的书;经典作品是这样一些书,它们对读过并喜爱它们的人构成一种宝贵的经验,但对那些保留这个机会,等到最佳状态来临时才阅读它们的人,它们仍然是一种丰富经验;一部经典作品是一本每次重读都会像初读那样带来发现的书;一部经典是这样一部作品,它不断在它周围制造批评话语的尘云,却也总是把那些微粒抖掉……我们亲近经典、亲近大师,才能撑起我们的精神高度。

两门慕课。每年给自己选择两门慕课,坚持学完。慕课的好处是帮助你系统地了解一个专题或一类知识。慕课的选择完全可以根据自己的兴趣爱好,不必拘泥于实用的目的。真得感谢这个时代,技术进步让寻常百姓也能很方便地选择世界知名大学的课程学习。最早让我们接触这种学习方式的是 2010 年上线的网易公开课,世界知名大学哈佛大学、耶鲁大学的课程让我们开了眼界,桑德尔的"公正课"、泰勒·本·沙哈尔的"幸福课"、谢利·卡根的"死亡课"、可汗学院、TED 讲台等都给我们留下深刻印象。今天,中国大学慕课网、学习强国等网站的公开课资源也极其丰富,足够满足我们学习的需求。2016 年,云南红河州元阳县新街镇 11 岁小学生王洵,在"爱课程"网中国大学 MOOC 频道学习了武汉大学的"古文字学"、吉林大学的"奇异的仿生学"、华东师范大学的"人体科学"三门课,并获得了优秀证书,让我们看到当下学习生活的可能。

两个听书网。听书网的好处是使学习不受时间空间限制,方便利用碎片化的时间学习。当你跑步、做饭、洗衣、刷牙、开车、候机、等人、入睡前,都可以通过听书学习。寸积铢累、集腋成裘地把这些碎片化的时间利用起来,收获一定不可小觑。听书网很多,有品位的不多,很多听书网站以娱乐为主,增长见识的内容需要你去选择,如"喜马拉雅""网易云音乐"等。但有些听书网也注重品质。我最钟爱"静雅思听",内容有图书还有短文,涵盖了人文学科的所有类别,并且以经典为主,朗读也很专业。我听"静雅思听"有10年多了,也经常推荐给朋友,的确开阔了眼界,开启了智慧,受益匪浅。

所谓"四两"学习法,仅是作为都市繁忙生活中能够接受的"方子",对于很多教师来说,这个标准并不算高,有人订阅的杂志不止两种,有人一年所读专著的数量也不止两本,有人不仅学习慕课,还是"一席""Talk""得到"等网站的用户。学习是一个非常个体化的行为,"四两"学习仅是一己之经验,每个人都以此为启发,发现自己学习的习惯和偏好。

学习生活的关键是时间管理。时间面前人人平等,上天却特别眷顾擅于管理时间的人。这个时代,我们每天花费大量时间浏览网络信息,看无数的文章和视频,看似我们知道了很多,但这些却不是真正的学习。学习生活是对思想和思考的热爱,对解除生存困惑的执着,对认识主观世界和客观世界的渴求,对改善精神存在和心灵生活的强烈需要。

当然,过上学习化的生活,对你周围的人是一件很无趣的事情,因为你可能在游山玩水的时候还在思考意义,在把酒言欢的时候还惦记着多一些独处时间,在别人等候你的时候还有三页书没看完,你经常会让人多少有些扫兴。但别人也许看到了你的无趣,却未必能看到你内心的富足。

社会背景因素与学习

高考结束后,"寒门难出贵子"的议论再次升温。

有媒体做了统计分析,2017 年 40 位各省高考状元中,父母为公务员的占比最高,其中 35% 的状元父亲为公务员,22.5% 的状元母亲为公务员,而出身农村的"寒门状元"只有 6 人。虽然样本量比较小,但也能够说明家庭背景与学生分数之间的结构性差异已经显现。

另一个现象是,这些状元们所表现出的气质和素养已经颠覆了高分低能、缺乏个性、书呆子气等标签,他们大多数阳光自信,目标感强,对自我有清醒的认识,有相对高度的理性和自律性,普遍懂得科学的学习方法,对学习和时间管理有着较强的驾驭能力。这些学习品质大多来自家庭的影响。

家庭的经济条件和文化品位对学生学业成绩和个人成长至关重要。在高考中,家庭社会背景所具有的文化资本已经成为子女在考试竞争中的重要砝码。

北京市 2017 年高考文科状元熊轩昂在接受采访时,面对镜头,侃侃而谈。他认为自己父母是知识分子,又生在北京这种大城市,教育资源得天独厚,这种优势农村孩子不可企及,所以农村孩子越来越难考上好大学,对农村孩子来说,知识不一定能改变命运。

家庭所带来的天然优势,已经把靠努力和分数进行竞争的农村孩子甩出　大截。为获取同样的高分,农村孩子付出的艰辛和煎熬要多得多。

这一现象对我们多年来所谓的素质教育和应试教育之争也是一个匡正。因为这些状元们,发展全面、见识广泛、表现力强,他们也参加过奥数、英语等学科类竞赛,同时也是文艺、体育、科技创新、社团组织等活动的主力军。他们既是应试教育的优胜者,也是素质教育的获益者。

　　谁都知道家庭对个人成长的影响有多大，但是教育制度却在不知不觉中掩盖了家庭社会背景的差异。法国社会学家皮埃尔·布迪厄的文化再生产理论我们已经耳熟能详。布迪厄通过调查，把教育与权力、阶级、不平等、社会秩序等联系起来研究，提出教育过程实际上就是社会控制过程，只不过是间接的、文化的控制，而不是直接的、强制的控制。布迪厄发现，学校里寒门子弟的劣势地位主要是他们的社会出身，以及经济、地理等因素造成的一些价值观、态度和立场的结果，貌似公平并具有形式平等的教育体制不仅没有填平社会各阶层之间的鸿沟，反而促进、稳固、再生产了社会不平等。表面上的公平掩饰了教育系统制造不公平的功能，而且越是表面上忽视特权，越是强调程序形式上的平等，就越是将这种隐蔽的文化再生产正当化、合法化。布迪厄从知识体系、语言习惯、教学行动等方面分析了文化再生产的隐蔽性，比如教育体系确立了合法的知识与技能，如法律、医学、技术、艺术等，都属于上层社会认可的知识体系，而工艺、民间艺术、工匠技艺等知识与技能则被贬低。这显然不利于农村或贫困家庭子女的发展，从知识体系上带来了不公平。〔朱国华《文化再生产与社会再生产：图绘布迪厄教育社会学》，载《华东师范大学学报》（哲学社会科学版）〕

　　布迪厄的理论批判了发达工业社会的社会再生产，但也是我们的教育政策设计所应该警惕的。比如高考改革，多年前我们呼吁考试内容从知识为重向能力为重转变，但是真正变成能力为重的考试，我们发现过去农村孩子靠书本知识就能应对的考试竞争，变成了需要由个人经历阅历、文化承袭、实践体验等支撑的考试竞争，考试方式的变化让农村孩子天然地处于竞争劣势。现在高考改革的命题方向变化以及增加综合素质评价作为大学录取参考等外在因素，虽然在育人导向方面更注重人才培养的全面性，却制度性地把农村学生置于劣势地位，农村学生显然在社会参与、社会实践及自我教育方面缺乏资源和机会。

　　近年来，整个社会都有明显地感觉到，教育阻滞了人才的社会流动，知识改变命运的可能越来越小。

　　而这一现象在很多国家的教育发展中都发生过，有一定的规律性。美国《国家》杂志主编克里斯托弗·海耶斯（Christopher Hayes）在《精英的黄昏：后精英政治时代的美国》中揭露了这样一些现实，教育应该体现贤能政治的理想，遵循两个原则。一是差异原则，即认为人的能力存在差异，应该让最刻苦、最有才华的人去做最困难、最重要、报酬最丰厚的工作。二是流动性原则,通过一种竞争性选拔过程,确保奖优罚劣,穷人家的才俊应该有机会爬上权力和地位的高位,富家子弟的平庸者不应被委以重任,社会必须有一个类似抽水泵的机制,确保聪明能干和勤奋好学者上,平庸者下。

但是,这种理想在现实中却发生了变异,选拔体系颠覆了流动性机制,因为爬上高位的人会想方设法掀翻梯子,或者选择性地降低标准让他们的亲戚朋友爬上来。所以在名牌大学中就会有一定比例的运动员学生、特长学生、校友子弟、名人政客子女、教工子女等。围绕贤能政治理想组织的社会为什么流动性越来越小,因为爬上高位的人想方设法创造条件维持和捍卫自己的特权,并尽一切能力把特权传给子孙后代。正是这样一种铁律,美国的不平等迅速持续扩大,财富急剧集中在少数人手里。由于学校选拔学生的机制发生变化,成绩的金字塔反映了财富和文化资本的金字塔。

今天,我们各行各业的精英,有很大一部分是通过高考这一机制实现了"知识改变命运"。但是面对当前的高考我们不得不惋惜地发现,如果现在将自己置身于这样的考试竞争中,很难保证自己能有优异的表现。

21世纪教育研究院院长杨东平也曾撰文认为,不应夸大高考制度对教育公平的作用,"分数面前人人平等"的考试只是一种表面的、形式上的平等,无法弥补家庭、经济和社会背景对学习成绩的深刻影响,难以改变农村学生的劣势。虽说还有一些农村学生通过应试教育向上流动,但那反映的是应试教育的末端和出口,受益的是那些有望升学的学生,而他们身后已经有无数农家子弟被淘汰、被排斥。

因而,公平政策不是让弱势群体与优势阶层去"公平竞争",而是必须实行强有力的补偿政策,给他们一定的上升通道,这也许是非常复杂和困难的系统工程,但却是公平的实质性体现。

第三章

改革：社会的进步与品质的提升

　　正如上个世纪一位思想家所说的，人类是个永远学习求知的人。许多个人会死亡，但是他们所揭示的大部分真理，他们所做的大部分善行不会随着他们的死亡而消失；人类会把它珍藏起来，那些在他们的墓地上徘徊的人会从中得到教益。如今我们每个人都降生在已往整个人类所阐述的各种思想和信仰的环境中，并且我们每个人甚至不知不觉地给未来人类的生活增加比较重要的因素。人类教育的发展就像东方的金字塔那样，由每个过路的人在上面增添一块石头而使它们巍然屹立。我们这些作一日之游的旅客被召唤到别处去完成我们个人的教育，从旁经过那里；人类的教育在我们每个人身上只是昙花一现，但在人类中间则是缓慢地、由低向高地不断显现的。

　　　　　　　　　　　　　　——[意]马志尼《论人的责任》

评价改革的本质是价值观变革

教育是非常复杂的社会系统工程，课程、教学、管理、人事制度等各项改革任务当中，教育评价改革是一个"卡脖子"难题。先进的理念、科学的制度和规范的管理，都不能脱离和超越评价"指挥棒"的制约。根深蒂固、盘根错节的教育问题，很大程度是评价导向与改革不适应所造成的。2020 年 10 月，《深化新时代教育评价改革总体方案》出台，首次系统提出教育评价的新理念、新思路和新方案，力图破解教育改革的这一"卡脖子"难题。可以说，教育评价改革是一次真正意义上的教育变革，变革是否成功，考验着教育系统乃至整个社会的智慧、勇气和魄力。推动这场变革所要做的事情很多，特别需要在教育评价改革的基本问题上站稳立场，拿出实招。

一、教育评价改革的根本是教育价值观的转变

教育评价反映一个国家在一个时期的教育价值观。教育价值观直接影响教育的评价标准、评价方式和评价能力。人文主义主张培养和谐发展的人，尚武主义要求培养勇武坚毅的人，宗教至上需要培养驯服虔诚的人，政治至上要求培养忠诚认同的人，社会的价值观决定教育价值观，也决定教育的培养目标、方式和途径。然而，一个社会的教育价值观也不是单一的。宏观的教育价值观比较明确，但是不同区域、不同阶层、不同群体却有着不同的教育主张，这些教育主张在有些方面具有一致性，有些方面却存在严重的分歧。国家要求通过教育提高国民素质，培养全面发展、符合国家建设要求的公民，家庭和个人则仅仅希望通过教育改善自身处境，谋求较好的社会地位。中央政府要求教育符合国家对国民素质和人才质量的需求，地方政府关注通过教育显现政绩，争取社会资源，而学校看重教育资源的分配、

生源的优劣。

　　教育价值观既反映了对教育的认识能力和认识水平,也反映了教育的利益诉求。从国家利益出发,教育要培养全面发展的高素质公民;从家长的利益出发,考试分数却是实实在在的,能够兑现教育利益。从社会发展的角度看,职业教育是国民经济的重要支撑;从家庭利益的角度看,普通教育却能给个人和家庭带来社会地位的改变。

　　从教育发展的历史来看,东西方教育都不可避免地处于价值观的割裂和对抗之中,而且价值观的割裂又往往是非难辨。20 世纪 20 年代,受到欧洲自然主义影响,美国兴起了以杜威为代表的进步主义教育主张,认为教育应该以"儿童为中心",反对固有的课程,鼓励尊重儿童本性,让儿童在行动中通过解决问题来学习知识。然而,20 世纪 30 年代兴起以巴格莱为代表的要素主义,却看到进步主义教育过分强调儿童的自由、兴趣和活动,导致美国学生学业能力下降,文化水平、数学水平、语法水平降低。要素主义强调教育要促进社会进步,就要让学生掌握人类文化遗产,帮助学生进行严格的理智和道德训练。要素主义强调教师要拥有权威,保证学生遵守纪律,维护严格的价值标准。认为由于人的本性,儿童往往不能专心致志,甚至厌恶学习,不能仅凭兴趣学习,提倡对学生进行心智训练,要求学生刻苦学习,并强迫自己专心致志,在教学过程中不排除灌输法,对学生最大的要求就是服从。两种价值观导致截然不同的教育评价标准,从现实意义上说,要素主义对美国教育的影响更大。

　　21 世纪以来,我国新一轮基础教育课程改革在推进过程中,也发生了旷日持久的"素质本位"和"知识本位"的价值之争。以钟启泉为代表的"素质本位"认为应试教育对儿童造成了极大伤害,不利于儿童健全人格的培育和成长,扼杀了广大青少年学生的创新素质和科学精神,影响了青少年学生的可持续发展,从根本上不能适应知识经济时代的新要求,因此要大力推动课程改革。以王策三为代表的"知识本位"认为新课程改革存在一股"轻视知识"的教育思潮,应认真对待和克服;要坚决摒弃由应试教育向素质教育"转轨"的提法,不能一味批判片面追求升学率的现象。追求升学率本身并不是一个要被完全否定的现象,这一现象背后有着深厚的社会历史基础。追求升学率的现象必将长期存在,教育改革只能是调整、渐进。观念上的争论反应在现实中就是,一边高呼"素质本位"的口号,一边走着"知识本位"的路子。

上面两个事例说明,教育发展一直处于观念的冲突之中,教育在观念的碰撞之中才有了进步。应试教育重视教育对个体的现实利益,素质教育关注教育对群体的长远利益;行为主义希望通过控制人的成长实现教育目标,人文主义主张尊重人的自由成长。教育中经常面临着注重教化还是注重规训,注重品德还是注重能力,注重适应还是注重改造,注重个性培养还是注重集体意识等观念的冲突。

我们要求人们树立正确的教育价值观,但观念又不随人的意志转移,观念在人的意识与环境的相互作用中产生,超越现实、理想的教育观念往往是少数人的追求。评价改革应该跳出单一观念的窠臼,关注到各种观念冲突中的合理性和现实性,既要调和矛盾,又要引领进步。

今天,教育评价改革需要建立符合当下国家现实利益的价值观念,关键要解决好两个问题:一是超越传统的问题,传统教育观念中"学而优则仕""重伦理轻技术""重整体轻个体""面子文化""人情社会""盲目攀比",以及"劳心者治人,劳力者治于人""朝为田舍郎,暮登天子堂"等思想,严重制约了教育评价的客观性和科学性,扭曲了教育的意义。二是对待西方教育观念的态度问题,我们今天的教育体系并不是中国原生的,而是西方教育体系在中国的移植和发展,西方教育注重实证、重视创新和批判精神等,这些对我们教育的改革是有益的,但是西方教育表现出的过于强调工具理性,重视教育的技术性和功利性又被我们发展到了极致。我们今天建立一套具有中国特色的教育评价体系,既要学习西方教育的优势,又要克服盲目照搬引发的"水土不服",要树立起符合中国文化传统和现实国情的教育价值体系。

二、教育评价标准是把"双刃剑"

教育评价是对教育实践和教育现象的价值、作用、水平、发展等做出优劣判断,评价需要建立一套符合教育规律和教育目的的标准体系,需要把教育认识变成相对科学、客观的评价标准和指标。标准作为一种工具,既有甄别、判断的作用,又有诊断、引导的作用。适切的评价标准有利于教育的健康发展,反之则导致教育发展的异化。

教育是一个系统的社会活动,教育实践和教育现象几乎充斥整个社会生活,纷繁复杂。《深化新时代教育评价改革总体方案》里确定了政府、学校、教师、学生和社会五大评价主体，提出了改进结果评价、强化过程评价、探索增值评价和健全综合评价四个评价维度，这是我们第一次系统制定出的教育评价框架，具有划时代的意义。然而，围绕这个教育评价框架建构起科学的评价体系却是一个相当艰巨而复杂的系统工程。从宏观到微观，从甄别到选拔，从量化到质性，从综合评价到单一评价，从教育内部到教育外部，重新建构一套评价标准绝非易事。

评价的标准化是把"双刃剑"。教育评价标准的归宿是能切中教育的本质，但是教育的本质又充满了矛盾和对立。教育过程中，要让学生感到自由，又要对学生进行纪律的控制；要重视保护学生安全，又要鼓励学生敢于冒险；要强调学生的个性与自我意识，又要让学生重视集体和他人；要让学生充满理想，又要不被理想束缚；要鼓励学术自由，又要强化学术规范；要强化对教师的标准化考核，又要激发教师的教学活力；不追求升学率无法体现教育质量，过度追求升学率又让教育过程丧失人性；等等。教育评价正是要在这种矛盾对立中把握方向，引导发展。但是，人们的认识水平、认识能力又受到现实和时代的局限，评价的标准也会偏离发展的目标。所有的评价都有积极的一面，也会产生一定的负面作用。教育评价过于追求理想的目标，可能就会忽视现实的局限性，导致改革与目标背道而驰，南辕北辙。

2002年，美国政府颁布了《不让一个孩子掉队法案》，针对美国中小学生学习水平低的问题，提出提高教育质量的目标。这一法案客观上达到了提高学生学业成绩的作用，但是由于它采取了强制的区域标准化统一考试的形式，并把考试成绩与学校经费及教师的绩效挂钩，督促学校和教师提高学生学业成绩，导致很多学校投入了大量的时间备考，减少不参加统考的课程，延长在学校上课的时间，缩减学生的休息时间，甚至放学后补课。学校为提高考试成绩不择手段，教师丧失了课程决定权，强化学生机械记忆而不是独立的批判性思维。高风险、标准化的考试将丰富、复杂、不确定的课堂教学简单化，导致了学生学习兴趣的降低。2015年，这一法案被废止了，取而代之的是《让每一个孩子成功法案》。新法案虽然继续保持了学生学业的高标准，但不再把测试的成绩作为衡量学校表现的唯一方式，学校不再因为单一的考试成绩而面临严厉的惩罚，允许各州创新使用各种方式，自己决定如何评估学校进步，自己决定标准测试成绩在评估中所占的比重，自己设定自己的学业进步目标及时间表。新法案有效减轻了教师的压力，促进了教师的创造性与工作热情。这给我们的启示是,教育具有二律背反的特征,评价标准要在这种矛盾的张力中引导发展,就要充分估计实践中可能出现的迎合、投机、规避等负面行为。

教育评价中最大的问题是评价标准"单一化",评价内容"外在化",评价方式"一刀切",评价过程"一白遮百丑",而忽视了教育的实质。简单地把高考升学率作为一所学校、一个地区教育质量的全部,忽视了教育质量也体现在学生的道德、健康、行为、情感等方面。把论文发表的数量、刊物等级作为评价教师学术水平的全部,忽视了教师对教育科研的实质性贡献。把教育投入作为考察政府重视教育的全部,忽视了教育体制机制和教育活力也是重视教育的内容。教育是兼具实践性、规律性和教育性的综合社会活动,不能简单用各种量化指标来评价,特别是教学活动,往往关注了指标化就会偏离育人活动的丰富性,然而,近年来在经济生活中的管理主义、工具主义思想影响到教育评价,任务分解、指标分配、效率评估等,就连课堂教学也要追求高效,这都是不科学的评价方式,需要反思和改革。新时代,教育评价标准体系建设的关键是如何切中教育的本质和实质,淡化教育现象的外部指标,关注教育的内在实质。

三、教育评价必须进行一场治理体系改革

教育评价改革也是一场教育治理改革。教育评价的治理需要从评价制度建设、评价体制完善和评价主体资质方面保证评价的规范科学、有效有序。教育评价的法律依据是否充分很关键,对各种教育评价的性质、类型、主体、内容、结果运用等都需要建立规制,让教育评价回归科学、理性。需要明确教育评价实施中,谁能评价、评价什么、不能评价什么、评价结果如何使用,以保证评价的价值性、独立性和客观性,避免评价过多过滥,以及重复性评价、同质性评价。

教育评价治理关键是对使用评价结果功利化的控制。要充分估计到,一些涉及政绩、经费、项目、资源等分配的评价,可能会导致地方政府和学校的投机行为,出现弄虚作假,过度投入。关注一些涉及具体单位或个人的荣誉、地位、等级、收入获得的评价,需要建立更加严密的评价程序。控制功利化的结果使用主要是克服急功近利、盲目竞争、目标短视,不致破坏教育生态。

规范教育评价,不是限制评价的多元化和多样性。多元化和多样性是由教育的外部特征所决定的,不同类别的学校需要不同的评价标准。同样类别的学校也

因为所处的环境、办学主体、办学性质、生源结构、师资水平、历史积淀等差异,需要建立适切的评价标准。同样是小学,如果用优质学校的标准评价一所乡村薄弱学校,显然不能指导乡村学校的健康发展。同样,各级各类学校的理念、条件、文化、管理、教学都需要评价引导,过于笼统地评价一所学校好与不好,很难认清教育的真实面貌。要鼓励评价的多样性和多元化,让社会和家长根据自己的关注点去认识一所学校,让学生根据自己的兴趣发展自我,让社会根据岗位的需要选择适合的人才,破除"唯分数、唯升学、唯论文、唯文凭、唯帽子"的问题,也避免千人一面、千校一面的局面。教育评价治理要推动第三方评价,现行的教育评价八成以上是政府组织的评估、监测、督导,政府是教育的举办者,也是教育的评价者,既当裁判员又当运动员的教育评价很难做到客观、中立、科学。

四、教育评价是一门有待振兴的未来科学

教育是一项古老的社会活动,随着时代的发展,人们对教育本质和教育规律的认识不断深化,同时需要科学研究的支撑,教育评价更是一门科学。今天,我们的教育评价体系还不够完备,与我国教育发展不充分的历史阶段有关,与我们整个社会的教育价值观念、教育认识水平有关,更与教育评价的科学研究不深入有关。教育评价的思想观念、评价工具、评价标准、评价方式,呼唤教育评价理论研究、实证研究、政策研究及技术开发研究总体水平的提高。随着教育评价改革的深入推进,需要加强教育评价、教育测量、教育预测等方面的学科建设,在高水平大学和科研机构设置不同层次、不同维度的教育评价学科建设,提高评价的科研水平,培养大量的教育评价人才,满足评价改革的需求。

教育评价研究要建立符合中国国情的教育评价体系。我国现在的教育评价基本上是借用了西方的教育评价理论和方法,布鲁姆的教育目标分类法,加涅的学习结果分类法,克拉斯沃尔的行为结果评价,等等,这些理论客观上促进了我国教育评价体系的形成,但是这些理论产生于西方国家,并没有顾及中国的文化传统和现实国情,如何对待中国学生的勤奋刻苦,如何引导中国传统教育观念的转变,如何对待汉语及中国文化学习的心理机制,如何关注文化对学习的影响,都需要去研究。

教育评价研究要关注未来学习的科学化。教育的基本问题是学习问题,在互

联网、人工智能快速发展的今天，要用学习科学指导学生学习，就要通过心理学、社会学、神经科学、脑科学、机器学习等跨学科研究看待学生的学习，认识学习规律、选择学习策略、甄别学习能力，从而破解根深蒂固的学习负担过重的问题。同时，未来社会淡化文凭、淡化学校的牌子，如何建立并使用伴随一生的学分银行，或者像可汗学院提出的微观证书，来证明学生的学业水平和创造能力，以及普遍认可的"绿色评价"，都需要评价研究提供理论和政策的支撑。另外，面对未来社会发展的不确定性，教育评价研究还要关注对教育风险的研究，如乡村学校如何布局建设才能避免浪费，人工智能给传统教育带来的冲击，一些专业未来发展前景，等等。

教育评价改革事关教育改革的成败，事关国家发展和社会进步，任重道远。

评价改革如何为教学提质增效

《深化新时代教育评价改革总体方案》直击"五唯",即"唯分数、唯升学、唯文凭、唯论文、唯帽子的顽瘴痼疾",系统性提出认识和评价教育改革发展的新思维和新方法。在教育外部,需要转变选人用人观念,调整教育评价政策;在教育内部,则需要按照科学的教育发展观和人才成长观,推动教与学在方式方法上不断改进。

评价是教学的重要组成部分,评价能力是教师的基本素养。在以考试成绩为主的单一评价方式的观念下,教师往往忽视了评价能力和素养的提升,对作业设计能力、学业述评能力以及对育人成效的关注相对匮乏。《深化新时代教育评价改革总体方案》首次系统提出科学有效的"四个评价",即改进结果评价,强化过程评价,探索增值评价,健全综合评价。这是评价方法论的重大创新,为教学评价提供了具体的操作方法。目前,我们对"四个评价"的认识还比较模糊,明确"四个评价"的功能定位和相互关系,有助于学校、教师、家长及学生对"教"与"学"的质量重新认识。

一、评价改革需要树立新的教学观

"四个评价"是教学的"指挥棒"和"风向标",应该作为一个整体在教学中合理运用,关注教与学的全貌,既要发挥好每一种评价方式的作用,又要相互衔接,有机结合。

结果评价重在达标性,通过考试或考查的形式,检测教学活动达成教学目标的情况,即经过一个单元一段时间的学习,学生完成学习任务的状况,学业水平是否达到课程标准规定的知识和能力的要求。结果评价参照的是课程标准和教学目标。结果评价合格是教学的基本目标,是学校教育需要完成的基本任务,是体现教育目标和实现教育公平的基础。如果一所学校对照课程标准和教学目标组织结果评价时，大多数学生达不到目标要求，那么学校的教学则是不合格的。现实情况是，学校往往把考试作为一种普遍的评价手段，几乎每学期甚至每月都在进行，但是对这一评价方式缺乏正确的认识。认为既然是考试，就要有一定的难度系数，在命题上人为拔高难度，或者超越课程标准；学校主要是用考试结果对学生进行排名，分出学业的优劣，很少通过其结果对学生学习的状态做出具体分析，对学生的学习品质、知识缺陷、教师支持等提出改进的建议。结果评价的主要功能是诊断教学，为教学和学习的改进提出反馈意见。结果评价是达标性评价，如果未达标则应提出具体对策，而不是把考试成绩"一公布了事"，忽视了评价的诊断功能。

过程评价强调策略性，关注教与学的具体行为是否符合学习规律和认知规律，判断学生在个人禀赋的条件下，认知能力是否得到有效提高，学习学科知识的策略是否得当，以及教师的教学行为是否满足每一位学生成长的需要。过程评价涉及教的效果和学的品质，是质性评价，而非量化评价，学生学得好不好，教师教得好不好，不能仅凭考试成绩来判断，必须对具体的教与学的行为进行科学判断。要通过教学观察和教学述评，掌握教学设计是否符合教学目标的要求，教学策略是否达到最佳最优，是否在关注学生学习的同时，关注了学生的道德成长、情感培养和价值观形成。过程评价关注的重点在学生的学习，学生的个性特征不同、家庭支持学习的能力不同、认知特点不同，需要在学习中得到的方法与策略支持、反馈也不同。学习过程如果缺乏学习策略的反馈则很难保持持续的动力，所以过程评价对学生的学习至关重要。

增值评价注重发展性，针对教师"教"和学生"学"的先前水平，判断其发展与成长的幅度，评价教学能力、学习能力、认知能力的提高程度。增值评价与结果评价都是考查某一阶段的教与学的水平，但在参照标准和评价方法上有明显区别。结果评价参照课程标准和教学目标，增值评价参照个人先前水平，增值评价具有个人化、个性化特征，是因材施教的有效途径。结果评价反映教师或学生在群体中的水平，增值评价反映教师或学生与自己相比较提高的幅度。在评价方法方面，结果评价需要反映教与学的整体达标水平，增值评价则要反映教与学在某一个维度上的成长性，比如学生抽象思维能力是否成长，教师对课堂生成问题的敏锐性是否提高。增值评价对评价测量工具的要求更高，而不能简单笼统地用考试方式来进行，不能用两次不同考试的成绩进行比较。

综合评价关注整体性,要对教与学的全貌进行整体评价,既要考查教学、学习和教学相长的有效性,也要对结果评价、过程评价和增值评价的作用发挥、互为补充和相互衔接情况做出评价。综合评价不是对其他评价的简单叠加,要考查教与学的结果是否达标,还要考查教与学的过程是否有效。整体评价的关键是评价维度的结构化,要整体设计评价内容与工具,给教师的"教"和学生的"学"进行画像分析,描绘出教师与学生成长性、发展性的基本样貌。综合评价要借助已经形成的教学目标分类的研究成果考查教学情况,如布鲁姆把教育目标分为认知领域、情感领域和动作技能领域,把认知领域学习目标分为识记、理解、运用、分析、综合、评价六大类,加德纳多元智能提出语言、数理逻辑、空间、身体—运动、音乐、人际、内省、自然探索等,都可以作为选择综合评价维度的参考。

二、评价改革是为了认识教与学的真实面貌

教育评价改革提出的新理念、新方法,需要落实到教育管理者和教师的具体教学行为中,评价能力的提升关系到教育质量的提高。

教育质量提升需要准确把握教育评价改革的基本要求。教育评价改革提出"四个评价",要引导教育管理者和教师树立正确的人才成长观,理解如何促进人的全面发展。教学是教师专业能力的综合体现,包含教师对学科知识和教学方法的掌握程度,还有教师对学生全面发展的正确理解,包括对学生学习的指导能力,以及对生命成长、人生幸福的正确理解。学习也是学生的动机与兴趣、意志与情感、方法与策略的综合展现,忽略了过程评价和增值评价则会导致部分学生成为学业的优胜者,另一部分学生成为学业的失败者。简单地用考试成绩评价教师的"教"和学生的"学"是片面的教学观,只有将"四个评价"有机融合运用才能反映教学活动的整体性。如同培养一个篮球运动员,要训练的不仅仅是投篮的技巧,还要训练反应的敏捷性、动作的协调性、移动的速度、肌肉的力量,以及合作意识、战术思维、进退策略。要通过不同的评价引导学生的能力在不同维度的发展。

评价方式的落后会导致教育的落后。"五唯"的本质是教育理解的绝对化、片面化、形式化和一刀切,是一种落后的教育观。评价改革对评价方式提出了更高的

要求,同时也是对新时代教育内涵的一种诠释。当下,学校对学生的评价主要是结果评价,而且只重视评价结果的排名作用,忽视了评价的诊断和激励作用,其主要原因是把选拔人才的评价方式应用到学习过程评价中。我们教育中根深蒂固的学生负担过重问题,也是由于评价方式陈旧导致的。世界经合组织开展的针对全球15岁青少年的PISA测试中,我国上海地区的学生4次参与,成绩都非常优异,但是成绩背后是我们的学生在课业学习中投入的长时间和高强度。

评价改革的目的是改进教与学的质量。与选拔人才的考试评价不同,教学中的评价主要是为了诊断教师的"教"与学生的"学",在达成目标、方式方法、实现成长方面是否符合规律、达到要求,重在甄别、分析、激励和改进教与学的行为。我们的社会、学校和家长都过于看重考试评价成绩的高低,评价的诊断功能发挥不够,对学习的指导也不够精准。PISA测试每次都会对测试的目标进行改进,2015年的阅读素养测试指向了学生"对文本的理解、运用、反思和参与",强调学生在参与社会工作和生活时,面对不同阅读文本和不同阅读任务所展现出的阅读认知能力。测试中从"获取与检索""整合与解释""反思与评价"三个维度,把阅读水平分为七个等级。在"获取与检索"认知能力方面,考查影响文本阅读的相关性、必要性和精细性三个变量;在"整合与解释"方面考查学生理解的深刻性、明确性和完整性;在"反思与评价"方面,又从关联性、批判性和融合性三个变量考查学生自己与文本的关联。我们的阅读教学主要集中在"如何教"的方面,对于学生在阅读过程中经历了哪些认知过程,如何进行认知操作,阅读认知在哪些层级发生变化,认知障碍在哪里,并不清楚。就评价而言,对学生学习的真实状况认识不清就很难做到学习指导的精准化,提高质量只能变成一种"蛮干"。

三、评价改革也是学校教育的能力建设

教育评价改革是 个教育观念转变的问题,也反映了校长及教师的教育教学管理能力。当前,教学改革之所以进展相对迟缓,评价方式单一和评价能力不足是重要原因。我们还没有意识到全面、科学、精准的教育评价是判断教与学的方法,是甄别教学质量的工具,是激励改进教学的手段。

提升评价素养是教师专业发展的重要方面。教学实践中评价无处不在,教师每天面对学生都会发生正式或非正式、显性或隐性的评价行为,评价是教师的基本

素养。无论是教师的教学还是对学生的学习指导,都需要教师全面熟知先进的评价理念,掌握科学的评价方法,具备一定的评价能力。教师评价素养的核心是学业评价能力和教学评价能力,教师的评价水平,决定教与学的质量。教师的评价是专业性的,评价素养是在教学实践中获得的,教师要主动学习评价理论,选择运用适当的评价方式收集、分析和使用评价信息,促进学生学习,改进自己的教学。只有不断提升评价素养,才能让教师对教与学的认识从混沌走向清晰,从简单走向复杂,从片面走向深刻。

校本研修是提高评价素养的重要形式。在学校,评价素养的养成和评价能力的提升绝不是个别教师的自发行为。只有全体教师对评价问题有了共同认识,才能形成评价改革的文化基础。学校提高教师评价素养的阵地就是开展校本研修。通过开展教育评价专题的校本研修,分析和反思教育评价的现状,学习先进的评价理论,掌握科学的评价方法,改进学校教与学的评价方式。校本研修还需要培养优秀的教师成为教育评价的专家,从而引领学校教育评价改革。

教育评价改革要求学校进行制度重建。《深化新时代教育评价改革总体方案》提出:"创新评价工具,利用人工智能、大数据等现代信息技术,探索开展学生各年级学习情况全过程纵向评价、德智体美劳全要素横向评价。完善评价结果运用,综合发挥导向、鉴定、诊断、调控和改进作用。"在学校应用新的教育评价需要打破传统的课程观、教学观、学生观和成长观,这不仅是手段的改变,也是学校文化的改变,需要学校从制度层面进行规范,制定评价改革的激励机制,在评价标准、评价方式和评价工具方面进行系统建设,把教育评价的导向、鉴定、诊断、调控和改进作用落实到教与学的具体行动中。

教育评价改革是教育发展的必然要求,是教育变革的具体行动。作为教育教学的重要环节,教与学的过程必须适应教育评价改革的要求,把新的评价思想贯穿始终,有效改进教与学的品质,提高教育教学质量,促进教育健康持续发展。

学科思政是教学本质的回归

任何时代、任何学科的教学都包含着一定的价值观教育,无论从学科课程本身来看,还是从学科的教学过程来看,不存在抽离了价值教育和品格教育的纯粹学科教学。学科教学蕴含了怎样的价值观,如何融入价值观教育,有着强烈的时代特征。2019 年 8 月,中共中央办公厅、国务院办公厅印发了《关于深化新时代学校思想政治理论课改革创新的若干意见》,要求"整体推进高校课程思政和中小学学科德育",学科思政和学科德育再次成为教学改革的重要课题。党中央如此强调学科思政,其中深刻的时代意义不言而喻。

一、优良传统与现实困境

我国教育从新中国成立之初就强调德育与学科课程、学科教学的融合,一直坚持学科教学改革要体现德育的功能。1952 年颁布的《小学算术教学大纲》提出"使儿童理解我们祖国建设的基本知识与其伟大意义,并培养儿童对劳动有自觉的态度",《中学数学教学大纲》提出"形成学生辩证唯物主义世界观,培养他们新的爱国主义以及民族自尊心,锻炼他们的坚强的意志和性格"。改革开放之后,中小学的教学大纲明确提出思想品德教育是学科教育的一项重要任务。进入新世纪,"寓德育于各学科教学之中",强调学科课程的科学价值与人文价值,成为学科课程与教学的一种价值追求。新时代,学科课程和教学更加凸显内在的人文精神、科学态度、道德品质的育人价值,把政治认同、文化自信、爱国主义作为教育教学的应有之义。

作为学科课程的价值追求,学科思政一直与教育教学改革相伴相生,但在现实的教育教学实践中,并不是所有的教师都能够真正把学科思政的要求落实到教学行为之中，表现出要么重视品德教育忽视学科价值，要么强化学科知识忽视价值观教育等非此即彼的偏颇行为，有时表现为以说教为主机械僵化地将品德教育与学科教育简单叠加的行为。这并不仅仅是教师自身原因所致，也有着教育现实与社会文化的客观原因。

一是学科划分的壁垒。任何学科都会从学科自身的系统性、逻辑性去构建完整的知识架构，强化自身独特的学科体系，学科划分给学科教学带来的问题就是学科壁垒的形成。在二元思维的主导下，容易把学科教学与思想品德培养对立起来，出现学科与价值无涉的观念，认为思想政治是德育课的任务，教师更看重对所教学科知识掌握和传授能力的提升，学科育人的能力无意中被边缘化。新课程改革确立了六个具体目标，其中改变课程过于注重知识传授的倾向，改变课程结构过于强调学科本位、科目繁多和缺乏整合的现状，改变课程内容"繁难偏旧"和过于注重书本知识的现状，这三个目标都是针对学科自身问题提出的。

二是功利主义的思想。我国的基础教育一直摆脱不掉应试倾向和升学主义的"魔咒"，受工具理性的影响，教师从教学设计、课堂教学、教学评价都围绕着如何提高学生的应试能力和考试成绩展开，表现出强烈的功利主义，极端的表现是为了提高考试成绩不择手段，忽视学生生命情感和精神成长，不顾及学生知、情、意、行的有机统一，也不关注学生的个体差异，更无暇在学科教学中融入思想品德的教育。功利化的教育一定与思想道德背道而驰。

三是思政教育的异化。思政教育的价值在于思想性、理论性和亲和力、针对性的统一，而我们很多教师把思政教育理解为对学生进行思政知识的灌输，思想影响变成空洞说教。思政教育的评价也以考试成绩来体现，思政教育脱离学生的生活现实，把本应满足学生思想、心理、情感、精神需要的育人方式变得面目可憎。

可能还有其他很多原因让思政课之外的学科课程教学失去思政和德育的品性，比如整个教育的评价标准、教师培养的专业化要求、教育认识水平偏低等。总之，强调学科思政在学科课程教学中的育人价值，是对偏离教学本质行为的矫正。

二、回归本质与时代主题

为什么说学科思政是教学本质的回归？因为教学的本质是一种充满德性的生命活动，即使重视知识学习，也应该把知识学习作为价值形成的引擎、生命完整的支撑和人生幸福的扶梯,建立知识、人、学科相生相成的、灵动的场域。

教育是社会活动,体现一定的社会需要。课程教学是通过知识的学习培养适应未来社会生活需要的人。人类教育在史前时期主要是职业训练,教人狩猎、种地、打仗。文明进步让人们认识到教育不应局限于生存技能,还要满足社会规则、价值观念、道德情感对人的要求,满足人自身精神丰富的需要。中国传统教育的核心思想之一就是"学以为己",通过学习实现个体人格的完善和精神的丰富,教育把外在目标放在次要位置。西方教育的传统从苏格拉底提出的"知识即美德",就强调学科教学及知识的掌握与人的道德形成相一致。教育的目标和实践反映一定历史阶段的社会发展的需要。每个时代有每个时代对教育的理解。近代以来,我国教育经历了救亡图存、普及文化、服务政治、经济建设等社会目的,教育使命不同,学科思政的意识也各不相同。改革开放之后,我国教育摆脱了唯政治化倾向,提高国民素质和培养人才成为教育的使命,课程教学注重知识的学科性和学术性,这是一大进步。这一时期国家建设与人才紧缺的矛盾十分突出,各行各业都需要大量的实用人才,教育为了满足多出人才、快出人才的社会需求,课程和教学突出学科价值,注重基础知识和基本技能,强调"双基",学科思政甚至德育课本身都被淡化了。"双基"作为课程目标,让应试教育走到极端,扭曲了教育的本来面目,新课程改革把知识和能力、过程和方法、情感态度和价值观的"三维目标"作为基本学科目标,包含了学科思政的内容。今天,各级各类教育把学生核心素养作为课程目标,学科课程都要围绕学科核心素养进行教学,强调要把文化基础、自主发展和社会参与统合到"全面发展的人"这一理念之下,学科思政就成为一个重要的内容,需要把政治认同、文化自信、科学精神的培养融合到学科教学中。一方面,我们认识到学生的知识、技能、思维、情感、态度、价值观等方面是不可分割的,而且仅靠思政课或者德育课无法完成这一任务,思政课有思政课的局限,学科教学有学科教学的优势,它们要一起发挥育人价值。另一方面,教育承担着服务国家发展和社会进步的使命,而我们面临的形势要求必须重视学科思政。横向看,经济全球化带来世界的深度交融,让各个国家和各个民族更加重视民族文化的独特性,我们需要培养具有世界胸怀的人,更需要培养具有民族认同和国家意识的人,学生必须对中国特色社会主义文化建立认同感。纵向看,以互联网、人工智能、大数据为技术基础的未来社会,充满了不确定性,很多职业将随之消失,很多职业也将随之兴起,传统的工业文明时代靠既有知识应对生存、生活的可能性已经受到挑战,在掌握基本学科知识的前提下,个人的人生态度、合作能力、独立思考、批判精神等比学科知识更重要,而这些品质的获得也不是思政课所能独立完成的。

课程教学的任务是处理学科知识与人的发展的关系问题,通过指导学生进行知识的学习,使其获得解决问题的能力、认识世界的方法和正确的价值观,从来没有一种教学理论把知识学习作为唯一目的。如果语文教学没有让学生获得超越现实世界的价值、情感、审美、道德等精神层面的建构,仅仅教给学生语法的规范、用词的准确等工具性的知识,那就不是完整的语文教学。如果数学教学没有让学生获得科学观念、崇尚理性、思维品质、批判思维、探究精神等,没有认同中华民族对世界数学的贡献中所蕴含的民族文化精神,仅仅会解题,会考试,那也是不完整的数学教育。在学科知识、课程教学、学科素养之间,知识是工具,学生获得包含学科核心素养在内的人格修养、家国情怀、社会担当也是教学的目的。从本质上讲,最初的学科知识都是非功利无关实用的。孔子谈到学习《诗经》时说,"《诗》可以兴,可以观,可以群,可以怨",通过学习《诗经》可以抒发情感,观察社会,团结协作,针砭时弊,而不仅仅是会背记一些经典名句。英国科学哲学家波普尔有一个著名的论断——"通过知识获得解放","因为只有通过知识的增长,心灵才能从他的精神束缚即偏见、偶像和可以避免的错误的束缚中解放出来"。科学知识和人文知识一样,是人类创造的结果,尽管科学规律的存在具有客观性,但是知识也不可能排除价值观独立存在。而我们的教学一直没有处理好知识、能力与素养的关系,把掌握知识多少当成教学目标,物理化学的发明发现的伦理意义,地理生物的审美意义和爱国情感都被隐藏,即使像历史这样具有人文价值的学科,学习也变成了背诵年代、人物、事件,却没有形成历史的思维、历史的观念以及掌握评价历史的方法,导致很多学生学习这门课程时仅仅是为了考出好成绩,把高分作为改变命运的敲门砖,学科知识应有的超越性意义被忽视。

教学本质上是一项伦理性很强的活动,教师教学活动也是教师德性的展现,没有德性展现的教学就不可能体现出育人的价值。澳大利亚墨尔本大学教授约翰·哈蒂《可见的学习》是当今世界上影响很大的教育研究成果,在长达 15 年的研究中,对影响学生学业成就的 138 个因素进行分析发现,其中影响最大的因素是教师,主要是教师要对知识和教学伦理持有极高热情。但是,现实中教学技术理性的盛行,教师的教学活动更多的是一种提高学习效率的技术性设计,教学活动中的生命意义和精神意义都被教学技术所掩盖。在我们强调学科思政的历程中,提出过"渗透说""体现说"。"渗透说"就是在教学中不仅要传授学科知识、学科技能,还要把政治理论、品德教育渗透进教学中。"体现说"认为所有学科中都蕴含着德育的元素和品德的资源,需要教师在教学中去发掘并落实,新课程提出的"三维目标"中的"情感态度和价值观"就是学科思政的要求。但是,无论"渗透说"还是"体现说",都是用二元对立的思维提出课程教学的德育价值与学科价值,渗透哪些内容,体现到什么程度,教师很难掌握,就出现了机械地讲学科再讲德育,反而让学生难以接受。学科思政一定是潜移默化的,就是教师在教学中要深刻理解学科的本质,用润物无声的方式引领学生发现学科知识潜在的思维方式、思想品质、价值观念、情感认同。

三、观念更新与实现路径

学科思政的落实主要靠学科教师,教师只有理解回归学科教学的本质,在教学中体现爱与尊重、公正与自由、自信与担当等思想品质,才能让学生接纳、内化学科知识蕴含的思政元素。学科思政要避免在学科知识中简单重申德育要求,避免在学科教学中以说教的形式传递德育的内容,而是需要教师用自己的理解、体悟和热情感染学生,让学生能够"亲其师,信其道"。这也是一个比较高的要求,但是如果从提高学科思政意识,加强思政教学的训练,完善师德养成,把育人价值作为教师职业价值追求和专业成长的内在要求,把育人变成一种生活方式,学科思政应该能够得到真正落实。

唤醒意识。回归课程教学本质是学科思政的归宿,要求教师必须具备育人的自觉,要有强烈的思政意识。作为学科教师,必须认识到学科教学是一种德性活动,教学的设计、组织、实施和评价都要体现对学生的尊重,对学生情感、态度和价值观的关注,对偏见傲慢的摒弃。有了强烈的思政意识,就会有一种育人的觉悟,这觉悟体现在对学科知识之外的认知特征、思维方式、人文价值、道德关照的深刻洞察;还体现在对德育规律的把握,不是把学科的道德性变成简单的知识叠加,认识到潜移默化的影响比空洞说教更有价值。

德行训练。作为一种专业素养的要求,教师对学科思政的把握不能仅仅依赖于教师的自发自觉,还要靠具体情境化的训练。教师作为具体的人,个人的性格特征、旨趣也有差异,在师生交往中一定会出现个人偏好,而面对千差万别的学生,千变万化的教学情境以及师生矛盾生成的随机性,即使有德性意识,也要通过一定的训练才能判断不同冲突中的恰当行为。特别是新入职的教师,只有通过习惯化的练习,在师生交往实践中不断磨炼德性品质,才能实施好学科思政。当然,我们也要反对另一种倾向,就是把学科课程变成思政味十足的说教课程,失去了学科课程应有的育人价值。

德行完善。教师工作的对象是具有生命成长性的学生个体,这就要求教师职业必须包含道德属性,师德是教师的本质属性。而在学科思政中,师德的要求更多体现在精神的引领。教育的根本价值在于增进人的幸福,获得知识、增强能力、提高素养都要归结到学生未来幸福这一终极目标,而不仅仅是把教学作为知识传递、专业打造的技术活。帕尔默在《教学勇气》一书中,开宗明义地说:"真正好的教学不能降低到技术层面,真正好的教学来自教师的自身认同与自身完整。"教师需要自觉把教学行为作为一种德性的展现。

学科思政不是新话题,但是有新内涵,这是我们对育人价值和学科价值的认识不断深化的结果,对学科教学来说,思政属性既是起点也是终点。

PISA 是如何评价的

2018 年国际学生评估项目（PISA）测试结果公布，在参加测试的 79 个国家和地区中，中国北京、上海、江苏、浙江作为一个整体，在阅读、数学和科学三项科目测试中全部取得第一名。这一结果让我们备感振奋，充分显示了我国多年以来在教育快速发展的同时，在促进教育公平、提高教育质量、推进教育教学改革等方面的巨大成就。

PISA 测试之所以成为目前参与最广、最具影响力的国际大型标准化测试，是因为其测试理念和测量技术的前沿性和科学性，其目的是促进教育政策的改进和调整。

面对 2018PISA 测试的结果，我们更应该清醒认识到，任何测试都不是以获得好的结果为目的，而是需要把评估作为一种教育诊断，为进一步转变育人观念和改进教育政策提供一个决策的依据。2018PISA 测试也显示了我国学生总体学习效率不高，学生幸福感偏低的问题，真实地反映了我国大多数地方的中小学生花在学业上的时间比较多，学习效率不高的状况，这些问题都需要通过深化教育改革去切实解决。

关注 PISA 测试，我们究竟应该获得哪些启示？

可能最大的启示是教育评价方式如何实现突破。评价是教育观念的集中体现，决定着教育教学的各个环节和育人方式的转变。我国基础教育长期受到高考"指挥棒"的影响，教育教学表现出的功利化、工具性等问题备受诟病。我国教育一些根深蒂固的问题正是教育评价标准单一、评价方式机械、评价内容僵化导致的。

而 PISA 测试在评价理念、内容、方式等方面完全不同于以学科为中心，以知识为核心的考试评价。

从测试的内容来看,PISA 测试不考核学生对学科知识的掌握水平,而是考核学生的素养和能力。PISA 测试重点评价学生适应未来社会生活的阅读、数学和科学三方面的素养,关注学生使用教材、教学方式、师资水平的差异等因素,不仅超越了知识工具的局限,也超越了国家和地区的局限。PISA 测试特别强调学生在生活情境中应用相关知识和技能的能力。如科学素养被定义为作为公民参与科技相关的事务的能力,包括解决生活中与科学技术相关的问题,具有科学的意识,会科学反思,等等。PISA 测试还强调学生获取终身学习和未来职业发展所需的应用知识的能力和批评思维的能力。这些观念都是我们的教育评价所缺乏的,我们的考试评价依据学科课程标准,把知识掌握程度作为重要的考核内容,导致了应试教育、死记硬背、刷题训练等问题。

从测评的试题命制来看,为了保证测试的效度,避免依赖命题人员经验,一般会通过严密论证和测试来命制试题。首先,由专业命题人员和各国学科专家提供实际测试题目 4 倍左右的试题,然后专家组研究试题并进行小规模试测,选出 1/2 左右的试题。由各国进行翻译和本土化转化,然后选择 1000 名左右的学生参加项目的试测,再对试测数据进行分析,确定题目的难度、区分度、与统计模型的拟合度、对不同性别和不同地区学生的公平性等。这一过程保证了测试的质量和信度。在测评结果的构成中,还考查涵盖了校际差异、教师教学策略、家庭教育资源、学生学习时间长度、学生对学校的归属感等多方因素,从而综合掌握学生素养形成的要素。

我们应该借助这些评价理念和评价方法反思整个国家教育评价的观念、标准和方法,思考如何进行系统改革。

当然,教育评价是一个世界难题,任何一种评价只能代表一种价值观,不可能成为绝对性的标准。评价既受文化传统的影响,也受社会发展历史阶段的局限。例如改革开放初期,国家发展急需大量的应用型技术人才,我们的评价就偏重工具理性,就不可能以创新人才培养和教育的价值追求为主导。作为教育观念的显现方式,教育评价改革也是基于教育的历史任务来实施的。

而且,任何评价本身都有一定的局限性,学生很多学习品质是无法通过测试掌握的,如想象力、毅力、同理心、自信心、专注力、道德品质、勇气、领导力等,而这些能力又是一个人成长中至关重要的品质。多元智能理论的提出者霍华德·加德纳就提出,工业文明带来的统一制式的学校,考试评价看似公平,分数面前人人平等,但实质上是不公平的,因为这些考试只能选择某些种类的智能评价学生,而我们应该持有的观念是,承认存在许多不同的、各自独立的认知方式,承认不同的人具有不同的认知强项和对应的认知风格。应该建立一种多元化观点上的、以个人为中心的评价方式。

关注 PISA 测试,我们还必须注意到一个悖论现象,就是 PISA 测试结果的排名往往与一个国家的创新能力没有正相关性。比如 2012PISA 的测试结果,美国学生的成绩很差,三项测试成绩都在 30 名左右,但是在全球创新指数排名和全球竞争力指数排名当中美国都是前三位,而中国在这两个指数上的排名都在 20 位以后。美国教育部长阿恩·邓肯分析,中国学生在学校里待的时间比美国学生一年要多出 25%—30%。15 岁参加测试的时候,学生已经上了 10 年学。因此,15 岁的上海学生比麻省的同龄人要多上了两到三年学,他们数学上领先了两年。测试成绩优异不因为别的,而是因为他们事实上就是多学了两年。

这就告诉我们,国际学生测试项目也只能代表一种评价标准,只是反映教育质量的一个方面,我们教育改革发展需要建立多元化的评价体系,我们也要积极参加各种类型的教育评价测试,让每个人在不同评价体系中看到自己的位置。

今天,中国教育正在走向现代化,走向世界,我们需要以开放包容的心态和理性客观的精神审视自己的教育,建立属于自己的多元化教育评价体系,这才是 PISA 测试给我们应有的启示。

最好的课堂教学是什么

围绕"高效课堂"的争论一直没有停歇,有很多问题似乎并没有讨论清楚。其中有三个问题值得我们思考。

一、高效课堂只能是课堂教学改革的一种范式

虽然目前倡导要"打造高效课堂",但我们也不能认为高效课堂就是一个包打天下的课改范式。多年以来,探索出的课堂教学模式有很多,"自学辅导教学模式""情景教学模式""翻转课堂""魏书生七步教学法"等,既包括整体性课堂教学改革模式,也包括单个学科的教学模式。高效课堂只是其中一种,不能因为有了高效课堂,就否定了其他课堂教学改革。落实到学校层面,所有的课堂教学模式都要和学校的校情、教师的课堂驾驭能力、学生的接受能力进行有机结合,而不是机械地推进。任何一种课堂教学模式的根本问题就是解决教育理论和实践之间的关系,要根据经验,通过理论的指导,制定一套规范化的教学流程。从这个意义上讲,课堂教学改革只要有理论支撑,有实践成效,都是值得肯定的。

高效课堂已经具备了一定的固定要素和程式化的流程,如果我们推进高效课堂,必须清楚一点,就是高效课堂到底是我们追求的一个目标,还是实现教学目标的一种工具或者说手段。针对高效课堂,有人提出"有效课堂",我觉得"有效课堂"的概念更能让人接受。"高效"首先让人想到的是"效率",而效率是管理学的概念,简单地说就是投入产出比,如果课堂教学只讲投入产出比,可能更强化了工具性和功利化,忽视了课堂教学的"三维目标",因为过程和方法、情感态度和价值观是无法用效率来衡量的。而"有效课堂"让人更多联想到课堂的效能、效果,避免了功利化的误解。

二、课堂教学改革需要学校文化的整体变革

教学模式是客观存在的，这是教学理论具体化的表现，也是教学经验系统化的需要。但是，我们很多地区和学校推进课堂教学改革，往往通过行政手段让教师接受新课程改革理念，造成新的课堂教学模式的推行举步维艰，甚至以失败而告终，究其原因是没有进行学校文化的整体性变革，没有取得教师、家长、社会等方方面面的价值认同。课堂教学改革中最重要的一个问题就是价值认同。在许多学校，常常是校长比较认同某种课改模式，于是就在全校推行，但教师却并不清楚学成功的课改经验到底要学什么，他们成功背后的原因是什么。我们要进行的是整个学校文化体系的建设，而不单单是课堂模式的变革。所以很多学校课改推行不下去，问题就出在适合学校的文化体系没有建立起来，脱离了学校的管理、脱离了课改文化的整体性构建去谈课堂教学，都不可能真正成功。

三、课堂教学改革需要把握时代发展的脉搏

未来课堂教学改革发展的趋势，需要关注三个问题：一是学校文化建构的问题，包括制度文化、精神文化等，必须要有整体价值观的导向，课堂教学改革首先要明白改革的价值追求是什么，基本理念是什么，如何体现学校的办学特色。课堂既是教学的阵地，也是一个文化场域，要与整个学校文化相统一。现在还有一个问题，有些学校打造了课堂文化，形成一套学生的行为规范，比如一些号令，一些击掌的动作，赞赏的语言，有的太烦琐，有的脱离社会实际，离开课堂以后对学生没有实际价值，应该引起警惕。二是关注学生学习科学的问题，现在的课堂教学的基本趋势是从以教师的教为中心转向以学生的学为中心，学生的学是关注的重点，但如何处理好学生的学和教师的教，在操作层面上还存在困难，因为传统的教师已经习惯了用自己丰富的储备化知识体系来教学生，很难关注到每一个学生的学习特点。因此，在信息化时代下，教师要引领学生进行个性化学习——今天的课堂上并没有体现出学生学习的个性化。教师应该把掌握学习科学作为专业构成的重要部分，不仅自己要掌握科学的学习方法，改进自我学习成长，还要学会用学习科学指导学生学习。教师缺乏对学习科学的研究，过于注重自身学科体系的完善，注重传统的教学设计、教学方法的实施，就无法让教学的指导精准到每一个学生的学习。第

三,必须建立完整的课程观,不能脱离课程谈课堂。教学是课程的一个环节,课程改革必须是一个完整的链条,课程教学包括了研究课程标准、研究教材、组织教学、教学评价、学习巩固和考试检测,要把教学改革放到整体的课程观下去审视,而不是就课堂说课堂。所以未来需要在整体课程观的实施背景下谈教学,改进和完善教学。

课程的生命在于创新

教育总有一种难以言说的复杂性,对任何一个司空见惯的概念和问题,都会衍生出不同的价值认同,演化出不同的实践方式,绽放出不同的生命样态。课程是教育的基本概念,是学校教育最基本的载体,但是对课程的认识和理解,也是千差万别的,有时受到教育管理者认知水平和教育视野的局限,有时也受时代发展的局限。随着课程改革的深入,从政策制定到教学实践,从专家学者到一线教师,从学校管理者到家长社会,对课程的认知和实践,也有一个由浅入深,由模糊到清晰,由感性到理性的过程。尽管大家对课程的认识存在差异,但是越来越多的学校还是意识到,课程在学校发展和育人活动中的核心地位不断在强化。即使信息和智能时代学校的教学组织形式和学生的学习方式发生深刻变化,课程的意义也在发生变化,但课程依然是学校的生存之本。

多年以前,在一次教育活动中,看到一所学校对校本课程的介绍,触发了我对课程建设的关注。那时,我对课程的认识还比较模糊,但是他们重新构建学校课程的做法让人对未来课程发展萌生了诸多遐想,形成了我对课程建设的最初理解。一是课程必须进行校本化的开发与建设。我国基础教育课程体系由国家课程、地方课程和校本课程构成,这一课程体系给学校开发课程留下了较大空间,也只有进行课程的开发与重构,才能赋予课程真正的生命。二是课程建设是彰显学校办学理想的主要途径。每一所学校都有不同的办学历史、文化积淀和社区环境,这种差异体现为学校的办学理念和办学特色,课程建设需要在落实国家课程的同时,立足于学校的文化核心,构建本校师生认同的课程文化,办学特色的本质是课程建设的特色。三是课程建设是一个多方参与的创生过程。学校的课程建设不是课程专家的专利,也不是校长的个人意志,而要体现校长、教师、社区、家长、学生多方参与的共生共享的发展愿景和价值追求,虽然课程建设离不开专家的指导,但是教师不参与就会缺乏认同,实践层面就会出问题,学生不参与就无法反映在教学层面的效果,家长不参与就会失去坚实的社会支持基础。

这些认识让我关注到中小学课程建设的现状并不乐观,真正进行课程建设的学校凤毛麟角,很多学校都是按部就班落实国家课程。有些学校的管理者并不理解课程不仅仅是教学,不清楚学校的课程自主权如何落实,课程与学校文化有何关系,课程已经存在为什么还需要开发。课程建设落后,有认识不深的原因,还有能力不足的问题。现在的情况已经发生巨大变化。

经过短短五六年的时间,我们看到从城市学校到乡村学校,课程建设已经遍地开花、蔚然成风,这既是行政推动的结果,也是时代发展带来的必然要求。学校和社会对课程的理解不断深化,为今天推进课程改革提供了思想认识的基础。

课程建设需要创新的精神,更需要创新的勇气和创新的智慧。我们认识到课程建设的重要性,但是改革总是要承担风险,万一课程建设过程走了弯路,出现暂时的失败,得不到广泛的认可,都会挫伤改革者的积极性。

一般来说,课程建设要经历三个阶段:

课程建设 1.0:课程体系还仅仅是校本课程的体系化,是拓展学生综合素质的课程供给,还停留在学科化的思维上。

课程建设 2.0:跨越了学科课程的藩篱,把办学理念作为统领课程的灵魂,构建出以基础型课程、拓展型课程、选择性课程和综合型课程为架构的立体多元课程体系群,贯通了国家课程、地方课程和校本课程,让学校的课程体系成为富有生命特征的有机整体。

课程建设 3.0:立足于学生多元化发展和生命成长的课程理解,课程建设的出发点回归到学生生命成长,实现了课程建设的升华。从以学科思维构建课程,到以学习视角整合课程,再到以学生生命成长为视角创设课程,这一发展历程体现了学校管理团队对课程认识的不断深入,他们不断反思,不断超越,让课程有了创新、有了灵魂、有了生命。

学校的天职是立德树人、教书育人,但是对一所具体的学校来说,对每一位教师来说,如何深刻理解教书育人,如何实践立德树人,却是一个艰难的探索过程。教育是一个不断精进的过程,每一代人,每一位教师,每一位校长,需要在这个教书育人的过程中不断反思,不断超越,才能让教育止于至善。

　　课程建设的过程既是创新,也是一种回归。创新之处就在于不断超越,在课程形成过程中,不仅遵循了学校的办学理念和价值追求,还将学校的精神文化、管理制度和社区元素融入课程建设中,而且课程建设过程让教师和学生发声,形成集体智慧。同时把课程建设作为一种文化认同,在集体内进行孵化和衍生,形成课程建设的学校共同体。回归则体现为课程建设的视角从关注课程转向关注学生的健康成长,让教书育人的本质得以显现。

　　每一所学校在课程建设的道路上都各具特色,有时我们不能评价这些学校课程建设是好还是不好,但是我们相信,每一种思考与理解都有其价值和意义,每一段实践与探索都是启示和智慧,每一分成果与积累都是贡献与创新。

第四章

教师：生命的意义与职业的情怀

君子既知教之所由兴，又知教之所由废，然后可以为人师也。故君子之教喻也，道而弗牵，强而弗抑，开而弗达。道而弗牵则和，强而弗抑则易，开而弗达则思。和易以思，可谓善喻矣。

——《学记》

什么是教师的爱

爱与自由是教育的真谛。没有哪位教师会否认自己对学生的爱。但是，教师之爱因学生的存在而存在，既不同于父母之爱，不同于医生的爱，也不同于慈善家的爱。从教师专业化视角审视，教师之爱有其独特的意蕴。如果不厘清师爱的边界与境界，空泛地去谈这种独特的爱，就会失去其真实的价值与意义。那么，究竟什么是教师的爱？

一、教师的爱是具体而非抽象的爱

真正的教师之爱是能够被学生感受的爱，是每个具体的学生能够接收到的爱的信息。抽象的爱是自我感觉的一种想象，是自己认为内心应该具有的一种情感，是爱的幻觉。

抽象与具体是知与行的关系。抽象的爱容易做到，具体的爱却需要具备一定的能力和条件。

中国古代有个典故叫"叶公好龙"，恰好能说明抽象而非具体的爱，叶公感觉自己对龙有些痴迷，真正见到龙时，却惊慌逃窜。教师认为自己爱学生，这是一种感觉，而感觉往往靠不住、不真实。真正爱学生，是你面对学生时能够放下一切成见，放下自以为是的应该和期许，从学生的角度出发，投射你的感情。

卢梭号称自己爱人类，写下《人类不平等的起源》，他一谈到人类所遭受的苦难、不公与盘剥就会泪如雨下，但他却把自己的五个亲生孩子送到育婴堂，从不过问，自顾风流。卢梭的行为也说明，他心里充斥着抽象的爱，而没有具体的爱。

苏霍姆林斯基《给教师的100条建议》中的第一篇就说："请记住：没有也不可能有抽象的学生。"

教育教学的技巧和艺术就在于,要使每一个儿童的力量和可能性发挥出来,使他们享受到脑力劳动中成功的乐趣。这就是说,在学习中,无论就脑力劳动的内容(作业的性质),还是就所需的时间来说,都应采取个别对待的态度。有经验的教师,在一节课上给一个学生布置两三道题甚至四道题,而给另一个学生只布置一道题;给一个学生做的是比较复杂的题,而给另一个学生做的则是比较简单的题;让一个学生完成语言的创造性作业(例如写作文),而让另一个学生则是学习文艺作品的片段。

有些教师经常抱怨说,学生在上课时调皮,做小动作……这些话总使我觉得困惑莫解。如果你们,亲爱的同事们,能够认真地思考一番,怎样设法让每一个学生在课堂上都进行脑力劳动,那么上述情况是绝不会发生的!

从教育的价值理想来看,具体而非抽象的爱,是公平正义的要求。

每个教师所面对的学生,来自不同的家庭、不同的阶层,他们有着不同的文化承袭、价值观念和心理特征,他们的思维、兴趣、爱好、才能、禀赋也千差万别。差异本身就带有具体性,需要教师接纳学生的差异性,倾注具体的关爱,让每位学生感受到适切、恰当的关注。

教师也有自己的喜好和嫌恶,有自己的倾向与主张,有自己的个性与偏好,教师的职业伦理要求教师不能以自己的嫌恶来对待学生,要用超越自己好恶的关爱面对每一位学生。

每位学生都有被老师关注的需要,是否让学生感受到教师的关注,对学生心理会产生很大的影响。学生对教师的言行是否公平公正,比对教师的教学能力更加在意。

教师的爱要能够关注到每一位学生的需要。作为孩子,可能期望课堂上被老师提问,可能希望他的作文能被老师点评,可能他做出的一点小小的努力都希望得到老师的认可,可能他的忧愁希望被老师察觉,可能他的过失需要被老师包容。

教师的爱就是能够看见学生的期待与渴望,困惑与迷思,失落与哀伤。教师的爱就是眼中要有一个个需要被关注到的人,学生时刻感受到师爱的存在,才能感受到自己的存在。

要知道,爱的反面是什么?并不是恨,恨是因爱而生。

宰予是孔子的得意门生,孔门十三贤之一。看到宰予白天睡觉,孔子说:"朽木不可雕也，粪土之墙不可圬也，于予与何诛。"这是恨铁不成钢的慨叹，本质还是爱。

爱真正的反面是漠视。如果教师无视、漠视学生的种种需要，很有可能让学生感到内心的荒凉，受到更大的伤害。漠视学生，就更谈不上具体的师爱。

二、教师的爱是情感而非情绪的爱

教师对学生的爱与父母对孩子的爱处在两种不同的维度。

父母之爱建立在血缘关系之上，多了一份怜惜与袒护，多了一份自私与偏狭，主观性更强，往往容易表现出情绪化倾向。

教师的爱不是心血来潮，不是看心情的表演，更多出于职业伦理的需要，是建立在理性与责任之上的情感，具有稳定而持续的特点。

教师的爱是情感的，具有理性、专业、艺术的成分；父母之爱则带有情绪化、不稳定、不客观的特点。教师的爱本质是尊重，尊重学生的人格、性格、情感甚至缺陷，用社会化的要求，用成长规律约束学生；父母的爱本质是怜惜，怜惜孩子带给自己的愉悦，不能让孩子受了别人的委屈，要求孩子能够按照自己的期望成长。

父母对孩子那些不切实际的要求，不顾事实的期望，不合规律的训练，不明就里的偏袒，甚至以爱的名义打骂、斥责孩子，都有情绪化的特征。如果教师如此对待学生，则背离了专业化的宗旨。走进教室，教师就需要把自己生活中的情绪掩藏起来，进入职业的状态，用理性的情感和冷静的态度面对每一位学生。

历史和现实中经常会把教师的爱混同于父母之爱。其实，把教师之爱等同于父母之爱是一种美好的遐想和幻想，并不是一种理性的真实。

中世纪西班牙的教育家维夫斯在《论教育》中说："教师对学生的爱就应是一个做父亲的爱，他应真正从心底里爱学生，好像学生就是自己的儿子。"他还举例说："马其顿的亚历山大承认他受惠于亚里士多德的比受惠于费立浦的还要大；他从费立浦得到他的肉体，但从亚里士多德得到他的心灵。"

中国民间也常说"一日为师，终身为父"，认为教师拥有和父母同样的对待孩子的权威。

理性的教育思想自然会区分两者的不同。赫尔巴特在《普通教育学》中说："无理性的父母会按照他们的好恶来打扮他们的儿女，如同没有刨过的木头上涂上各种油漆。这种油漆在孩子开始独立的岁月中将重新被强行抹去，但自然不是没有痛苦与损伤的,所以真正的教育者假如不能阻止这样做的话,那至少不应当参与进去。"

师生之间必定是有感情的,教师的爱是对每一位学生完整性的接纳与宽容,包含了欣赏与帮助,责任与理性。

有一位大学教授回忆成长经历时说,一位小学老师当年很关爱自己,对自己影响很大,当他成了院士,功成名就了,回去看望这位老师,感谢培养之恩时,这位老师居然说"我记不起你讲的事情"。教师的爱就是这样,他不会特别倾注于某一位学生,他的爱是无差异的、普遍性的。

心理咨询师陈海贤说过这样一件事,他上研究生时遇到一位非常严厉的老师,讲课时让学生讲出自己的想法,然后点评。有一次,一位学生刚讲几分钟就被老师叫停了,学生说后面还有补充,要继续讲完,老师就是不让讲。老师说:"我知道你很委屈。你这么委屈,就是想告诉我你这么努力,我却没有看见,你总是习惯把我当妈妈,可我不是,我是老师……你来这里不是为了证明自己正确,而是为了学习技能,学习技能就要学着把自己放下。"老师并不是不爱学生,而是以一种非常理性的爱来引导学生,而不是像母亲一样从情绪的角度去处理学生的问题。

孔子最喜欢的学生是颜回,颜回死得早,《论语》里记述了几段孔子在颜回之死这一问题上的态度。颜回家里穷,死了以后做不起棺椁,颜回父亲希望孔子卖掉他的车子为颜回做棺椁,孔子拒绝了他的请求,他说:"吾不徒行以为之椁。以吾从大夫之后,不可徒行也。"因为要遵守跟从大夫之后乘车之礼,所以不能卖了车子给颜回置办棺椁。几个学生要厚葬颜回,孔子却不同意,他说:"回也视予犹父也,予不得视犹子也。"颜回对待我像父亲一样,我却不能对待他像儿子一样,因为这样不符合礼制。孔子在爱学生方面把感情和行为区分得很清楚,不因感情而失去理性。

三、教师的爱是能力而非态度的爱

教师的爱也是一种自然情感,而非伪饰的态度。但是,从专业化角度审视教师的爱,这种爱就有了职业伦理的色彩,是教师专业素养的构成条件,也是师德修养的基本要求。

教师的专业化就是面对教育教学和学生发展的问题,能够用专业眼光审视问题,用专业知识理解问题,用专业技能解决问题,用专业精神对待问题。既然是专业素养,那么教师的爱就超越了自然情感,成为一种能力的体现,就需要通过学习和训练才能获得。

教师的爱是一种能力而非态度的爱,能力具有成长性,如果教师不能在师生关系中去研究学生,不能用科学的态度和方法认识学生的心理和认知规律,不在反思中提升自己指导学生的能力,则不能适应教师专业化发展的要求。

爱学生作为一种能力,并不与一个人的阅历成正比,不是教龄越长就越懂得学生,越会爱学生,而是需要通过一定的努力获得爱学生的本领和智慧。这就涉及一个人的道德成长问题。一个人虽然会随着阅历的增长,对世界的理解会越透彻,但并不会因为年龄越大,道德水平或者道德修为就越高。

美国心理学家科尔伯格提出了道德发展模型,把人的道德水平分为三个水平六个阶段。从对惩罚规则的服从到功利目标取向,从对他人评价的遵从到对社会秩序的遵从,从对契约精神的崇尚到对普遍伦理原则的遵守,人的道德水平会不断提高。

三种水平	六个阶段	道德评判依据
前习俗水平	阶段 1:惩罚与服从	避免惩罚
	阶段 2:相对功利	符合自己利益
习俗水平	阶段 3:寻求认可	人际和谐,做好孩子
	阶段 4:维护权威或秩序	知法守法
后习俗水平	阶段 5:社会契约	法律规范可变
	阶段 6:原则或良心	动机好则好,讲正义

教师的爱作为一种专业能力,要求教师对学生的心理需求、精神需要、学习迷思、情感困惑和责任困境有所了解,对不同家庭、不同性格特征、不同成长阶段的学生的心理、情感、价值问题有所洞察。

美国教师雷夫·艾斯奎斯的《第 56 号教室的奇迹》对很多教师产生过影响。雷夫所在的是一所薄弱学校,学生的情况也很差,但是他不愿意接受这样的事实,他发现学生学习和成长中的症结是大家都活在惧怕之中,"老师们害怕:怕丢脸,怕不被爱戴,怕说话没人听,怕场面失控。学生们更害怕:怕挨骂,怕被羞辱,怕在同学面前出丑,怕成绩不好,怕父母的盛怒"。他自己也经历了教育的痛苦,但是为了改变现状,他用道德成长的理论,提出"以信任取代恐惧",提倡"没有害怕的教育"和彼此信任,激发学生自身的高要求,创造了教育奇迹。其实,雷夫的做法说明,一个人的成长伴随着爱的升华,伴随着爱的能力的提升。

在课堂上或者在学生管理中,经常发生师生之间的冲突。有些教师无法控制自己的情绪,出手打了学生,或者羞辱体罚学生,我们往往把这种情形归结为师德问题,其实这类问题根本还是师能问题。教师没有能力用专业的方法解决学生的问题,而采取简单粗暴的方式处理问题,并不意味着教师的品德出了问题,而是能力不足的表现。

教师简单地用纪律、规则压制学生,让学生就范听话,看似是一种爱,但是压抑了学生内心的主动性,甚至给学生带来了看不见的伤害,这也反映了教师爱学生的能力问题。很多师生之间极端化的矛盾都是教师能力不足所造成的,而不是教师的道德问题。

蒋梦麟说:"个人各秉特殊之天性,教育即当因个人之特性而发展之,且进而至其极。我能思,则极我之能而发展我之思力至其极。我身体能发育,则极我之能而发展我之体力至其极。我能好美术,则极我之能而培养我之美感至其极。我能爱人,则极我之能而发展我之爱情至其极。"学生的成长和发展需要帮助,教师就要有能力判断学生发展的需求,有能力提供成长的帮助。

教师的爱,因学生而存在,因学生而不同。教师的爱是一种情感,一种智慧,也是一种能力。

教师评价改革的关键是什么

教育评价改革的根本目的是让所有的教育观念、教育制度和教育行为遵循教育的基本规律，回归教育本质。教师评价就是要让教师把教书育人作为最根本的价值追求。教师选择或实践什么样的教育观念和教学行为，既是自我领悟和习得的结果，也是制度引导和形塑的结果。评价制度偏离教育本质，则会忽视了教师为追求教育理想价值做出的努力，会挫伤教师的情感，导致教师观念和行为与教育改革的初衷背道而驰。在教育评价改革的系统工程中，教师评价最为特殊，因为教师工作的复杂性，很难建立符合教师职业特点和工作性质的客观标准。现行的教师评价受到传统思维和社会现实的局限，在观念、政策和实践方面无法激发教师的工作热情和职业尊严。要让教师更好地教书育人，需要认清教师评价的价值导向和职业特点，不断完善评价体系。

一、正确的价值导向是教师评价改革的根本

"教书育人"是汉语词汇对教育本质的高度凝练。教育要把每一个自然人改变成社会人，除了传授知识，还要让受教育者获得价值理想、思想观念、道德规范、行为习惯、健康人格等，这些都建立在教师的职业尊严基础之上。教书与育人本应有机统一，任何教师的教学行为中都会包含个人或公共的思想价值。之所以出现"重教书轻育人"，把教书与育人割裂的现象，根本在于过分片面、功利的"唯分数""唯论文"的教师评价导向。改革教师评价根本在于价值观的转变。

政治属性是价值基础。政治是人的基本属性，有人的地方就有政治，亚里士多德关于"人在本性上是政治动物"的论断具有普遍意义。在一些层面，人们对政治的理解过于狭隘、庸俗化，导致人们在政治的问题上存在忌惮和疏离感。政治要说

得再通俗一点,就是面对公共生活应该坚持的态度、行为和信条。教育必然有鲜明的政治属性,社会主义教育就要按照社会主义教育思想强调学生的全面发展,让学生树立社会主义理想信念。离开这个前提,我们的教育就失去了根本。教师评价的政治要求还和教师的法律地位有关。《教师法》定义的"教师是履行教育教学职责的专业人员,承担教书育人,培养社会主义事业建设者和接班人、提高民族素质的使命",明确了教师的职业属性是专业人员。2018 年,中共中央、国务院《关于全面深化新时代教师队伍建设改革的意见》提出:"突显教师职业的公共属性,强化教师承担的国家使命和公共教育服务的职责,确立公办中小学教师作为国家公职人员特殊的法律地位……"教师法律地位从专业人员到国家公职人员的变化,体现出教师职业既有专业化属性,也有公共属性,是专业属性和公共属性的统一,标志着教师的权利和责任的变化,也就是教师坚持社会主义教育思想不是可有可无,而是由这个职业的法律地位决定的,是必须坚持的一种责任和使命。

师德师风是第一标准。教育总是按照一定的社会理想培养人,人类组建的任何社会形态都有向善性。社会理想价值必然要求教师职业天然地遵守道德规范,自从有教师这个职业就强调了师德。当然随着时代的发展,教育遵循本质,师德也要回归本分。师德不同于一般性的道德要求,教师作为社会人需要遵守基本的公民道德;作为一个职业人,要按照要求完成教学任务,还要按照育人的要求理解学生、体恤学生、关爱学生。当下,教师面临着前所未有的专业化要求,社会普遍认同把师德作为一种职业伦理,体现在教师专业意识、专业能力和专业发展中,师德不仅仅指教师应有高于基本社会规范的道德素养,还要有能力指导学生的学习,用专业知识面对和解决学生发展中的价值问题、心理问题、情感问题以及人格问题,同时师德还体现在教师能够通过专业发展完成自我实现,从而在一言一行中感染学生、影响学生,促进学生的正向发展。如果仅仅强调勤勤恳恳、尽心尽力,而教学效果乏善可陈,那么这种师德就失去了应有的专业属性。师德是教师职业的伦理基础,淡化或弱化师德修为,教师的专业化就无从谈起。

立德树人是本质要求。立德树人是中国教育思想的当代表达,既是对中国优秀传统文化关于教育思想的继承,也是对马克思主义教育理论的发展。如果说教书育人是从本质上明确教师的工作性质,立德树人则是从更加广阔的视野界定教育的根本使命,立德树人是教书育人在当代的价值根基。教师在立德树人中应有一种使命感和责任感,把立德树人作为一种价值选择,能够帮助学生正确认识学习的目的和任务,克服"重教书轻育人"的倾向。立德树人就不会变成一种抽象的理念,而应变成真正解决学生思想、认知和行为的具体方法。当下学生受到社会多元化思想的影响,很容易价值迷失、价值扭曲,从小表现出对学习意义的丧失,对人生未来的茫然,对道德追求的漠然,选择"躺平""佛系"的生活态度,崇拜"网红""流量"明星。这些表现在学生成长中的种种问题,都是立德树人所要面对和解决的问题。教师评价仅仅把考试、升学、成绩作为主要依据或重要依据,而不管教师在多大程度上端正了学生的思想,提振了学生的精气神,消除了学生的心理问题,这种评价方式就与立德树人的要求相去甚远。凡是不利于教师立德树人的评价方式,都是应该摒弃的。

多元评价是必然选择。教育之所以偏离本质和规律,根本的原因是评价标准的单一化和短视化,"唯论文""唯升学"就是把本来复杂的教育教学简单聚焦在有限的指标中,扭曲了教育应有的面目。"破五唯"的关键是改变评价标准的单一化,从而建立多元评价的体系。如果我们没有建立多元评价体系,把"唯论文""唯升学"变成"唯课时""唯轮岗",那么也会把教师的精力、投入引到课时量、交流轮岗的积累上,又会出现新的"唯"度。教师的工作本身就有高度的复杂性,很难用一个标准去评价。现代思想体系中,尼采曾提出"视角主义"的观点,认为对任何一个事实的判断都是一种假设的判断,而事物本身的真实并不存在。教师评价设立一个标准本身就偏离了教师工作的真实存在,更不要说仅仅依靠这唯一的标准去进行评价了。比如学生评教,学生有可能是真心喜欢一个教师而给他评高分,也有可能是畏惧教师打击报复而不得已给他评高分。现在教师评价的标准、方法都过于扁平化,看似一把尺子很公平,但是没有顾及不同学科、不同风格、不同年龄和不同层次教师的特征,有些评价甚至给教师带来情感和精神的伤害。教师工作的复杂性要求,只有多元化的评价,才能接近真实地去判断一个教师的能力水平和师德品行。

二、理解教师的职业属性是评价改革的基础

现行的教师评价最突出的问题是评价理念、评价工具和评价方法过于追求量化指标,评价结果也过多体现在绩效考核的维度。我们习惯于设置各种评价指标

进行量化评价,因为量化评价最便捷、最直观、最容易操作。但是教师工作的特殊性在于,不是所有的能力、价值以及工作付出都会呈现指标化那么简单,教师评价要坚持外部条件的价值导向,还要立足于教师特殊的工作属性。教师的知识能力、工作付出和成效体现与其他职业相比,有明显的特殊性。

教师知识素养的内隐性。教师的工作体现在一定的实践中和情境中,教师的知识和素养体现在具体的教学活动中,每位教师的劳动都具有个性化,简单用外在标准判断评价从事不同学科教学,面对不同学生群体,不同教学风格的教师,都会带来评价结果的失真。教师的素养、知识和教学智慧都是内隐性的,来自教师的个人潜质、经验积累、性格特征和悟性智慧,有时"只可意会,不可言传"。按照现代评价的理论,评价可分为测量式、描述式、判断式和响应式四个层次,我们的教育评价主要以测量式为主,如果考虑到教师工作属性的特殊性,教师评价就不能仅用测量的方式进行,还要有描述式、判断式的评价。

教师工作成效的综合性。判断教师工作成效要从他的工作对象——学生了解掌握,学生是否全面发展,是否学业进步,是否道德提升,是否人格健全,是各种因素综合作用的结果。我们评价教师不能不看学生的成长进步情况,只看教师上了多少课时,只看表面的工作量。而教师作为脑力劳动者,他的劳动和付出不受时间空间限制,他的事业心、责任心、自觉性,他所耗费的脑力和心血都是无法用精确的时间来计算的,在可量化的考核之外,还要尊重教师的自我评价、团队评价、同行评价、学生评价。

教师劳动结果的长期性。学生的成长发展是一个漫长的过程,教师的劳动只体现学生成长的一个阶段,劳动成果并不一定会马上呈现。但是,学生发展的每个阶段并不是孤立存在的,必须放在学生的一生里印证。如果教师通过高压方式强化训练,在短时间内提高了学生的学业成绩,却导致了学生对学习的厌恶,丧失了学习的意义感,这样的教学就并不是积极和值得肯定的。在国际上有一个比较研究发现,基础教育阶段学业成绩越高的国家和地区,学生对学习的喜爱程度越低。所以,教师评价还要考查教师的教学是否有利于学生的终身发展。

教师工作绩效的间接性。教师的天职是教书育人,教师工作的绩效应该体现在学生的学习成效和成长状况上。反思我们的教师评价,观测点更多集中在教师的教学成绩、课时量、教研活动、发表文章、承担课题等教师自身发展指标上,与教师的工作对象关联度不高,这样往往形成错误导向。其实,教师劳动的差异更多体现在育人的实践中。我们设想,如果一位教师想方设法去提高学生的学业成绩,精力全放在那些具有学习潜力的优秀学生身上,而忽略后进学生,他的整体成绩或许很高,但他的工作有失公平。而另一位教师把大量的精力放在转化有学业困难、心理障碍、不良习惯等问题的学生身上,他付出很多,但成绩未必优异,他的工作却更应该得到肯定。

教师业绩差别的均衡性。教师评价的目的是激发所有教师的积极性、创造性,不应过分强化对教师的优劣判断、选择和淘汰。我们无法判断学生的进步到底是哪一位教师影响的结果,也不能忽视每一位教师在育人过程中的作用。应该说教师业绩越是均衡,越是有利于学生发展,这样每一位教师都能发挥积极的作用。教师评价中应体现一定的均衡性,从而保护大多数教师自我发展和教学改革的积极性。

三、完善的评价体系是教师评价改革的任务

现行的教师评价从观念、制度到方式、方法都还不完备,与时代发展对教师的要求还有差距。建设具有科学性、针对性和有效性的教师评价体系任重道远,当务之急是对现有的教师评价制度进行完善。

一是完善专业发展的评价体系。教师职业的法律属性是专业人员。专业人员要具备相应的专业知识、专业能力、专业精神和专业权利,而且教师的专业性还具有成长性,教师评价就要从完善教师准入专业要求和教师专业发展的过程去构建。教师的准入制度是教师资格制度和招录制度,现阶段由于教师队伍依然属于强需求的行业,加上就业压力的持续存在,我国教师入职门槛相对较低。由于教书育人对从业人员除了有专业知识的要求外,还应有健全人格、健康心理和研究反思能力的要求,从长远看,提高各学段教师的入职门槛,特别是强化职前的心理、人格测试很有必要。教师职后专业发展的评价制度主要是职称职务的评聘制度。现行的中小学教师专业技术职称制度,结构化地设置初级、中级、高级的比例,在实际操作中很难以教师的能力水平以及努力和付出的程度来评价教师,而更多依靠教师所在学校职称结构和人员构成带来的发展机会。如果一所学校的高级职称一直被占用,那么你再优秀都没有机会参评高级职称。职称评审的条件方面也更多关注课

时数量、教研活动、支教经历、发表文章等外在条件,很难真实反映教师在教学方面的实际贡献和真实能力。完善职称制度,职称结构上应该根据教师实际多一些弹性化的结构,比如给乡村教师设置专门的高级职称;在评价方式上淡化外在指标,更多考查教师的教学实绩和学生工作的成效,体现教书育人的价值导向。

二是完善人才成长的评价体系。人才是中小学教师队伍的中坚力量,发挥着对青年教师和教师团队的示范引领作用,也是探索实践教育教学改革的主力军和先行者。进入新时代,国家重视人才队伍建设,中小学教师的人才建设体系的设计应该已经比较完备。我省(陕西省)有基础教育教师的"三级三类"骨干体系(省市县三级教学能手、学科带头人和教学名师),有国家、省级高层次人才特殊支持的教学名师,有教育部国培计划领航名教师名校长,有专门针对乡村教师的人才培养计划"乡村首席教师"以及优秀乡村青年教师奖励计划,还有即将实施的骨干校园长培养计划,等等,构建起覆盖城乡,各个学段、各个学科的完整体系。完善人才评价体系,首先要明确人才的关键是培养和使用,人才称号不同于荣誉称号,荣誉称号是对教师做出贡献的褒奖,人才是对未来发挥示范引领作用而授予的称号。其次,人才选拔不仅要考查教学能力,更要考查研究能力和团队引领能力,要注重对教育教学思想的理解和实践,注重形成具有个人风格和推广价值的教学主张。另外,人才队伍建设要克服重视评选,忽视后期的管理和使用的问题,避免获得人才称号就一劳永逸的"唯帽子"问题。

三是完善教师荣誉的评价体系。尽管师德是教师专业化的职业要求,尊师重教还是应该成为一种社会风尚。教师队伍整体的道德水平应该相对较高,我们还应该相信好老师是尊重出来的。从教师的职业特点来看,教师承担教书育人的使命,需要身为人师的尊严感,我们假设教师形象都遭到社会的贬损,教师会在学生心目中失去人格和道德上的影响力,最终受损的还是学生和社会。社会不应因为极个别教师丧失师德的行为而整体性否定师德师道的良好状况。中国自古就有尊师重教的传统,但是进入现代社会,个人中心主义兴起,威权主义丧失,人们普遍性缺乏对各个行业应有的尊重,教师的社会地位也动摇了。建立教师的荣誉制度,目的是提高教师的社会地位。目前,教师荣誉体系中,有重视师德的"教书育人楷模""师德标兵""最美教师"等荣誉,有重视专业能力与贡献的特级教师荣誉,还有重视综合性贡献的全国、全省的模范教师、优秀教师,以及鼓励扎根基层的突出贡献教师等专项荣誉。教师荣誉体系建设传递着教师队伍建设的价值导向。完善荣誉制度就要严格按照思想政治、师德师风、立德树人等基本价值评价教师，让荣誉名副其实，也让优秀的教师能够实至名归。

教师评价是一个复杂的系统工程，好的评价体系能够成就教师的专业成长，能够让一批批优秀教师脱颖而出，不好的评价体系可能会挫伤教师的积极性，甚至压抑人才成长。整个社会要立足于教师自尊和尊严，建立一套引导教师安心、潜心教书育人的评价体系，真正让教师成为让人羡慕、受人尊重的职业。

新任教师如何走上专业成长的"快车道"

每位教师的职业生涯也就 30 余年,如何走好自己的成长之路,成就自己的人生价值,在每个人心目中都有不一样的图景。无论你对教育充满着多么美好的想象,从走上讲台的第一天开始,都要对教师职业的职责要求、本质特征和成长规律有清醒认识,对可能遇到的问题有心理准备。

一、职前的教育经历并不足以支撑专业发展

大多数新任教师都接受了专门的师范教育,并通过实习见习进行了专业的技能训练,在学科知识、教学知识、教育理论方面有一定的积累,掌握了一些教学管理的经验,但还必须认识到教师是一个实践性很强的职业,要把对教育的理解以及所学的学科知识、教学技能,变成具体的教学行为和管理方法。知识方面的准备在教育实践中显得非常有限,当你面对真正的教学才能体会到"学然后知不足,教然后知困"的道理。

从小学到大学,近 20 年的受教育经历让每个人对教育都有一定的理解,但是个人经历是从学校到学校,对教育的认知存在很大的局限,而你将要面对的学生却来自不同家庭、不同阶层、不同群体、不同文化,他们有着不同的兴趣爱好、不同的行为习惯和不同的知识储备,他们将来还要走向不同的岗位、不同的行业,而你要面对的是每一位学生的学习和成长,只有超越自己经历的局限,打开视野,通过学习去认识、理解和尊重每一位学生的差异,才能真正实践教书育人的使命。

我们身处在一个急剧变化的时代,"双减"政策、课程教学、考试评价等改革带来学习方式的变革,新的教育观念、政策、要求、方法在不断变化,家长、社会对教育和教师的期望也在变化之中。这些新变化也是新任教师在受教育的过程中没有遇

到过的,教师的岗位职责也有一定的时代性,你必须去适应并深刻理解,才能实现专业的发展。

无论是师范专业还是非师范专业毕业,教育实践方面的积累都是匮乏的,必须认识到专业发展的道路并非一马平川的阳光大道。你的教学会面对很多的恐慌和不安,你遇到的学生可能会有意违反课堂纪律,可能会存在学习障碍,可能会挑战你的权威,甚至性格偏执顽劣;你遇到的家长可能对学校的要求疏于配合,过度重视自己孩子的学业成绩,或者难以沟通;你也许还会发现,学校的管理和你对教育的理解南辕北辙,你的教学并不自由;等等。这些都需要你去适应,并在适应中坚持自己。对大多数新任教师来说,走上岗位的那一天,才是专业成长刚刚开始的一天。如果对这些问题没有充分认识和心理准备,专业成长的起步将是一个痛苦的过程。

二、教师的职业适应首先是文化的适应

教育是一项社会文化活动,任何教育行为都要遵从相应的文化观念。一个社会的共同价值是文化的体现,一所学校的办学理念也是文化的体现。教育行为一定是发生在具体的文化环境中,学校文化包括精神文化、制度文化和人际文化,这些文化既是教学行为的遵循,也是一种约束。教师是学校文化的实践者,也是文化建设的参与者,新任教师进入一所学校,首先是文化的适应。

从精神文化的层面看,新任教师要很快熟悉当下教育的基本价值追求是什么,这些价值追求在教学中如何体现。促进学生德智体美劳全面发展是一种价值观,教师在学科教学中就要考虑到,学习学科知识和提高学业成绩不是学习的全部,需要在教学方式和时间管理上考虑到学生全面发展的需要。新任教师成为一所学校的具体一员,要了解这所学校所倡导的办学理念,理解学校发展的共同愿景,以及学校的校训校风、课程文化及教学特色,包括学校文化形成的历史渊源和思想依据。新任教师的教学行为就发生在这样的环境中,无论未来职业生涯如何变化,这个文化环境将成为一位教师专业成长的起点和底色。

从制度文化的层面看,任何学校的管理和运行都需要一套完整的制度体系,这些制度决定了教师能做什么,不能做什么。新任教师要熟悉学校的师德规范和教学规范。师德规范是由教师的职业角色决定的,是教师专业发展的第一要求和第一标准。一方面,新任教师必须知道哪些行为是不被允许的,如体罚学生、有偿补

课、收受礼金等；新任教师还要清楚，如果教师作为一种终身的职业选择，热爱学生、钻研教学、加强修养就是一门需要长期坚持的必修课。另一方面，新任教师需要尽快适应教学规范的要求，包括备课、上课、评价、管理、学习等。

三、教师成长需要有清晰的专业发展路径

一个人的职业生涯非常有限，倏忽即逝，但是一个人的职业追求和专业境界却永无止境。在庞大的教师群体中，有人终其一生仅是个胜任一般教学的"教书匠"，有人则成为影响一方的引领者，其中的差别除了努力、机遇等外在因素之外，可能就看能否在职业初期对未来发展有一个清晰的认识和规划。教学生涯有终始，专业成长无止境，这是每一位新任教师应该深刻领会的道理。

促进教师专业成长也是一项系统化的制度安排，包括专业培训、岗位聘用、骨干体系、荣誉制度等，这些制度为教师的未来职业发展勾画出一个蓝图。新任教师如果把教书育人确立为自己的终身事业，必须把握住这些制度安排，把自身专业成长与制度安排紧密结合。

积极参加专业培训。职前准备教育根本无法满足教师终身专业发展的需要，教师培训是促进教师专业成长和终身学习的制度保障。参加培训既是教师的权利，也是教师的责任。参加培训至少有两个方面的意义：一是及时把握教育改革的新动向。教育随着时代变化而变化，教育改革发展会提出新的政策和要求，传递新的理念和方法，教师只有经常性参加培训才能踏上教育改革的步调。二是促进专业成长。对教育和教学的理解是一个日积月累的过程，参加培训就要解决自己在教学中的困惑，促进教师在专业发展目标上超越当下发展水平，实现更高水平的"专业自由"境界。培训作为一项制度安排，既有国、省、市、县、校不同层级的培训，还有师德、课程、管理等不同内容的培训，每一项培训目标不一样，要解决的问题也不一样，新任教师要把培训作为促进自己专业发展的重要途径。

从外部视角看，教师的专业发展有点像游戏闯关，不断晋级不断确立新目标，在这个过程中会有一些标志性事件记录成长的轨迹，比如职称、荣誉、称号。新任教师需要了解在自己未来职业生涯要闯哪些"关"，每一"关"对你的职业操守、教学能力有哪些要求。职称是对教师专业能力的确认，从初级、中级到高级、正高级，每一级对师德修养、教学业绩、研究能力和影响力都有不同要求。骨干体系是教师

专业成长的另一个通道。陕西省中小学教师"三级三类"骨干体系设计为省、市、县三级的教学能手、学科带头人、教学名师，每一个称号背后都有不同专业要求。教学能手要求教师能够准确理解课程标准、熟练组织教学、客观进行反思；学科带头人要求教师形成教学风格、具备研究能力、发挥示范作用、带领团队建设；教学名师要形成教学思想、具备科研攻关能力、成为某个领域的专家。新入职教师应该对这些标志性称号及其背后的能力要求有所了解，确立自己成长的路径。而且荣誉称号、骨干称号、职称等级，这些标志性的事件相互嵌入，也互相印证，一旦掌握其中的要领，就会开启"开挂"的职业生涯。

四、教师的专业成长是不断超越的蜕变

与充满活力的学生朝夕相处，欢声笑语的课堂，融洽的师生关系，这些画面让教师这个职业给人们带来很多美好的想象。但对新任教师来说，一方面憧憬着教师职业的幸福感，一方面要清醒认识专业成长并不会一帆风顺，而是要经历很多意想不到的困惑和考验，教师的专业成长正是在应对和解决一个个教育的难题中实现的。

新任教师首先遇到的问题就是你的学生可能并没有想象中那么听话和顺从，他们可能会有拖延症不能按时交作业，可能会对学习任务感到焦虑，可能会在课堂上故意捣乱制造事端……这正是教师专业成长的开始。爱学生就是爱具体的学生，而不是抽象的学生。一位合格的教师就要有正确的学生观，能够正视学生存在的各种问题，接纳学生，包容学生，帮助学生发现并克服学习和成长中遇到的困难。教师因学生而存在，教师的专业成长与关注学生身心健康密不可分。在与学生的交往中，教师不仅是一个专业的存在，还是一个精神的存在。学生要"亲其师"，才能"信其道"。传统教师职业的概念中，教师被视为知识、技能和道德方面的示范和权威；现代教师观念中，教师还要成为民主、公正、包容的化身，教师身份既不能用"神圣化"进行道德绑架，也不能"庸俗化"地理解为仅仅是教育服务的提供者，而是用技术理性实现对学生进行情感支持、成就激励、道德示范的"完整的人"。

新任教师还要认识到专业成长充满不确定。教学理解需要不断深化，教学艺术需要升华，专业成长会遇到"瓶颈"，还可能出现职业倦怠。教师的工作没有什么轰轰烈烈，而是日复一日、年复一年重复着基本相同的事情。正是这种工作性

质,导致教师一旦适应了教学生活,就会对教学中的问题司空见惯、熟视无睹,失去了超越自我的内生动力。教师的专业成长没有捷径,但有两件事情必须坚持,那就是学习和反思。学习方式很多,读书最为重要,读书让人不断认识自己的不足,解决认识上的困惑。"学然后知不足,教然后知困",学习是教师必须拥有的生活内容。反思是教师的一项基本能力。如果学习是教师的成长"营养餐",反思就是教师成长的"健身房"。反思可以帮助教师面对不足,超越局限,强化技能,不断提升。教师需要把学习和反思作为实现专业成长的重要途径。教师的能力提高主要靠反思,现代教育观念下,教师的职业应该是研究学习问题的专家,学生的学习不是简单的接受,而是一个复杂的心理、思想和认知的发展过程。每个学科的学习方式和学习策略都有差别,无论哪个学科的教师,都要研究学生如何学习学科知识。教师是一个充满魅力的职业,其魅力就体现为在各种不确定中实现超越,在不断超越中收获幸福,在职业幸福中体现价值。对新入职的教师,美好的职业生涯才刚刚开始,我们期待一批又一批的优秀教师脱颖而出。

新时代教师应有的五个关键意识

教育在不同的时代有不同的价值追求，教师在不同的时代有不同的素养要求。进入新时代，建设高素质、专业化、创新型的教师队伍是总体实现教育现代化的基础。教师的专业化成长有着鲜明的时代特征，这些特征体现在教师的专业知识、专业能力、专业精神等方面，更反映在作为教师专业素养的意识方面。意识是行为的前提，新时代的教师要把学科专业知识、教学知识升华为具有个性特征的教学实践，变成教书育人的行为自觉，需要具备时代意识、育人意识、学习意识、未来意识、修德意识这五个关键意识。

一、时代意识

一个时代的教育既是历史的延伸，又是对未来的接续。时代意识是指教师对这个时代的教育理想、教育展望及教育使命保持高度的敏感，能够用这个时代的教育理念、教育话语指导自己的教学行为，表达自己的教育理解。培养德智体美劳全面发展的社会主义建设者和接班人，落脚点都在"人"上，体现了以人为本的思想，也印证了立德树人作为教育根本任务，指向的是人的全面发展，促进的是人的全面发展。如何将抽象的人的教育，变成具体的育人行动，就是教师教书育人的具体着力点。

当今时代，中国教育的另一个特征是加快实现教育现代化。2018 年国家出台《中国教育现代化 2035》，是新中国成立以来第一次以教育现代化为主题的中长期教育规划，把我们曾经对教育现代化的模糊理解变成具体的实施方案，让我们看到中国教育现代化的未来样态。教育现代化的核心是人的现代化，如果没有人的现代化，制度的现代化、技术的现代化、办学条件的现代化都是空中楼阁。人的现代化是包括价值观念、思想道德、知识结构、行为方式、思维方式等符合现代文明。作为教师，对教育现代化能够做出的贡献，就是为实现人的现代化，而以现代的理念克服传统教育教学中的种种弊端，如评价方式单一、教学形式陈旧、片面追求分数、忽视道德情感、淡化价值观教育等问题。《中国教育现代化2035》提出推进教育现代化的八大基本理念——更加注重以德为先，更加注重全面发展，更加注重面向人人，更加注重终身学习，更加注重因材施教，更加注重知行合一，更加注重融合发展，更加注重共建共享——应该成为教师时代意识的具体体现，坚持"八大理念"才能匡正教学行为中与教育现代化相背离的各种情状。

二、育人意识

教书育人是教师的天职，"传道受业解惑"的教师观，强调教书与育人的职业要求，在教学中应该把传承正道、教授学问和纾解困惑有机统一，教师不仅需要传授知识，更要关注到学生的思维、品德、意志、情感和价值观的成长。教育的现实中，教师重教书轻育人的现象普遍存在，大量的教师对学科教学的理解停留在知识掌握、应对考试、提高成绩的层次，忽视了对学科知识蕴含的认知方式、思维方式和人文价值的发掘。教育是通过教学行为，建立起学科知识与学生发展之间的联系，让学生通过知识的学习，掌握解决问题的能力，形成面对世界、自然、社会、他人和自我的态度，获得思维、道德和情感方面的成长，实现人的解放，最终成为自己的主人，成为知识的主人。然而，受到现实的制度导向、人才观念的影响，以及唯科学主义、工具理性的影响，教师把学生掌握知识的能力看得高于一切，甚至为了提高成绩牺牲人的发展，人在教育中被隐蔽了起来。

育人意识要求教师意识到教育是人的教育，要心中有人，把教学行为的重心转向人的发展，不能只见学科不见人，只求知识不育人。要意识到现代教育的重要价值是对人的发现与解放，而不是把人变成知识的容器，变成学习的奴隶。人的自我实现是教育的根本归宿，教育要使人的社会本质、文化本质、精神本质不断走向成熟和生长，让学生在学习知识中滋养出对价值的追求，让学生明白只有超越知识学习的价值追求，才能使生活具有真正的意义，才能使人的生活与动物的生活有所区别。英国哲学家卡尔·波普尔提出"通过知识获得解放"，认为个体自由与自我实现需要通过知识获得理智自由与理性解放，进而得以在权威、偶像、偏见等精神束缚中获得理智探究、理性创造的自由。育人意识的本质是教师如何认识学科知识在学生成长中的地位。学科作为相对独立的知识体系是近代学术发展的结果，随着知识价值观的演进，人们不断超越了工具主义价值观认识知识的育人价值，通过知识学习发展个体的素质和素养，从而体现知识的价值。知识不仅仅是学习的对象，不是孤立于社会和文化之外的符号或信息系统，而是一种价值观的系统，任何学科知识都有价值观的意义，一门学科就是一种世界观。

美国心理学家霍华德·加德纳提出学科知识的本质具有三重属性：一是囊括、整合该学科的具体知识、技能和关键概念；二是学科的认知方式、思维方式与表征方式；三是这些思考方式、行为方式背后的情感、态度和价值观。

联合国教科文组织 2015 年发布的《反思教育："向全球共同利益"的理念转变?》重新界定知识，认为知识的内涵包括信息、理解、技能、态度、价值观。

我们所处的时代已经认识到，教育是以人的发展为归宿，教育的价值追求——立德树人，教育的基本理念——核心素养，都是指向了人的发展。育人意识要求教师在传授知识的活动中，能够以饱满的热情和高尚的情感去触摸学生成长的脉搏，让学生的心灵在浸润中受到滋养。

三、学习意识

教师的基本任务是解决学生的学习问题，这就要求教师对什么是学习有深刻的理解，能够发现学生学习的规律，对学生学习中出现的问题保持高度敏感。教师经常会遇到这样一些问题：课堂上费尽口舌讲了很多遍，学生还是没有理解；练习了几遍的题型，考试还是出错；学生对无关的事情记得很牢，对有用的信息却经常遗忘；有的学生能够一心多用，有的却不行；有的学生学习上投入大量的时间和精力，却成绩平平；我们的学生最为勤奋刻苦，创新能力却令人担忧；政府要求为学生"减负"，教师和家长却不敢掉以轻心。理解这些问题需要教师具有学习意识，分析这些学习问题背后的深层次原因是什么，需要从什么地方着手解决。

世界银行发布的《2018 年世界发展报告》首次关注到教育发展，确立的核心主题就是"学习以实现教育的诺言"，深入探讨如何应对全球学习危机、提高教育质量等目前人类发展所遇到的重要挑战。报告认为，各国对人力资本逐步重视，全球毛入学率稳健提升，但令人担忧的是各地区普遍提高的入学率并未转化成学生优质的学习体验和令人满意的学业结果。较大的教育投入并未带来相应的教育质量的提升，报告强调上学和学习为两个不同的概念——上学并不等于学习，学生即使在学校里也并不意味着他们在获取知识，有效学习。而要让学生的学习真实发生、真正发生，教师就需要能够利用学习科学的思维和方法发现学习，指导学习。

教育饱受诟病的一个原因就是我们的学生学习过于压抑和焦虑，倡导给学生"减负"却成效甚微，一个重要原因是我们对学习科学的研究严重不足，仅仅把"减负"认为是调整学习时间的长短、学业难度的深浅、考试评价的方式，并没有触及学生负担的根本。学生的学习负担从外部看，有文化传统、用人制度、社会观念的原因，从教育内部看则是学习科学的匮乏。学习的过程是一种心理的体验，缺乏学习科学的指导，学生在学习中都是消极体验，学习没有带来快乐和幸福，自然会感到负担很重。学习科学作为一个专业范畴，涉及心理学、教育学、社会学、人类学、文化学以及脑科学和神经科学的有机整合，是指导学生学习真实发生的理论依据。在追求考试成绩方面，学校、家庭和政府的目标是一致的，但是在通往考试高分的路径选择上，却有所不同，要求教师用学习科学和专业的眼光审视学生的学习。

在全球教育的发展中，很多国家都认识到教育的变革最核心的是学习方式的变革，课程改革、技术变革、手段更新都没有使教育形态和方式发生本质变化，只有推进学习方式变革才能触及本质。教师的学习意识要求有教师研究学习科学，熟悉"人是如何学习的"这一根本问题。全球教育变革的主流已经转向学习方式的变革，项目式学习、团队合作学习、多学科融合学习、问题导向式学习、人工智能辅助学习、体验式学习、探究式学习等学习方式在教学中灵活运用，才能破解学生学习负担过重的难题。

学习意识另一个指向是教师自身的学习，教师的专业化只有通过学习才能实现，坚持终身学习是教师职业的本质要求。现实中，教师工作的烦琐性、重复性、保守性和经验性，令教师对学习问题视而不见，自身学习的状况并不乐观。很多教师从教多年，知识构成并没有多大的长进。教师的学习除了需要学校创造条件让教师在校本研修、学习共同体和课题研究中学习，还要教师自己把学习作为一种生活方式，坚持不懈地在学习、反思、超越中实现专业成长。

四、未来意识

今天的世界有一个显著的特征，技术的变化速度远远超过人类的适应速度，这给教育提出了新的挑战，教育如果不能着眼未来社会对人的能力、素质及思维方式的要求，就是不负责任的。100多年前杜威就说过："如果我们仍然以昨天的方式教育今天的孩子，无疑是掠夺了他们的明天。"

教师的未来意识应该有三个维度。

一是未来社会存在着极度的复杂性和不确定性，依靠掌握扎实的既有知识无法保证学生能够应对未来社会生存的需要。工业时代，一个人只要具有基本的现代知识和某一方面的技能，就能谋求一个职业，保证一生的稳定，而今天几乎可以确定地预言，未来大量的传统职业将会消失，新生的职业也会在短时期内发生变化，传授知识与培养技能已经无法适应未来需要，积极主动的人生态度、自觉健全的公民素养、自主发展的学习能力、独立思考和批判精神、与人为善的合作能力等才是未来社会的需要。

二是未来社会需要重新定义教育，重新定义学习，重新定义知识。学生的学习方式已经不再是传统的课堂学习和文本学习，学习将不受时间、空间、载体的限制，学习的课程也会出现个性化、定制化。在这种学习方式下，学生获取知识和技能的渠道更加多元，教师的角色将会发生很大变化，教师要意识到自己不再是唯一的知识的传递者，需要变成学生学习的分析者、学习资源的提供者、个性化学习的指导者。

三是未来教育对技术的依赖更强，互联网无处不在，大数据无处不在，智能化无处不在。手机、平板电脑、移动 PC、穿戴设备、智能家居等都可以成为学习的工具，教师进行教学设计、教学实施、学情分析和教学评价，就要熟悉多样化的学习手段和学习环境，主动适应未来教学技术环境的变化。

五、修德意识

教师的工作对象是发展中的人——学生。职业属性决定了教师必须把道德追求作为一种天职。中国传统文化中有"天地君亲师"的观念，按照社会最高标准对教师提出道德要求。东汉扬雄提出"师者，人之模范""言不惭，行不耻"。到现代，陶行知提出"学高为师，身正为范"，强调深厚的知识和高超的道德是教师的基本属性。今天，我们更是把师德放在突出位置，提出"师德是评价教师的第一标准"。

然而，世俗化社会中，认定教师需要恪守社会较高的道德标准，导致师德在教师心目中高不可攀，难以执行和评价，最终形同虚设，这还容易对教师产生道德绑架，社会和家长对教师行为的容忍度低，认为教师就应该道德完美，稍有偏差就会遭到偏激的批评。当下的师德建设普遍有两个倾向：一是用理想的道德标准提出要求，打造先进典型人物进行师德宣讲、报告，发挥引领作用；二是用师德底线要求进行警示教育，强化教师不可逾越的职业道德边界。这两种倾向都忽视了教师的德性行为其实体现在平常的教学生活中，教师不可能都去做道德的圣人，也不可能经常触碰道德底线，教师的德行更多表现在日常的教学行为中。媒体报道的违反师德的行为很多是发生在日常的教学活动中，而且大量的事例中，并不是教师不知道师德的要求，而是面对学生的对立行为时，缺乏冷静处理的心态，因自己情绪失控而导致激烈的冲突。

新时期教师要有修德意识，就是要时刻保持警醒，自己的一言一行都会影响学生的学习、发展和成长，自己的不当言行会被无限放大，从而影响职业的发展和教师的形象。澳大利亚教育专家约翰·哈蒂在《可见的学习》中提出了"社会脑假说"，认为学校作为儿童掌握知识、提高认知能力的场所，首要功能可能是提供一个比家庭更广阔但相对安全的社交环境，儿童从中学会与他人相处的社会规范，教师在儿童心中是一个有能力的他者，很容易成为儿童无意识学习的榜样，教师精心设计的教案、精彩的演讲和丰富多彩的课堂活动并没那么重要，反而是那些教师忽略的方面最先吸引学生的注意，如与教学相关的个人行为、人格品质，以及与学生的交往方式等，在学生心目中教师是否可信、是否公平、是否值得尊重等，这些学生的感知，是影响学业成就的最有力的指标之一，这也就是古人所说的"亲其师，信其道"。教师的道德体现发生在平常的教学生活中，修德意识就是要有一种追求职业道德的自觉，从而提升自己的道德能力，养成道德行为。教师要认识到，行为往往不完全是我们的意愿，我们都渴望成为善良的人，却并非总能按自己的期待那样去做，有了修德意识才能时刻保持一种道德的警觉，避免非道德行为的发生。

社会发展，时代变迁，教师的职业要求发生深刻变化，只有适应时代要求，在意识层面理解时代的要求，改变自己的定位，才能促进教师在专业成长的道路上走向卓越。

为什么教师要休寒暑假

最近，教师应不应该休寒暑假的问题竟然被拿出来讨论。很多问题不提出来，我们会习以为常，一旦提出来，怕是还真有讨论的必要。

很多教师会因为有相对较长的寒暑假，而找到一点职业的优越感。但这优越感绝不是谁的赏赐，而是教师这个职业的属性要求应有的制度安排。寒暑假如何度过，由教师自己支配，但是对教师来说，寒暑假并不意味着能够彻底地从工作中超脱出来放任自己，而是一段休整身心、拓宽见识、研修反思、备教备学的时间。

有人指出，既然国家保障教师工资待遇不低于公务员平均水平，那么教师就应该和公务员一样，没有寒暑假。这一说法仅从工资保障角度看待两个工作，忽视了教师和公务员是两种性质截然不同的工作。公办学校教师和公务员都具有国家公职人员的属性，但是除了个人归属存在事业单位和行政部门的区别以外，个人与所在单位的关系也是不同的，教师与学校是聘任关系，公务员与政府机关则是服从关系，在某种意义上，教师工作的独立性更强，享有更多的自主权，而公务员的工作则不能有太多的独立性。比如公务员加班，如果没有专门规定，一般都是无偿的，而占用教师的休息时间加班则需要给予经济补偿。

因为人在精力和体力上的局限，休假作为保证人能正常工作的基本条件，随着社会发展成为一种制度化的安排，成为人的一项基本权利。不同行业，休假制度的安排也不同。

教师有寒暑假首先是因为学生要休假。现代教育制度安排较长的寒暑假，是让师生避开夏季酷暑和冬季严寒，因为这种天气不宜学习。

但这也不是全部的原因，假期制度的根本原因还在于通过较长的假期让师生克服学校制度的局限。1930 年，潘光旦撰文《假期与知识生活的解放》，从学校教育的局限角度分析师生假期的意义,提出了"知识生活的解放"这一命题。

潘光旦在文章开头提出问题:"学问没有止境,也就不宜有长时期的间断。学校的假期,少则一个月,多则两三个月,难道办教育和创制假期的人的本意,真要教人在这一个月或三个月之内完全停止学问工作么?我恐未必。"

潘光旦认为学校教育避免不了一大缺点——"太注重讲义或课本,而学生太少自动研究的机会"。他还批评"在学生方面,夜以继日地在课本和讲义里过活,此中单调的痛苦,我以为比以前磨穿铁砚学作八股文还要难受"。

他得出的结论是:"假期,如此看来,便是知识饥荒者解除痛苦恢复自由的上好机会,在假期里,我便是我,而不是教员的学生。我要用比较高明一些的求知方法,也由得我;即使选读前人综合过的现存货,也是我自动选读的,也不妨自动地一气读完。"他甚至给师生建议了一些度过假期的方法,做一次有目的的远足,选择一些小题目做研究,统计归纳旧刊物,等等。

可以说"知识生活的解放"这一命题虽然针对学生的寒暑假,但对今天理解教师享有较长寒暑假,也是很深刻的见解。

对大多数教师来讲,其专业成长面临一个悖论:用有限的知识和阅历影响具有无限发展可能的学生。一名教师,从自己接受教育开始,到经过专门训练,进入教师队伍,承担教书育人的任务,整个成长过程基本是从学校到学校。而作为教师的教育对象的学生,却是千差万别。一方面,学生来自不同家庭、不同阶层、不同社群,他们的价值观念、认知方式、知识背景、行为习惯等存在较大的差异。从专业化要求来看,教师必须研究学生才能教好学生,如果教师没有丰富的阅历,不了解不同家庭孩子学习和成长的特点,则很难有效实施教学。另一方面,今天的学生,未来走向社会将进入各行各业,需要了解不同行业对人的素质要求,而教师又肩负着培养未来人才的责任,需要帮助和指导学生进行生涯规划,如果教师对社会职业缺乏深入了解,也很难完成这样的任务。教师的生活环境是相对封闭的,教师要了解社会,了解各行各业,了解未来职业发展的趋势,就需要相对充裕的时间。显然,寒暑假能够帮助教师弥补这样的阅历缺陷。

"知识生活的解放"意味着教师需要从日常的教学中跳出来,与习以为常的教学文化保持一定的距离,甚至需要受到来自异质文化的浸染,才能正确审视自己所处的教学文化的局限性。教师是一个经验性和实践性很强的职业,一个教师从刚入职到成为优秀教师需要不断地对自我进行反思和超越。但是，教师的职业特点就是日常教学生活的保守性、重复性和经验性。教师进入岗位，就是对一种教学环境的适应，对一种教学文化的熟悉，一旦熟悉一种教学文化环境，就会对教学和管理表现出得心应手的娴熟，也会对教学中的问题司空见惯、熟视无睹，对教学或学生出现的新问题、新动向失去敏感，也很难去超越自己，或者很难接受各种新的教学观念和方法的挑战。对教学中的问题熟悉了，形成自己的经验，就会把解决问题的方法变成一种规定性的思维方式，日复一日，年复一年地重复、强化自己的经验，经验主义之下，教师很少去追问这样的教学生活是"为什么"，以及"如何更好"。假期才有可能让教师暂时从习惯了的教学生活中抽离出来，在一定的距离之外反思日常教学，从而超越自我，改变自我。

现代教育制度的原初思想是夸美纽斯的《大教学论》，这一思想主张"把所有的知识教给所有的人"，但这一思想事实上把知识和学习狭隘化了。现代学校不仅不可能把所有知识传授给学生，反而把知识局限在若干个学科之中，忽视了知识更广泛的含义，另外把学习也局限在学校课程学习之中，忽视了社会和自然也是学习的课堂。第四次工业革命带来知识的快速更迭，社会分工中的职业也在快速迭代，学校教育最深刻的变化就是不再把传授知识作为自己的主要任务，而要从未来社会需要培养学生的价值观、思维方式、生活态度、批判精神、合作能力等知识之外的能力，这就是为什么世界各国都提出要发展学生的核心素养。在这样的背景下，教师不再是知识的传递者，教师需要更广阔的见识，更创新的思维，更健全的人格，从而影响学生、引领学生、指导学生的发展。教师需要更广泛的社会接触实现这些转变。

现在教师的精神和心理健康问题，也是休假的理由。即使在信息不发达的年代，教师的工作也是不受时间和空间限制的，根本不能用时间衡量教师工作的强度，大多数教师在完成教学之后还要进行备课、批改作业、管理学生等工作。现代学校信息化手段增强，教学和管理越来越精细化、全程化，教师的工作量更是有增无减，除了完成教学任务，教师还面临着自身发展、绩效考核、非教学任务等各种压力，教师的职业倦怠现象非常普遍。改变职业倦怠，无非是让教师在假期得到一定的精神压力缓解。只有教师的心理和精神保持健康活力，他们才能够从容地影响学生。

全世界都公认教育是一个理想的事业，教育不能急功近利，教育不能片面狭隘，每一位教师都应该精神人格健康，生活态度积极，专业水平高超，而在寒暑假中教师可以休整身心、拓宽见识、研修反思、备教备学，这一职业需要应该给予保障。

教育惩戒的能与不能

2021 年 3 月 1 日,《中小学教育惩戒规则(试行)》(以下简称《规则》)正式施行,这是我国第一部关于教育惩戒的法规,给中小学校和教师处理学生的违纪违规行为提供了法规支持。教育惩戒是现代教育制度和教育教学活动的组成部分,实践性和操作性很强,法规的出台仅仅是确立了一种规则,具体实施中的困难和问题并不会因为有了法规依据而变得简单。

一、社会文化能不能支持教育惩戒

社会呼吁出台一部关于教育惩戒的法规,主要出发点是为学校和教师处理违规违纪学生产生的纠纷提供法律支持,解决当下教师存在对问题学生不敢管、不愿管、不会管的问题。《规则》也明确了学校和教师实施教育惩戒的具体情形以及实施惩戒的程度区分。但是,深入了解学校和教师不敢管、不愿管、不会管背后的原因,并不是因为缺乏法律法规的支持,而是现实的社会文化环境对学校和教师的教育教学行为不宽容的结果。现有的法律法规中一边倒地强调教师不得体罚学生,从而导致学校和教师对学生的任何管教行为都可被视为对孩子的伤害。一些不明事理的家长会采取一些过激的、极端的声讨行为,让学校和教师对教育惩戒产生一种忌惮心理。《规则》的出台让教育惩戒有了法规依据,但是社会环境并没有发生根本变化,真正运用《规则》还需要整个社会对教育惩戒取得共识。

从理论上讲,教育惩戒是教育教学行为的组成部分,是教师的职务行为,既是教师的权利,也是教师的权力,这是由学校教师与学生的教育关系决定的。现代学校教育是公共教育,学校基于法律规定和行政授权享有对学生在校活动的管理权,教师作为教育的直接执行者,享有学校的学生管理权。在这个关系中,学校、教师与学生是命令与服从、管理与被管理的关系。学校和教师必须出于实现教育目标和维持教育秩序的目的对学生行使管理权，对学生出现的违规违纪、破坏秩序、道德偏离、行为失范采取必要的惩戒措施，这既是权利，也是责任。对学生的错误失范行为听之任之、迁就纵容都是学校和教师的失职失责。

没有惩戒的教育是不完整的教育，教育惩戒是学生错误行为、违规行为应得的代价，也是必要的教育方式。正是教育惩戒，破除人们教育万能的推想，让教育理解具备了完整性。那么，为什么又会出现不敢管、不愿管、不会管的问题？有社会不理解的原因，也有学校教师惩戒尺度把握不当的原因，还有一个重要原因就是教育惩戒的代价问题。现代学校教育事务繁多，效率优先观念盛行，对于轻微的一般性的学生违纪和失范行为，教师能够随时解决，但对于学生特别难以矫治的道德偏离和行为失范，学校和教师实施教育惩戒需要耗费巨大的精力，会有一种"耗不起"的感觉，会把教育惩戒看成是额外的负担。与其把精力放在那些"顽劣"的学生的行为上，还不如对那些顺从的学生多下点功夫。而且，转变一个"顽劣"的学生，不仅要付出很大的精力，还很难得到家长的认可，相比把精力用在提高其他学生的学业成绩，则有得不偿失的感觉。所以对道德偏离、行为失范的学生有了息事宁人的放弃态度。这些观念都是由我们所处的这样一个社会现实决定的，要转变这样的状况需要为教育惩戒行为赋能，让学校既能把握好教育惩戒的尺度，还能得到法规和政策的支持。

二、学校教师能不能把握惩戒界限

教育惩戒规则制定过程中，有过一些争议，主要是担心惩戒权被滥用，学校和教师为了管理的方便随意使用教育惩戒，或者过度使用惩戒。被滥用的惩戒不符合教育的正当性价值。惩戒即"惩治过错，警戒将来"，是通过对不合规范的行为实施否定性制裁，从而避免其再次发生，以促进学生符合社会规范的行为的产生和巩固。惩戒是必要的，体罚却是禁止的，惩戒不能演变成体罚。《教育法》《义务教育法》都明确教师不能对学生实施体罚和变相体罚。然而，惩戒和体罚之间的界限往往比较模糊，很难把握。教师实施教育惩戒一般是在学生发生违反纪律、破坏秩序或者对他人构成伤害的具体情境中发生的，有时会伴随着教师非理性的情绪，导致惩戒的过度，变成体罚行为。在教育惩戒的实施中，教师往往很难把握惩戒与体罚的界限。尽管《规则》中已经明确了学生哪些行为应该受到惩戒,但是惩戒是发生在具体情境下的具体手段,类似在学校吸烟、饮酒等行为可以做出明确判断,但是有些扰乱秩序、不服管理的行为则很难判断其实施者是否应该实施惩戒。

教育是善的社会活动,教育惩戒的前提是相信教育可以改变人性中的恶,但是人们还是期望用更人性的方式对待学生心中的恶。惩戒必然带来学生的痛苦和不快,所以是一种有限的和必要的恶。教育惩戒是出于善的目的,用必要的恶的手段对待恶的行为,最终导向善的发展。教育惩戒只针对错误的行为不针对人,对学生的错误行为做出否定性的反馈,让学生认识错误,改正错误,而不能对犯错误学生的肉体、人格、精神做出否定。如果学生认识到自己的错误,惩戒就应该终止。如果长期对犯了错误的学生持歧视、排斥、冷漠的态度,也会违背善的目的。

学生的哪些错误行为应该受到惩戒,也要具体区分。

对公共领域的道德错误行为需要进行惩戒,个人领域的道德错误行为则不应进行惩戒。学生的奇装异服很可能是因为经常被人忽视而为了引起人们对他的注意,生活中卫生习惯差、语言粗鲁等很可能是由家庭环境引起,包括学生的早恋,尽管我们可能嫌恶这些行为,但它们都不是道德问题,即使需要通过教育去转变,也应该是积极引导,而不能用教育惩戒的方式去改变。

学生错误的行为应该受到惩戒,而错误的结果却不能惩戒,如不按时提交作业应该惩戒,但学生考试成绩差、教学实验失败、运动会没有拿到名次却不应该受到惩戒。

另外,学生故意的错误行为应该受到惩戒,而非故意或过失的错误行为则要具体甄别。学生因为无聊用砖块故意砸碎教室玻璃应该受到惩戒,但在校园踢足球为了避免砸到行人改变足球的方向带来窗户玻璃被打碎的后果,则应免去惩戒。即使是故意的错误行为,还要根据学生年龄阶段和认知发展水平选择惩戒的方式。初中生在课堂上"开小差",有时并不是因为他主观上不想学习,而是他掌控自我管束行为的大脑前额叶还没有发育成熟。

教育惩戒的本质是教育性的,对错误行为的矫正是为了学生的人格和精神的健康发展,维护学生的尊严和利益是教育惩戒的根本出发点。实施惩戒一定要看到学生是一个正处于成长阶段的发展中的人,学生的错误行为如同人生病一样,都有治愈的可能。疾病治愈是医生和病人共同努力的结果,医生提供治疗方案,病人配合医生接受治疗。学生的错误行为只是人格和心理上偏离了正常的轨道，教育惩戒要像治病一样，其过程是教师和学生的合作，让偏离轨道的行为回归正常。对有行为过错的学生，不应否定和贬低其人格，而应把他作为一个有具体道德人格的生命主体来对待，尊重他的主体性，培养他的理性，让他能够对自己的言行进行判断和反思，有能力为自己的行为负责。

陶行知先生用四颗糖换来一个学生觉醒的故事应该是教育惩戒最好的启示。陶行知校长在校园里看到男生王友用砖头扔另一个男生，十分危险，立即制止，让他下午三点到校长办公室。王友不到三点到校长办公室门口等候，忐忑不安地等待发落。陶校长没有对王友进行训斥指责，却先后掏出四颗糖来奖励他。第一颗糖因为他很守信，没迟到还提前到。第二颗糖因为他在校长制止时立即住手，说明他很尊重校长。第三颗糖是因为校长了解到，他扔砖头是因为那个同学欺负女生，应该肯定他的正义感。第四颗糖是因为王友认识到用扔砖头的方式解决问题是错误的，奖励他知错就改。四颗糖让一个学生心里充满着一种前所未有的光芒，让我们认识到教育需要传递积极的力量。人们总结出这四颗糖分别代表了尊重和理解、信任和支持、赏识和鼓励、宽容和体贴。

三、政策法规能不能支持惩戒规范

学校和教师是教育惩戒的两个主体，教师实施教育惩戒是学校教育权的延伸，教师的教育惩戒权不是一种私权，而是代表学校行使的职务权利和职务行为，惩戒过程中发生纠纷学校也需要承担责任。所以，政策法规层面既要赋予教师教育惩戒权，又要限制教师滥用或过度使用惩戒权。相对学校实施教育惩戒的规章制度而言，教师实施教育惩戒的规范相对模糊，在具体实践中很难把握惩戒的边界。

在世界范围内，各个国家和地区在教育惩戒的法规中明确谁可以行使、针对何种行为行使、行使的手段与形式、遵循的程序、学生侵权救济途径等，而且普遍注重避免因为惩戒而带来学生肉体、生理和心理上的伤害。

日本对教育惩戒进行立法已有上百年历史，立法的主要特点就是严格区分"惩戒"与"体罚"，教师的惩戒行为是否属于体罚，须根据学生年龄、健康状况、身心成长状况以及该惩戒行为实施的场所、时间、环境、形式等综合判定。如果教师的惩戒属于殴打、脚踢等身体侵害，或者长时间站立等给学生带来肉体痛苦，则属于不被允许的体罚。日本的做法是通过立法明确教育惩戒的必要性,通过司法裁判和行政指导不断细化教育惩戒与体罚的边界与限度,并通过大量的司法实践和行政指导积累了可供参考的案例。而我们的教育惩戒法规在实践中,针对具体的惩戒行为还缺乏相应的法律解释,类型化的案例积累也比较薄弱,面对家长维权过度、家校矛盾归责不当的现实,教师的教育惩戒行为有些畏首畏尾。

在教育惩戒的运用中,教师处理学生的错误行为往往会影响正常的教育教学秩序,所以学校还应该有专门的训诫机构,代替教师完成惩戒的任务。香港地区就设立专门的训导组和辅导组,而且为避免惩戒权力滥用,还要求每所学校必须设立一个监察机制,确保教师不会对违规学生过分使用惩戒措施。

教育惩戒既要保护学生的合法权益,又要对教师的专业自主权给予尊重和保护,让教师正确合理行使管理学生的权利。如果教育惩戒中发生纠纷,政策法规仅仅出于保护学生而忽视了教师的合法权益,则会影响教育惩戒的实施。2019 年 6月,安徽铜陵一位老师在劝阻班上两位学生打架时,与其中一位学生发生肢体冲突,学生家长要求该老师道歉赔偿,并威胁相关部门要求开除这位老师。警方出面调解,做出老师支付涉事学生检查费 930 元的裁决,老师表示拒绝。学校也倾向于息事宁人,于是老师感到人格上受到羞辱,自尊受到极大伤害,投江自杀。这正是由于我们缺乏对教师惩戒权的保护而导致的悲剧。

教师对学生的教育惩戒具有强烈的情境性和即时性,有时就是隐秘的角落,是非曲直很难判断。教师也都是有个性人格的具体的人,有喜怒哀乐,面对学生出格的行为,要做到理性处置也比较困难。所以司法和行政的支持至关重要,要对错综复杂的教育教学行为进行具体分析和具体对待,只有积累大量的实践案例才能为学校和教师的教育惩戒行为带来底气,但从目前来看,要用符合中国国情的案例支持教育惩戒还有待时日。

四、教育观念能不能柔化教育惩戒

教育对于人的成长有匡正作用,但人的成长并不是一个线性发展的过程,教育和成长也并非直接的因果关系,有显性的教育,也有隐性的教育。教育惩戒也只能针对学生当下的错误行为,很难判断这种惩戒对孩子一生的成长有什么作用。

教育总是按一定的规范进行,惩戒惩罚从教育诞生起就已经存在,但是人文主义思想带来对教育的乐观态度,认为中小学生处于身体、心理、认知尚未完全发育的阶段,很难系统、全面地理解社会秩序和道德规范,教育行为需要合理、适当。

美国心理学家德雷克斯认为,孩子的错误行为都有深刻的心理根源,他把这些原因归结为四个方面,即寻求过度关注、权力之争、进行报复、自暴自弃。家长和教师只有深入了解孩子错误行为背后的原因,才不至于掉进孩子行为的陷阱中。德雷克斯反对惩罚孩子,他认为惩罚属于独裁社会,现代社会的成人不再享有超越孩子的"权力优势"。他认为,"试图将自己的意志强加给孩子是毫无用处的,没有哪一种惩罚能得到持久的服从。现在的孩子宁可受到惩罚,也要维护自己的权利"。惩罚是权威的信念,只能带来短期效果,必须被相互尊重与合作替代。(《孩子:挑战》《教师:挑战》)这一观点似乎回应了我们"现在的孩子真难管"的慨叹,可能是我们还没有理解学生错误行为背后的真正根源,也就没有找到面对问题学生的有效态度。

在伦理范畴内,我们把学生的错误行为理解为一种"恶",是需要纠正的、不好的行为。日本心理学家河合隼雄专门写了一本小册子《孩子与恶》,探讨孩子的偷窃、暴力、谎言、欺凌等问题。河合隼雄发现心理学中没有对"恶"的研究,只有神学认为"恶是善的欠缺",伦理学认为"恶是关系的解体",恶作为善的对立面,是一种破坏力,而正是这种与规范、秩序要求相对立的破坏力,对孩子充满了诱惑,成为孩子创造力的源泉,很多成功的人物儿时都是秩序的破坏者,是学校教育的反抗者。而且,成年人经常出于一种自身的不安,打着"善意"的旗号,给孩子带来伤害。河合隼雄的研究充满乐观,但也让我们从另一个角度理解学生的错误行为。

功利主义哲学家边沁认为,所有的惩罚都是恶的,涉及对人的恶劣对待,引起人的痛苦,尽管惩罚有时候是应得的,但是因为惩罚有让人遭受痛苦的性质,任何惩罚都应当具有合理性的证明,即具有可辩护的理由。(边沁《道德教育立法原理导论》)

教育惩戒是教育的必须,应该和其他的教育手段一样,是一种工具性的存在,完整的教育应该是对学生人格以及自我成长的尊重与呵护,是着眼孩子长远未来的期望,需要更多一些理解和宽容。

让教师挺直腰杆"管"学生

陕西汉阴教师"围殴"学生事件发生已经 10 多天了，大家还在关注。其实，这一事件的过程并不复杂，学生违反纪律，教师当众批评教育，学生不服，恶语相向，继而引发冲突，又有其他教师介入，导致学生轻微受伤。本来事情已经过去，后来因家长报警，并且将学生在医院做检查的照片发到网上，引发网络舆情。

本来事件本身并不可怕，只要公安机关和教育部门认定事实真相，厘清责任，就会做出合理处置。但通过网络发酵甚至扭曲，事件就演变成对当事教师、学生和家长的一种巨大伤害。同时，这对社会和教师群体也是一种伤害，如果这类事件被无限放大，教师对学生的不良行为"不敢管""不想管"成为一种趋势，那会导致教育的退步，甚至引发社会对教育的失望。

挺直腰杆教书，这是教育工作者应有的职业态度。在此事件中，当事教师情绪失控掌掴学生，的确存在不当体罚学生的行为，但若放在具体情境中，我们就没法苛责教师在行为上能有多么克制，网络上那些对教师的所谓声讨的确有失公允。

近年来，类似师生冲突事件出现不少，甚至有些冲突最后演变为更极端的事件。这类事件引发我们反思，究竟如何保障教师行使教育惩戒权。

如果学生出现违反校规校纪的行为，教师有权进行制止，并进行适当惩戒，从而达到育人目的。教师的这种权利不是个人私权，而是职务行为，是社会委托的权利和责任，也是代理学校行使权利的行为，如果不行使纠正学生不良行为的权利，反倒是失职。为了保护教师的这种权利，2020 年 9 月，教育部专门出台《中小学教育惩戒规则（试行）》，明确："教育惩戒，是指学校、教师基于教育目的，对违规违纪学生进行管理、训导或者以规定方式予以矫治，促使学生引以为戒、认识和改正错误的教育行为。"

当然，制度只是学校和教师行使教育惩戒权的依据，在具体实施中，往往难以分清惩戒和体罚的界限，特别是依据《中小学教育惩戒规则（试行）》进行认定具体行为往往具有滞后性，不能消除具体事件带来的后果。

教师是教书育人的专门人员，应具有教育学生的专业知识和专业能力。专业能力不仅体现在传授知识方面，也体现在纠正学生各种不良行为的育人活动中。作为专业素养的要求，教师要深切认识到，在教书育人工作中不仅要面对善良、上进和温顺的学生，还要面对形形色色有行为偏差的学生，甚至要面对有极端行为倾向的学生。

从教师的专业要求和育人本分来讲，无论面对什么样的学生，教师都要有接纳、包容和关爱的态度，用智慧教育改造这些学生——陶行知四颗糖奖励学生的故事就体现了这种智慧，四颗糖代表了对犯错学生的信任、接纳、尊重和鼓励。不仅如此，教师还要学会与家长做好沟通，让家校真正形成合力，而不是背道而驰。当然，不是每一位教师都能拥有这样的智慧，因为每一次极端事件都发生在具体情境之中，我们很难体会教师当时在"管"与"不管"之间抉择时内心的挣扎。

要让教师面对"问题"学生时"想管""敢管"，一方面需要教师不断加强学习，提高修养，提升智慧，另一方面需要社会更好地建立起尊重教师专业权利的文化。要通过大量案例，让教师、家长乃至社会都能明确，在对待"问题"学生时教师如何避免体罚，又如何规范惩戒。教育惩戒行为大多发生在具体情境中，是即时性事实行为，有时很难根据当事人的描述还原事实真相，需要专门机构、专门人员依据专门法规去界定，不应由媒体或者家长任意曲解。在这方面，学校保护教师权利的机制比较欠缺，在界定事实时容易受到网络媒体的干扰和左右，甚至为了尽快平息舆论，对教师进行过度处理，这些都不利于形成维护教师教育惩戒权的氛围。因此，教育部门和学校有必要设立专门的惩戒机构，在教师遇到违规违纪行为严重或产生恶劣影响的学生时，能够移交专门部门对其实施教育惩戒。

汉阴教师"围殴"学生事件，再次反映出实施教育惩戒是一项复杂、艰巨、困难的任务，我们既要有完善的教育惩戒制度，还要提高教师应对各种复杂教育问题的专业素养，更要持续营造让教师挺直腰杆教书的文化环境。

厚植教育情怀是"优师计划"师范生培养的关键

"优师计划"是面向脱贫县和中西部陆地边境县定向培养一批优秀教师的专项计划,解决边远地区优秀教师短缺和流失的问题,是继公费师范生之后的又一项重要的教师培养政策。

相对于普通师范生培养而言,"优师计划"师范生的培养需要提出更高的专业能力要求,更为关键的是要厚植扎根基层的教育报国情怀。

一、厚植情怀是培养的根基

"优师计划"不仅是对乡村教育振兴的扶持政策,也是支持乡村文明建设和社会建设的重大决策,在乡村振兴战略实施中具有重要意义。

如何保障"优师计划"师范生"下得去、留得住、教得好、得发展",除了制度约束,还要培养他们对乡村和乡村教育充满热爱的深厚情怀。

从公费师范生政策看,优秀毕业生到基层学校从教,为县域内补充优秀的中小学教师发挥了重要作用,但是很多公费师范生仅仅把这一身份作为谋求优越教学岗位的一种途径和手段,很多毕业生要么根本回不到基层,要么不能长期坚守基层,有的甚至不惜违约去大城市另谋岗位,这就偏离了国家培养公费师范生的初衷。由此可见,培养深厚教育情怀既是提高乡村教育质量的需要,更是解决优秀教师流失问题的需要。

虽然城乡之间在基本生活条件等方面的差距在逐步缩小,但城乡二元结构的差异并没有完全消除,生活环境、文化差异、便利条件、发展机遇、社会地位、收入水平等很多方面的城乡落差,对回乡从教的优秀师范生都是一种心理和精神上的挑战和考验,如果没有投身乡村教育的深厚情怀,很有可能无法克服这种落差,一旦面对生活和职业上的不如意，就会想方设法寻找机会离开乡村。

优秀师范生即使不能离开乡村，由于对乡村教育缺乏热爱，也可能留得住人，留不住心，在专业上的追求就会失去内在动力。

教育部《关于进一步做好"优师计划"师范生培养工作的通知》专门强调"厚植扎根基层教育报国情怀"，提出"帮助'优师计划'师范生坚定从教初心，到欠发达地区为党育人为国育才，做新时代文明乡风的塑造者，振兴乡村教育的'大先生'"。

培养深厚教育情怀，是在强调教师专业化的同时，关注教师职业适应乡村文化环境的特殊要求。

教育情怀是教师专业精神的体现，缺乏专业精神培养，教师的专业化就是不完整的。师范院校一定要意识到这一问题的重要性，在培养过程中关注到厚植师范生教育情怀的重要性，有针对性地帮助"优师计划"师范生从职业之初就树立这种意识，正确对待自己的职业选择和时代使命。

做好"优师计划"师范生深厚教育情怀的培养，则需要增强他们扎根基层教育的身份认同，从而树立改变乡村教育的责任担当。

二、教育情怀培养需要具体化

什么是情怀？情怀就是深深的热爱。

这种热爱不是空洞的口号，也不是抽象的意愿，而是一种具体的信念，也是一种专业能力。

情怀看不见摸不着，但是情怀的培养做与不做不一样，做好与做差也不一样。

对于"优师计划"师范生来说，未来的事业既有一般职业能力的要求，又有一定的特殊要求，强烈深厚的扎根基层的教育情怀就是一种具体的特征。

那么，深厚的教育情怀能不能培养出来，又应从哪些方面培养？

一是理解乡村教育的职业信念。

城乡教育发展存在差异，乡村教育有其特殊性。教育情怀就是对乡村教育一种情感上的热爱，一种积极的态度。

这种情感和态度建立在对乡村社会的理解之上，包括地域文化、生产生活方式、传统民俗、历史文化、地理景观以及地域的文化思想，还包括理解乡村少年儿童的知识经验、生活背景和发展需要，了解他们家庭在教育方面对未来的愿景期望，等等。教师对乡村社会教育需求的态度，不高高在上，也不冷漠旁观，而是把自己融入乡村社会，变成乡村学生的"自己人"。

"优师计划"中有一部分生源来自农村，他们并不是不需要情怀的培养，他们需要通过大学的学习和熏染，使自己具备超越成长经历的视野，用全新的人文情怀、理性精神和专业视角对待乡村教育。

二是支持乡村学生的能力支撑。

情怀不是空洞的心血来潮，不是一时的一腔热情，情怀也需要专业能力的支撑。基层教师的专业性在很大程度上是由乡村少年儿童的学习成长需要所决定的。

"优师计划"师范生要具备与乡村文化相适应的教学能力，充分关注和理解乡村少年儿童的文化背景、语言方式对有效学习的影响，掌握适合乡村少年儿童的教学方式，能够根据乡村少年儿童的特点开发课程资源，创设学习情境，组织教学活动。

三是发展乡村教育的责任意识。

整体实现教育现代化不能没有乡村教育的现代化。乡村教育现代化不是乡村教育城市化，而是需要发掘乡村教育的特质，实现现代化的转型。

"优师计划"师范生在某种程度上担负着推动乡村教育现代化转型的责任和使命。不应该给乡村教育贴上落后和劣质的标签，而应把乡村教育所处的现实困境看成是一种历史局限，充分发掘乡村教育独特的精神气质和资源优势，在传承和发展中实现现代化转型。

三、培养教育情怀需要有效载体

承担"优师计划"的高校都是优势明显的师范院校，在厚植扎根基层教育情怀方面，需要有具体的措施。

1. 利用红色资源强化理想信念教育

"四有"好老师是新时代教师的价值追求，有理想信念是"四有"好老师的首要目标。

在"优师计划"师范生培养中，要利用好延安精神、西迁精神等红色资源，让他们领会国家进步、民族发展与每个人的奋斗密切相关,坚定为党育人、为国育才的初心,把改变乡村教育面貌,帮助乡村少年儿童成长与发展作为一种使命和责任。

2. 利用课程资源促进理解职业责任

"优师计划"师范生是为边远地区培养的优秀师资,他们需要有乡土情怀。

因而需要在培养的课程资源中设置乡土教育内容,阅读陶行知、晏阳初、叶圣陶等人的乡村教育经典著作,阅读《乡土中国》《平凡的世界》等,了解乡土中国与乡村教育,了解乡村基础教育改革发展现状,掌握适合乡村教育的理论与方法。

3. 利用校友资源增强职业身份认同

师范院校在办学历史中培养了大量一线教师,其中不乏扎根山区在当地做出卓越成绩的杰出校友。

学校应该充分发挥这些校友资源的示范引领作用,帮助杰出校友总结他们的思想和精神成就,提炼他们育人和教学的理论和方法,用于"优师计划"师范生的培养,让师范生与这些杰出校友建立联系,引领师范生深入基层学校任教的身份认同。

4. 利用实践资源培育岗位归属情感

教师是一个实践性很强的职业,纯粹的理论学习不能满足其专业化需要,必须通过实践促进其专业成长,很多教师正是在教学实践中领会到职业的价值感和幸福感。

师范院校培养"优师计划"师范生必须注重实践,发挥优质中小学实践基地的作用,让他们在大量实践中理解教育改革,理解乡村教育和乡村学生,在情感上获得教师职业的归属感。

"优师计划"寄托着县域教育和乡村教育发展的希望,也是乡村教育振兴的重要举措,厚植扎根基层教育报国情怀需要成为人才培养的首要任务。

我们还能用什么来比喻教师

在人类历史的大多数时期,教师这个身份都是受社会尊重的,在有些民族的文化中,教师的地位至高无上。如果一个社会有意贬低教师形象,那一定是一个价值混乱、黑白颠倒的社会。

人们经常用一些形象来比喻教师,不同的比喻代表了不同时代和不同文化对师者的理解。中国历史文化中,"师"的概念是从官职引申而来,从一开始"师"的地位就很高。先秦时期,从孔孟到荀况,把教师比作"君",比作"天地",荀子说"天地者,生之本也……君师者,治之本也",奠定了教师在社会中至高无上的地位。进入现代,我们还把教师比作蜡烛、春蚕,主要强调教师奉献的职业精神。西方文化经常把教师比作"园丁",说明大多数时候人们认为教师带有一定的技术性,暗示学生应该是被修剪的植物,教师在人的成长中处于主导地位。夸美纽斯也曾将教师比作雕塑家、建筑师、牧人、产科医生,还有把教师比作灵魂工程师,这些都显示了教师主导、学生被动顺从的师生关系。苏霍姆林斯基曾将教师比作"珠宝匠",要善于发现并让每一位学生这颗"宝石"闪闪发光,这一比喻中教师成了发现者,强势地位有所弱化。

其实,很多比喻都是对教师的一种期许,并不能完全反映教师的社会角色。不同的文明形态下,教师的作用也在发生变化。

农业文明下,教师是一个脱离生产劳作的"劳心者",区别于"劳力者",教师是"传道受业解惑者也",他们通过向学生传播思想、文化和观念,引领着整个社会的精神生活和价值观念。

工业文明下,教师的主要任务是传授知识和技能,帮助人们参加社会分工下的机器生产,还通过政治文明的传播,帮助人们提高参与政治生活和社会活动的能力。教师的学科性开始分化,职业更加精细,教师内部的分工也开始出现,知识是教师的资本。

知识文明下,教师不再成为知识的权威和垄断者,要求提高教师的专业化水平,一个人已经不能随便自称为教师,教师的身份需要权力部门的专门认可。

互联网、智能化时代,人们正规学习和非正规学习的需求提高了,学生的学习方式多样化,教师的一些工作将被取代,教师专业身份的独立性在多元化视角下受到挑战、质疑。今天,来自传统社会文化中的任何一个具体形象,都无法准确比喻教师的身份,教师的身份陷入诸多困境之中。

道德困境。从孔子被奉为"万世师表"以来,传统社会中教师承担着崇高的社会道德期望,为师之道,端品为先,学高为师,德高为范。现代社会,教师身份不再是孤立的存在,他们有不同的社会身份,有一般社会成员的价值取向、文化观念、性格特点,对教师提出高于一般水平的道德表率标准,的确是教师专业特点的内在要求,但也往往会让教师在这种道德期许下出现道德困境,在道德理想与道德底线之间徘徊,有时教师在主张个人权利时往往要承受道德审判的煎熬。

专业困境。数字化、智能化的时代,新知识与新信息席卷社会生活的角角落落,弥散于各行各业,学生的知识可能远远超过教师的认知范围,教师知识拥有者的身份开始动摇,传统"博学之"标准已经不够用了,需要教师帮助学生,也和学生一起学会辨别、消费、利用、选择、处理信息与知识,园丁、工程师的比喻都不准确了,教师从学生学习的主导者变成了陪伴者、引领者。但是,有时候教师面对学生学习的困境时,又很难告别传统的注入式教学。

角色困境。教育的社会集体焦虑,教育"内卷",注定教师的角色边界模糊,现在的教师既是传授思想、观念、知识、技能的专门角色,还要兼负学生的生活管护、情感疏导、困难救济等任务,教师也被附加了教学之外的社会职能。在这种多重角色定位中,以育人为主责的成就感也受到冲击,教师的职业体验并不十分愉悦。"最光辉的职业""灵魂工程师"这样的角色比喻不能符合教师的切身感受。

能用一个什么样的具象来比喻当下和未来的教师呢?也许,我们还要从古人的智慧中寻找答案。《礼记·学记》中说:"君子既知教之所由兴,又知教之所由废,然后可以为人师也。"既要知道教育为什么兴盛,也应该知道教育为什么荒废,知道这世间为什么好,为什么不好,才称得上教师。"善歌者,使人继其声;善教者,使人继其志。"教师也许需要对教育保持高度的理性,深刻洞悉教育的美好与瑕疵,熟知教育的可能与局限,用尽自己的心力,坚守自己的追求,呵护教育向着积极美好的方向进步。该用什么比喻教师?守望者?守夜人?似乎接近,但也不准确。

师者如光,微以致远。无论如何比喻,也穷尽不了教师这个职业应有的价值。

STEM 教育需要什么样的教师
——STEM 教育理念对中小学教师专业发展的启示

　　美国在 20 世纪 80 年代推行 STEM 教育，主要目的是试图从中小学阶段开始增强学生综合运用知识的能力，培养创新型人才，提高国家竞争力。STEM 教育作为一种教学范式，之所以得到普遍认同，至今仍然在一些国家和地区方兴未艾，是因为大家认识到，只有从解决现实问题出发，通过跨学科学习，强化不同学科知识的综合运用，才能培养学生创新能力。实质上，没有一个杰出人才是靠精通一门学科就成功的，也没有一个现实问题是靠一门学科的知识所能解决的。

　　STEM 教育的本质就是综合性学习。现代教育体系下，学科相对独立和相对封闭成为一大弊端，需要让学生在解决实际问题中综合运用不同学科的知识，从而形成一种综合素养。我们国家早在 21 世纪初也意识到现代课程体系的这种缺陷。2001 年实施新一轮课程改革已经把解决这一问题作为一个重要任务。《基础教育课程改革纲要》提出课程改革的五个目标之一就是："改变课程结构过于强调学科本位、科目过多和缺乏整合的现状，整体设置九年一贯的课程门类和课时比例，并设置综合课程，以适应不同地区和学生发展的需求，体现课程结构的均衡性、综合性和选择性。"按照这一精神，设置了跨学科的综合性课程，如综合实践活动课、艺术课（音乐、美术）、历史与社会课。但是，从全国中小学 20 多年的实施情况看，这些所谓综合性课程都没有达到预期的目标，有些课程甚至销声匿迹。综合实践活动课依然被分割成信息技术教育、研究性学习、社区服务和社会实践以及劳动与技术教育，艺术课几乎没有学校开设，依然是音乐课、美术课。

　　为什么综合性课程在新课改中难以实现突破性的变革，主要是课程的定位出现问题，即这些综合性课程依然是学科本位、课程本位，没有从学生的生活实际出发,从学生解决现实问题的兴趣出发,学生在课程中仍处于被动地位。而 STEM 教育之所以成为可能,是因为它不是简单的实践活动,不是小发明、小制作,不是四门学科知识的简单集合和拼凑,而是围绕一个问题或项目,让学生运用多学科知识解决问题,是一种综合性的项目学习。这就给我们一个启发,跨学科学习必须基于解决问题,关注具体情境,综合运用多学科知识,才能达到培养学生创新能力的效果。所以 2017 年教育部再次颁布《中小学综合实践活动课程指导纲要》,进一步明确了这一综合课程的原则和标准。《中小学综合实践活动课程指导纲要》提出了活动开展的四种基本方式:考察探究、社会服务、设计制作、职业体验,分析提炼了每一种活动方式的关键要素,还具体推荐了 152 个活动主题,并对每一个推荐活动主题如何开展做了简要说明,提供给学校参考,其中 STEM 课程也作为活动之一出现。

其实,并不是世界各国都热衷于 STEM 教育,而是不约而同地从 STEM 教育的理念出发,开设跨学科的课程,实施综合性学习。如我们非常关注的芬兰 2016 年的基础教育课程改革,以国家课程的形式开展"现象教学",也称为"主题教学"或"跨学科教学",这是一种基于学生兴趣和日常生活中的真实现象或话题,融合各学科知识的跨学科课堂教学模式,在这一教学模式下,传统的学科逻辑和体系被打破,注重融合多个学科知识,培养学生综合素养和解决实际问题的能力。芬兰《国家课程框架》要求从 2016 年 8 月起,面向 7—16 岁学生的所有学校必须在课程大纲中留出一段时间用于跨学科的现象教学,具体时间长短和次数由学校自行决定。

基于这样的认识,中小学生跨学科学习不局限于 STEM 教育。我们可以设想,学生的社会能力、表达能力、表现力等方面可能包含更多的学科知识的综合运用。比如能不能开设一门 CMAD 课程,即语文(Chinese)、音乐(Music)、美术(Art)、戏剧(Drama)等学科知识的综合运用,通过撰写文案、编排音乐、制作画面、构思情节等,表现一个社会话题。有些学校开展的微电影创作课程就达到了这个效果。再比如一所学校开设了一门校本课程"秦岭",围绕认识秦岭这一目标,学生综合运用地理、历史、生物、语文、音乐和摄影摄像,呈现与秦岭有关的地理知识、历史事件,秦岭的生态生物,描写秦岭的文学作品、诗词歌赋、影像资料等,进行综合性学习。跨学科学习的目的是让学生具备知识的整合能力,形成综合素养,培养探究精神,用解决问题来驱动学生综合运用学科知识,跨学科学习才得以有效发生。STEM 教育在我国中小学正处于起步阶段,与传统课程相比,它的知识体系、教学模式、课程文化、课程制度尚未成熟。一些地区和学校尝试开设 STEM 课程，探索课程范式和教学规范。但是，作为一种新兴的教学方式，STEM 教育从理念到课程，从教学到评价，最大的"瓶颈"是缺乏专门的教师。谁来教，如何教，如何评价，都是需要从根本上去破解。而在 STEM 教育课堂教学阶段，要么需要专门教师具备跨学科学习的指导能力，要么需要各学科教师进行合作教学，同一课堂多名教师协同教学，教师之间互相补充，互相配合，共同呈现学习项目所需学科知识的整体面貌，帮助学生形成系统性认知。这就要求对教师的培训培养不能局限于单一学科，要让教师具备指导综合学习的能力，要对教师进行综合素养的提升。那么，我们的教师培养是不是适应综合性学习的要求。STEM 教育作为一种教学方式，需要教师指导学生综合运用科学、技术、工程、数学等学科知识，解决实际问题。从我国目前的教师培养模式来看，还没有培养 STEM 教师的专业设置，特别是技术和工程的内容，在中小学教师教育中更是无从谈起。中小学教师在 STEM 教学中天然地具有知识和能力的缺陷，必须通过职后的培训才能解决师资问题。这给我们的教师培训工作提出了新的挑战。目前的师范院校教师培养以学科为主，教师的知识和能力的构成主要包括三个方面：一是社会通识培训，包括政治常识、法律知识、教育政策等；二是学科知识，如语文、数学、物理等分学科的系统知识；三是学科教学知识，包括教育学、心理学、学科教学法等。这一培养模式主要是基于学科本位和教师本位的，与现代社会的教书育人要求以及以学生为本的教学需求相去甚远，这样的模式培养出来的教师的知识结构远远不能适应指导学生学习的需要。我国的师范教育还有一个问题，就是教学实践的时间过短，甚至流于形式，导致很多新入职的教师缺乏基本的教学能力。教师作为一个专业化程度要求较高的职业，从影响学生全面发展的需要，以及指导学生跨学科学习的需要来看，教师职后培训必须着眼于弥补职前培养的缺陷。首先，需要对教师进行学习科学的培训。学习科学虽然不是一门学科，但是已经通过哲学思辨、心理实验等获得结论性认识，发展成一个集教育学、心理学、神经学、脑科学、社会学、认知科学、文化传播学等的相对体系化的知识范畴。教师的角色从知识的传输者，变为学生学习的指导者、引领者，必须掌握学习科学。这也是课堂教学由以教师的教为中心，转向以学生的学为中心的必然要求。教师掌握学习科学，首先需要在教学准备中不仅对学科知识如何传授进行设计，而且要对学生如何有效学习进行设计，从而保证教学的效果。其次,教师要通过学习科学来甄别不同学生的学习习惯、学习状态、学习品质是否科学,从而根据学生的文化背景、知识储备、思维习惯、学习兴趣等特征提供科学的学习指导,提高他们的学习效率。另外,学习科学还可以帮助教师鉴别各种学习方法是否有效,比如是不是所有的学科都要去除机械训练,是不是所有的内容都要减少背诵,是不是作业越多学习效果越好,等等。我们的减负政策为什么屡屡失效,一个重要原因是教师对学习科学相关认知的匮乏。STEM 教学主张真学习,学习真知识,解决真问题,要求教师具有一定的学习科学的知识和指导学习的能力,从而体现教师的专业化属性。其次,需要对教师进行儿童研究的培训。教师的工作对象是儿童,教师必须树立科学的儿童立场,才能让教育教学有目的性和有效性。儿童立场具有一定的时代性和社会性,每一个时代都会对儿童问题有不同的认识,不同的地域、不同的社会群体的儿童观念也会有很大的差别。中国传统社会认为儿童是懵懂无知的,是未开化的,是需要用各种规训去约束和教化的。而现代观念中认为,儿童是个体有着无限发展可能的阶段,是有着特有价值的生命阶段,着眼于儿童的发展性,注重儿童当下的生活和发展状态,不强制训练,不逾越发展阶段,让儿童在适合的环境下自然地成长。作为教师,具备了这样的观念,才能在尊重儿童成长规律的前提下选择适合的教育方法。我们经常强调以儿童为中心,但是很多的要求却是以儿童的听话乖顺为中心;我们经常强调儿童要全面发展,但我们往往会用考试成绩为一个学生打上优秀或者不优秀的标签。不同家庭背景,不同性格特征,不同成长经历,都会让儿童存在差别,教师具备科学的儿童立场,必须清醒地认识到,每一位儿童都不是完美的,都是带着这样那样的问题来到学校的,需要用科学的教育方式解决他们成长中的问题,引导他们向着积极健康的方向发展。另外,随着信息化时代的到来,利用新技术进行教育教学也是教师专业构成的一部分。在这样的理念下改变教师职后培训,让教师的专业知识和能力构成发生变化,具备了学科知识、教育教学、学习科学、儿童研究、信息技术等方面的知识与能力的整合,才能让教师职业的专业化取得更广泛的认同。

STEM 教育是一个崭新的课题,也是一个古老的话题。既然认定 STEM 教育对培养学生创新能力方面具有重要的意义,那么就要抓住教师这个关键,让教师具有跨学科教学和合作教学的能力。这也是新时代教师专业化成长的必然要求。

新时代特级教师的新使命

特级教师是国家给予优秀中小学教师的政府荣誉，是改革开放以来鼓励和促进教师专业成长、提高教师社会地位的一项基本教育制度。进入新时期，特级教师不仅是一个荣誉，更被赋予了特别的责任与使命，在广大的中小学教师队伍中具有践行教育方针、传播先进理念、示范引领帮扶等重要作用。通常讲，特级教师应该是"师德的楷模，教学的专家，育人的能手"，是中小学教师群体中的优秀分子，是基础教育改革的风向标，是中国特色社会主义教育理论的践行者。面对新时代中国教育改革发展的新形势，我们需要重新认识特级教师的独特地位。

一、荣誉与超越

从国际教师教育比较研究看，世界上半数以上的国家都在担心优质教师和学科紧缺教师的供给问题，如何培养优秀教师，发挥优秀教师的作用是各国教师队伍建设的一个重大课题。特级教师在一个地方来看，几乎是中小学教师的最高荣誉，处于教师群体"金字塔"的顶端，从千千万万的中小学教师中脱颖而出，被授予特级教师荣誉称号，对于教师个人来说难能可贵。但是，在现实中，很多教师把评为特级教师看成职业生涯的"最高处"，职称荣誉的"天花板"，认为评上特级教师就是抵达专业成长的终点，失去了专业发展的动力，认为从此可以高枕无忧地度过剩下的从教生涯。这种观点和态度实在是对特级教师这一荣誉的曲解。

进入新时代，经济社会发展日新月异，对教育的要求也水涨船高，新思想、新理念、新技术层出不穷，教师队伍群体已经从追求"合格"转变为追求"卓越"，每一位教师都需要以"苟日新，日日新，又日新"的精神不断学习和超越自己。特级教师更应该把荣誉当作一名优秀教师的新起点，在新的平台上实现对自己的超越。每一位特级教师都来之不易,背后是多年在教学一线的不懈奋斗,苦苦追求,日积月累地探索自己独特的教学和管理风格。成为特级教师,这些付出就变成一笔宝贵的财富,应该在这个基础上有更高的追求,对自己有更大的超越。

超越要追求一种新高度,在多年教学管理经验中汲取营养,建立属于自己的教育观、教学观、学生观、课程观,从而形成自己的教学主张和管理风格,最后升华为教育思想。超越要担当一种新使命,新时代教育的融合发展已经成为趋势,特级教师不应拘泥于单一学科,局限于一所学校的小圈子,而是要把自己的教育经验、教育智慧发挥在振兴当地教育的洪流之中,为一个地方教育质量的提升发挥引领带动作用。超越要树立一种新形象,特级教师在一所学校、一个地方就是一张教育名片,代表着一个地方教育的高度,所以每一位特级教师都应该有自己标志性的形象设计,让所有的人看到这个形象就会想到属于那个地方的教育高度,就如同我们熟悉的于漪、李吉林、李希贵、李镇西、魏书生等优秀教师一样。当然这不同于明星的包装,特级教师形象背后应该是所教的一批批优秀学生、所做的一场场精彩报告、所发表的一篇篇科研成果、所出版的一部部学术专著等。如果没有对荣誉的超越,很难适应新时代对特级教师的期望和要求。

二、专业与信仰

特级教师既是一般教师,又不同于一般教师。特级教师应该对教育改革的方向、教育发展的使命、教育思想的进步有更深入的了解和把握,不仅把教师作为一个职业、一项专业,更要把教育作为一种信仰,把追求教育境界和教育生活融入自己的生命之中。2018 年,中共中央、国务院印发《关于全面深化新时代教师队伍建设改革的意见》(以下简称《意见》),这是新中国成立以来党中央、国务院出台的首份专门面向教师队伍建设的文件,具有里程碑意义。《意见》里明确新时代教师队伍建设的中长期目标,就是"到 2035 年,教师综合素质、专业化水平和创新能力大幅提升,培养造就数以百万计的骨干教师、数以十万计的卓越教师、数以万计的教育家型教师"。特级教师是教育家型教师的代表。《意见》把高素质、专业化、创新型作为对新时代教师的基本要求,作为特级教师更需要深刻理解和主动践行。

高素质。首先表现为师德要高,师风要正。党的十八大以来,习近平总书记多次对教师队伍建设发表重要论述,包括"四有好老师""四个引路人""四个相统一"，所有的论述中对师德的要求分量最重，特级教师要把师德作为第一追求。师德不是抽象化、概念化的理念，而是一种具体行动，体现在自己的教育生活之中，体现在与每一位学生的交流互动之中。师德师风既是一种自律，也是一种责任意识。《意见》中强调，真正让教师成为令人羡慕的职业，要"突显教师职业的公共属性，强化教师承担的国家使命和公共教育服务的职责，确立公办中小学教师作为国家公职人员特殊的法律地位，明确中小学教师的权利和义务，强化保障和管理"。"公办中小学教师要切实履行作为国家公职人员的义务，强化国家责任、政治责任、社会责任和教育责任。"地位与责任对等，国家公职人员的地位代表了一种身份，国家使命更体现为一种责任，一种素质。

专业化。教师的专业化程度是衡量一个国家教育水平的重要指标。改革开放40多年，中小学教师从满足教学要求，不断向专业化发展，教师从"能教"到"会教"，从"合格化"到"技术化"，从"教书匠"到"教育者"，都体现教师专业化不断强化的趋势。新时代，教师必须走向专业化发展的道路，教师赢得尊严，赢得社会尊重的前提是高度的专业化。特级教师应该是教师专业化中的高精尖，对教师专业的构成应该有更为宽泛的理解。传统的教师专业建立在扎实系统的学科知识和教学技能技巧之上，这一专业构成虽然体现了教师满足教学需要的基本素质，但是作为一种特殊的职业，这种专业结构是不完整的。新时代教师专业化除了要求具备系统的学科知识，具备基于教育学和心理学之上的教学法以外，还应该掌握先进教育理念、科学文化素养、阅读理解表达、信息处理应用等多方面的能力。教师工作面对的是学生，是一个个生动活泼、充满无限可能的生命，研究和解决他们的学习和成长问题是一种职责。教师的专业化要求对儿童特征有深入的研究，必须对儿童的学习有深入的研究。教师要掌握儿童成长的规律和特性，对不同儿童的认知规律、心理特征、成长节奏有所研究。教师掌握学习科学的能力，掌握学习科学就是要把自己变成一个善于学习者，不断超越自我，还要变成学习的指导者，指导不同的学生采取不同的方法和进度安排自己的学习，让每一位学生得到充分的发展。

创新型。创新是我们这个时代的基本特征，是保持社会活力的动力。教育需要创新，但教育的创新要具有教育性，不是盲目的探索。我们进行的很多教育改革，以创新的名义进行，却往往会偏离教育的常识和规律，变成轰轰烈烈的形式主义，大家都盲目跟风，这不是什么创新。教育需要守正创新，是基于教育常识、教育规律,以情怀和爱为底色,形成教育智慧。当代教育家于漪说:"我一辈子做教师;我一辈子学做教师。"普普通通一句话体现了"教师之道"的智慧。"一辈子做教师",是对教师这个职业的无限热爱、不离不弃;"一辈子学做教师",说明教师要不断超越自己的经验,不断追求新的境界。教师终身学习、终身发展,不断超越才能明白创新的意义,才可能做一个好教师。特级教师要过上一种教育生活,把教育与生命相融,把教育作为一种信仰才能谈教育创新。

三、坚守与转型

进入新时代,社会发展日新月异,技术进步急剧加速,中国教育发展方式也发生了深刻变化。教育要面向未来不再是一种理念,而是行动的跟进。特级教师必须站在时代的前沿,坚守正确的教育方向,把握新时代教育的新理念,适应教育发展的要求。坚守信念需要教育理念符合时代精神。《中国教育现代化 2035》提出了推进教育现代化的八大基本理念:更加注重以德为先,更加注重全面发展,更加注重面向人人,更加注重终身学习,更加注重因材施教,更加注重知行合一,更加注重融合发展,更加注重共建共享。每一个理念都有具体的内涵,是我们工作改进的指南,需要结合具体教育教学深刻领会。

坚守信念还要主动适应未来。基于互联网、大数据、物联网和人工智能的未来教育已经势不可当,正在加速度地进入教育领域。未来教育对教师角色的转变也不断提出新要求,教师必须重新认识学校、课程、课堂和学习,主动适应未来教育可能发生的巨大变化。有人担心未来社会学校会消失,人工智能会取代教师这一职业,尤瓦尔·赫拉利在《未来简史》中预测,今天我们从事的诸多职业,都会面临行业消失的危险。英国广播公司(BBC)分析了 365 种职业未来的"被淘汰概率",大多数职业有 99% 的概率会被人工智能取代,而教师被机器人替代的概率只有0.4%。虽然这一研究认为教师的职业不会被取代,但是教师的很多简单重复的工作会被人工智能所取代,因此必须对当下教育的培养目标、学科设置、课程内容、教学方式、学习方式和管理方式重新认识。如果人工智能帮助教师处理教学中类似试题命制、作业生成、试卷批阅等规则确定性、动作机械性、过程重复性的事务,教师则应用更多的时间和精力去处理富有情感性和创造性的活动。

学校之所以会存在,教师职业之所以不能被取代,是因为学校教育的功能是促进入的社会化，而人的社会化不仅是掌握知识，更重要的是人需要在群体生活中，促进信仰、价值、技能、情感、心理、身体等方面的健全，这是人工智能所无法取代的。新时代的特级教师需要把握这些教育需求的变化，转变角色。教师不再是简单的教书育人，教师要变成学生学习的指导者，用科学方法掌握学生学习的规律，指导学生改进学习。教师要做学生信仰和价值的引领者，帮助学生认识到学习知识只是一种手段和工具，要通过学习提升精神、健全人格、陶冶情感、树立价值。教师还应成为学生心理和情感的呵护者，在人工智能辅助下的学生学习，学生的心理情感会发生什么变化，学生如何纾解焦虑和困惑，如何调整心态，需要教师通过情感投入、思想引领和人格影响，保证学生的身心健康。

新时代赋予教育新使命，新时代的教育需要教师的观念理念更新、教学方式变革、育人手段创新，特级教师更应走在时代前列，推动教育现代化不断加速。

教研工作的荣誉、危机与使命

教育改革的推进,很多任务都是由教研部门直接参与的,教研工作是基础教育一个不可或缺的组成部分,用一位教育专家评价教研工作的话说,教研工作对中国基础教育质量的保证和提升作用是"不容忽视""不可或缺"的。但是,客观地看待基础教育教研工作,其中还有不少困难和问题。

一、荣誉:教研制度是提高基础教育质量的"神器"

有人认为,中国的基础教育＋美国的高等教育是最佳的搭配,因为中国基础教育特别强调学生基础知识、基本技能,现在又强调掌握基本思想和基本活动经验,说明中国基础教育所坚持的方向是正确的。美国、英国、日本都在担忧自己学生的基本学习能力下降,而向中国学习。2009 年、2012 年,上海学生在世界经合组织的PISA 考试中的数学、阅读、科学的成绩两次获得全球第一,引起世界各国的关注。这一成绩的取得与我们基础教育的教研体制有一定关系。很多国家或者地区的教育在规模快速扩大、教学改革快速推进中,教学质量都会下降,而我们在基础教育普及程度提高,课程改革实施过程中,学生的学业水平没有受到影响,也得益于我们教研队伍的作用发挥。

教研制度对中国基础教育的改革发展发挥了重要作用,主要体现在四个方面:一是基础教育质量提升的保证。传统意义上教研工作就是教学指导、教材教法研究,这也是教研员的基本职责,正是教研员经常深入教学一线,与教师研究教学、改进教学,才保证了中小学教学质量的提高。二是课程学科教学发展的保证。从课程改革推进的方式来看,每一次改革都是先培训教研员,教研员首先领会改革的意图以及基本理念、方法和要求,然后培训和指导一线教师,落实课程改革。三是教师团队建设的保证。中小学教师专业发展和年轻教师的成长，是离不开教研员的引领的，特别是通过教研员这个纽带，把不同学校的学科教师结成专业发展的共同体，促进教师的成长。四是国家教育政策落实的保证。基础教育改革的推进仅靠行政力量是有限的，各项改革都要征求教研人员的意见，依靠教研人员的督促。

通过几十年的发展，我们的教研体系已经基本成熟。可以用"四个一"来概括："一个体系"，全省建立了省、市、县、校四级教研机构的体系，覆盖到所有的县区、所有的中小学、所有的学科。"一支队伍"，全省基础教育战线，除了各级教育行政管理人员、校长教师队伍，另外就是 3000 余名教研队伍，这是基础教育工作的重要组成部分。"一大成就"，就是在教育发展方式发生深刻变化、课程改革不断深化、育人方式不断变革的过程中，教研工作保证了改革的平稳有序。"一个支撑"，就是通过几代教研工作者的探索、教研活动、校本研修、联片教研、名师大篷车、新常态·大视导等一系列有效的教研形式，有力地促进了全省基础教育的教学改革和质量提升。

二、危机：教研工作正在逐步被"边缘化"

今天，在基础教育领域，教研工作像空气和水一样无处不在，但是正因为这样，大家习以为常，却往往会忽视如何进一步明确教研机构和教研人员的定位，如何强化和改进教研工作的体制机制，如何根据基础教育发展的新形势促进教研工作的转型。

我个人认为，有三个方面的因素制约和影响教研工作的开展。

一是政策因素。近年来，无论是国家还是省上，都没有出台关于加强和支持教研工作的有效政策，有些政策还很可能会削弱教研工作的开展，例如 2018 年中共中央、国务院《关于全面深化新时代教师队伍建设改革的意见》和教育部等五部委《教师教育振兴行动计划》，没有专门对教研工作机构和队伍建设的问题做出规定，而且在逐步推进县级教师发展机构建设与改革中，提出："以优质市县教师发展机构为引领，推动整合教师培训机构、教研室、教科所（室）、电教馆的职能和资源，按照精简、统一、效能原则建设研训一体的市县教师发展机构。"这一规定似乎弱化了教研工作的独特地位，当然这种担心也许多余，但是看到很多县区把教研室与教师进修学校合并，就是一个误区。这里面存在一个认识问题，很多人认为教师发展主要靠培训,结果培训很多,效果并不明显。其实经验已经告诉我们,教研制度在促进教师专业成长方面远胜于培训的效果。因为,教学是一个实践性很强的工作,如果没有教研的"手把手"指导,培训再多也是没有用的。

二是利益因素。教研部门承担着基础教育质量检测的责任,而在一个时期教研部门和教研员把质量检测变成了编写教辅资料和练习试卷。当然,教研员通过自己的专业知识,研究检测评价的标准也是一种职责,但是仍应将主要精力放在教学研究和教法指导上。

三是能力因素。我们教研员的来源应该都是一线教师中的佼佼者,"教而优则研",但是,由于教研员的待遇、职称等问题没有部分中小学好解决,很难吸引优秀的教师进入教研队伍。而且陕西省作为西部欠发达省份,也无法吸引高学历、有影响的高层次人才进入教研队伍,目前我省的教研员里还没有一个在全国有影响力的教育专家。还有一种现象,一些县区把教研室当成养老的地方,把一些不能适应一线教学、年龄偏大的教师安排到教研室,他们无法胜任教学指导的任务。我们一些教研员也缺乏对教育改革新动态、新趋势的研究,凭多年经验抱残守缺,不但不能指导教学,有时还会成为教学改革的绊脚石。

另外,当前的教研存在四个方面的问题。

一是职能定位不明确。教研部门作为一个专业服务机构,到底是服务教育行政部门,还是服务一线教学,很多人概念并不清楚,专业服务和行政管理界限模糊了,很多教研人员就成了教育行政部门的"打工者",甚至很多教研员就长期借调在行政部门,忘记了自己的主业。

二是管理体制不顺畅。过去教科所和教研室是"两块牌子一套人马",还存在教研的职能,现在更名教科院,在编制部门已经没有教研机构的编制,势必会影响教研职能的发挥。在县区,教研室、教师进修学校、教师发展中心等机构重叠,省市县之间的业务指导关系比较错乱,给教研工作带来不便。

三是教研队伍不适应。主要的问题是教研队伍数量不足、结构不合理、素质不高。各级教研队伍的配备应该按照教学的要求,做到学段和学科全覆盖。但是受到编制等因素的影响,体音美、小学科学课、通用技术、综合实践活动等课程长期没有专职教研员,这些学科也很难发展,甚至一线的教学质量都难以保证。一些地方的教研机构在学前教育、特殊教育和中小学德育方面的教研员还是空白,不能适应基础教育发展的要求。

四是保障条件不充分。如果没有认识到教研工作对提高基础教育质量的不可替代的作用，教研所需要的经费支持、人才支持就无法得到充分保障，教研部门人员配备中存在"有编不补""编制被占""在岗不在编""在编不在岗"等问题，教研员长期被借调的现象比较普遍。教研部门缺少稳定的经费保障，靠创收维持运转的现象也存在。另外，教研员的专业标准，教研员培训、职称晋升等都缺乏相应的制度保障，影响教研队伍的专业化程度。

三、使命：做强基础教育质量提升的"助推器"

教研制度是最有中国特色的教育制度，但是如何强化和发展这一制度还没有受到足够的重视。随着基础教育改革发展进入新时代，必须推进教研工作的转型，才能适应新要求。

第一，要把握新时代基础教育改革发展的正确方向。

党的十八大以来，教育改革发展进入新时代。特别是党的十九大报告提出，"建设教育强国是中华民族伟大复兴的基础工程，必须把教育事业放在优先位置"，可以说把教育的地位提高到了前所未有的重要地位，基础教育工作要增强使命感，必须深刻领会这些新要求。比如，立德树人根本任务，作为教研人员就不能简单理解"立德树人"只是让学生品德好，能力强。我认为立德树人的重点是深刻理解"德"和"人"在教育中的地位，"人"传递出的思想是以人的全面发展为核心，而不是为了外在的升学考试。另外，"立德树人"体现的是尊重规律，"德"在汉语里面更本源的意义是规律，所以立德树人是按照人才成长规律，让人充分而全面地发展。比如"努力让每个孩子都能享有公平而有质量的教育"，那么我们的教学指导就要研究在提高质量中如何体现公平，在推进公平中如何提高质量，如果在课堂上只关注优秀学生而忽视学习困难学生，就不是真正的公平。所以，教研工作一定要把握新时代这些新思想。

第二，要推进教研工作由传统向现代转型。

我国建立教研制度最初的出发点是解决教师素质不高的问题，教研员的主要任务是教材教法的指导。但是，随着时代的发展变化，随着基础教育改革发展，教育观念、教育理论、教育手段以及人才成长的需求都发生了深刻变化，大家都在呼吁传统的教研工作应该转型,以适应新时代基础教育的发展。近几年,关于教研工作如何转型,既有理论的探讨,也有上海、北京、江苏等发达省市的实践。教育部基础教育课程教材发展中心主任田慧生、副主任刘月霞都通过发表文章、演讲等形式论述了教研工作的转型问题,概括起来大概有六个方面。

一是研究重心的转型。研究由"以教为主"向"以学为主"转型,以学为主是新时期教学改革的重大转变,也是世界各国教学改革的趋势,所以教研的重点要指导怎么教得好,更要研究如何通过教让学生学得好。

二是研究方式方法的转型。就是要从基于经验的研究转向基于数据和实践的研究。多数教研员自身就是优秀教师,都有自己的教学经验,新形势下的教学研究要通过数据说话,凭经验难以评价一线教师在教学方法上的一些新尝试、新探索。中国人重经验,然而在数据的时代,要通过新的技术手段、通过大数据为教学改革提供依据。最近有一本书叫《未来简史》,它告诉人们,以后做出任何判断、决策都会通过数据的计算寻求答案,教研工作也是这样的。

三是研究思路的转型。要从注重统一性要求向个性化服务转型,传统的观念里,特别是现在的学校制度和班级授课制,很难考虑到学生的个性化发展,因材施教几乎是一句空话,随着学习方式的变化,教学手段的改进,个性化学习成为可能,现在的走班选课制就是对传统教学的颠覆,这也是教研工作研究的重点。

四是研究领域的转型。即由研究课堂教学转向研究育人方式,现在社会对人的成长要求是全面的,全员育人、全程育人、全方位育人已经成为一种趋势。教研工作要研究教学,研究哪些要素影响学生的成长,还要研究课程建设、教学评价、教学组织等如何更加有利于人才成长。

五是研究视野的转型。过去我们的教研员更多关注的是教材教法,现在我们对影响教学质量的全要素进行研究,要研究一所学校、一个区域如何对育人的资源进行有机整合,如何改进教学规划,等等。

六是研究手段的转型。今天的教学改革已经无法回避信息技术、互联网、人工智能、大数据的影响,智慧课堂、翻转课堂、创客教室、STEM 课程等正在走进学校,影响教学,教研工作必须对其给予关注。

第三,要进一步完善教研机构的功能定位。

有人说,现在一线教师的学历高,能力强,教研工作还有必要存在吗?我认为有必要，如果没有教研的引领，年轻教师不会快速成长，年龄大的教师不能适应时代变化，分散在各个学校的教师都会成为散兵游勇。所以，新时期教研工作不是要不要的问题，而是应如何加强的问题。

当前，要进一步明确教研部门的职能，发挥好服务教学和教育改革的作用。过去教研部门的职能主要是对中小学教学研究和学科教学的业务管理。现在，这样的职能定位已经不能适应基础教育改革发展的需要，实际上这些年教研部门自身在工作上已经进行着职能的转变。

一是强化理论研究的职能。从近年来教学成果评选以及课题研究的情况来看，我们的教研员教学指导能力强，但是研究水平不高，特别是在关注教学改革的前沿问题、热点问题、理论创新方面相对滞后，一线的好做法不能通过理论的总结提炼，就很难具有推广价值。

二是强化教学指导的职能。近几年我们的课堂教学改革大视导过程中发现一个问题，就是很多学校都在尝试教学改革，提出很多课堂教学模式，但是这些模式是不是符合教学要求，是不是科学，却没有一个界定，说明我们的教研工作还不能满足基层的教学指导需要。一方面是一线教学改革的盲目焦虑；另一方面是教学指导的匮乏。必须强化教研部门的指导职能，及时纠正一些错误的倾向，确保课程改革的精神得到落实。

三是强化服务改革的职能。教育改革发展需要理论支撑，特别是区域教育的改革，需要有教研部门的政策研究来支持。教研部门要发挥教育行政决策的"智库"作用，为各项改革提供服务。教研部门也要引导社会、家庭、学校建立正确的教育观和人才观，为教育改革营造良好的氛围。

上海市在教研室的职能定位方面确立了"六大中心"的思路，即教研室要建成课程教材研究中心、资源建设中心、教学研究中心、课程德育中心、质量检测中心、数据研究中心，这给我们的教研机构建设提供了很好的思路。

新时代，为世界提供教育制度"中国范式"成为新的自觉追求，教研制度作为最具中国特色的基础教育制度，应该得到不断的强化和完善。通过教研工作的推进落实立德树人根本任务，促进教育公平，提高教育质量是我们共同的使命。

校本研修如何促进教师专业发展

校本研修在各地中小学中得到普遍重视,成为提升教师专业能力的重要方式。校本研修制度的一个重要背景是,《国家中长期教育改革和发展规划纲要(2010—2020年)》出台,强调了教师队伍专业化的重要,确定努力造就一支师德高尚、业务精湛、结构合理、充满活力的高素质、专业化教师队伍的重要目标,教师教育进入"协同培养"的阶段。各级政府对如何建设一支高素质、专业化的教师队伍进行了整体规划,陕西省政府提出"师德为先,骨干引领,全员提升"的指导思想,并通过"三级三类"骨干体系建设培养优秀教师,对全体教师实行以校本研修为主要形式的专业发展方式。

一、推动校本研修,建立教师专业成长共同体

为了让校本研修制度化、规范化、常态化,各级政府和教育部门在整体规划、行政推进、工作机制和保障体制方面做了大量工作。校本研修工作建立了一套完整的体制机制,通过组织培训、强化考核、树立典型、表彰奖励、学分管理、督导评估等一系列措施,推动广大中小学普遍开展校本研修。同时,通过组建专家团队、引领者团队,调动师范院校、科研院所、骨干教师的力量,与中小学建立协同机制,通过建立基地学校,开展专项课题研究,深化校本研修的开展。这一系列举措的目的是通过这些行政的行动,面向全体中小学教师,整体提高教师队伍的专业化水平。

校本研修在中小学教师队伍建设方面有四个特点:

一是着眼教师群体的大多数。教师发展的整体规划是"师德为先,骨干引领,全员提升","三级三类"骨干教师有专门的培养计划,那么没有进入骨干教师行列的教师,如何发展成长,也需要一定的措施,同时骨干教师的示范引领作用也要在

面向全体的校本研修中得到发挥。

二是着眼教师的专业化成长。校本研修区别于校本培训、校本教研、校本研训，后者更多的是教研活动，校本研修则聚焦教师专业发展，核心是教师成长。"研"强调教师学习、认识、解决教育教学问题的意识和能力。"修"强调修养修为，包括了师德信念、专业技能、教育情怀等教师内在品质的发展。"研修"的目的是把解决教育教学问题和学校教师发展有机统一。从"研"的角度说，以学校工作实际问题为抓手，以参与问题解决来促进教师专业发展，把问题解决的过程变成教师专业发展的过程；从"修"的角度说，以教师专业发展作为解决教学问题的前提，通过教师的专业发展，实现教学问题的最终解决。

三是着眼教师教学的常态化。校本研修的基础是以校为本，研修的问题要基于学校，针对学校教育生活的现象提出问题。研修的目的是为了学校，从学校发展和教育质量提升出发，解决课堂教学、学校管理、育人活动等校本问题，如课堂教学改革是不是要统一模式，早操如何组织更有效，如何处理统一要求与个性发展的关系，等等。研修发生在学校之中，研修中所要开发和利用的资源也来自学校。

四是着眼教师发展的共同体。开展基于同伴互助的研修活动，如以老带新、结对互助、教研活动、专题沙龙、兴趣小组等。同时，为了开阔视野，还需要组织基于校际合作的研修活动，如对口支教、影子培训、项目合作、校际结对、区域联盟等。

校本研修的重要意义，一方面是发展了基础教育的教研制度，使其成为具有中国特色的制度创新，保障基础教育质量的不断提升；另一方面是坚持基层的教育问题必须靠基层的人来解决，把解决具体问题与教师专业成长相结合，打造了教师队伍，为发展中国特色、世界水平的现代教育探索路径。

二、深化校本研修，突破教育生活的文化困境

校本研修开启教师专业化成长的新风气，其核心是构建一种教师成长文化。行政的推动只是一种外力，要把专业成长变成教师的一种行动自觉，制度最后都要升华成一种文化，让教师在这种文化的浸染中，过上充满激情、自我超越的教育生活。教师学习研究需要一种氛围。学校制度建设、课程改革推进要求校本研修建立有效的工作机制，使校本研修常规化、常态化。在校本研修中，文化建设是更高的境界，在区域推进校本研修的过程中，要努力营造教师学习研修的文化氛围。只

有从制度走向文化,将校本研修变成教师普遍认同的成长之路和共同愿景,才能为教师专业成长注入不竭动力。学校真正的生命力在于文化的积淀和文化的力量。

校本研修在推动教师文化建设方面还存在几个问题。

一是行政推动与教师自觉的矛盾。行政推动往往会以符合行政规则的方式,或者从理想化的角度去规定校本研修的组织制度、组成人员、运行方式,容易忽视教师的发展需求、兴趣需要、共同价值。教师参与意识不强,貌似专业协作,实则在行政化的组织方式中,教师缺乏参与研修的积极性和主动性,甚至会在个别人主导下处于失语状态,扭曲了校本研修共同体的价值。

二是专业发展与劣质研修的矛盾。研修的目的是教师的成长,教师发展共同体就是要打破封闭、孤立状态,走向开放与合作、协同与共享。要避免无价值的问题,陷入低效的研修,有些研修活动肤浅、简单、流于形式,无法触及教师困惑的深层次问题,再加上缺乏外来的力量引领、教师的问题意识不强、深度学习匮乏等因素,研修活动只能在低水平层次上重复,没有起到促进专业成长的作用。

三是知识共享与整体变革的矛盾。在专业成长发展中建立教师共同体,实现专业知识的共建共享,是被普遍接受的一种形式。英国教育学者安迪·哈格里夫斯指出,"和其他人相比,教师更多地被寄予这样的厚望:建立知识共同体,创建知识社会,培养创新能力,发展灵活性,承担变革的责任"。校本研修需要通过教师发展共同体实施,共同体要建立一种体现共同价值的文化氛围。但教师的知识具有高度的个人化,要实现知识共享,在实践中非常困难,需要学校组织文化的重建,让教师能够实现思想观念、知识方法的互相影响,否则研修活动的共同体就会流于形式。校本研修的整体改革,建立一套制度和机制固然重要,但是更重要的是建立一种文化。法国的安德烈·焦尔当在《学习的本质》中指出:"组织层面的转变不是通过一次改革就能实现的。为了改变教育结构而采取的策略必须被看作一个系统。改变学校的一个方面而不触及其他部分,不会带来任何实质性的持久改变。改变教学方法而不改变学校组织管理和教师的工作条件,结果必然是毫无成效的。"

四是同质化与差异化的矛盾。构建教师发展共同体旨在教师专业发展的共同愿景,绝非消除个性差异。质量差距体现在教育教学水平的高低上,而个性差异则更多体现在教育教学风格上。真正优质的共同体应该是内部成员保持差异和个性的共同体,城乡学校、教师因各自地域文化、教育环境差异而在教育教学上有不同的特点,在切磋交流中凸显各自的个性与优长,而非为寻求同质而消除个性差异。构建城乡教师发展共同体,要消除城乡教师对话的不平等状态。在一些共同活动中,城镇教师扮演的往往是示范者、引领者的角色,而乡村教师扮演的则是接受者、聆听者的角色。城镇教师往往带着一种心理上的优越感来到乡下,而乡村教师则怀着一种卑微感面对他们。优质的共同体内部成员之间应该是个性的、对话的、平等的、差异的、互补的、和谐的、共生的,只有处于这样的共同体中,教师才能展开真正的对话。教师组建专业发展共同体,绝对不是要用一种声音、一种风格统一认识,统一模式,而是要在思想碰撞中,求同存异,互相促进,从而达到专业成长的目的。

三、提升校本研修,促进教师发展的文化使命

校本研修走出浅层次的活动,能够有效促进教师专业发展,是一个非常复杂的过程。学校文化环境的变革,教学实践的改进本身就是一项十分复杂和艰巨的工程,如果不是长期浸染在课堂生活中,几乎不太可能对具体的操作提出真正有效的改变。佐藤学提出:"正是因为这种宿命般的客观情境的复杂性、问题的复合性、技术的不确定性,才使教师这一职业可能成为新的专业职位。"情境的高度复杂性使得体现共同价值的文化建设尤为重要。

校本研修前提是以校为本,核心目的是促进教师专业发展,要变教师的被动发展为主动发展,从"要我发展",变成"我要发展",形成自我更新、自我成长的学习文化。教师共同体应该成为教师一种持久的和真正的共同生活,才能让教师主动在研修中不断超越自我,提升自我。校本研修从制度演变成文化,至少应该具备两种文化内核。

一种文化就是"教学即研究"的文化,强化教师作为教育者的身份感,理解教育生活。美国的爱利诺·达克沃斯提出"教学即研究"的理念,我理解这是要求教师树立一种研究意识,把学校内外的一切元素都作为教育资源,通过研究形成教育主张,教育思想。杜威提出"教育即生活"的思想,就是要把当下作为教育的目的,去认识、去反思、去改进,这是一名合格教师必须具备的教育生活。

另一种文化是终身学习的文化,促进教师专业化成长。专业化是教师尊严的

基础,在人人都能指点教育、批评教育的环境里,教师只有通过专业化发展才能赢得尊重和尊严,教师需要随时更新自己的知识、方法、思维、认知,提高专业水平。中共中央、国务院《关于全面深化新时代教师队伍建设改革的意见》明确,开展中小学教师全员培训,促进教师终身学习和专业发展。关键是终身学习,落脚点是专业发展。教师要重新理解专业,除了具备系统化的学科知识,基本的教学技能,还应该把师德作为职业操守的基本要求,进行专业化的习得。另外还要强化儿童研究的专业素养,教师职业的对象是少年儿童,必须对少年儿童的心智状况、认知水平、行为观念进行学习。教师还应该掌握学习科学,具备研究学生学习的能力,成为学生学习的指导者、陪伴者和引领者。教师必须随着时代发展,改变靠已有的系统知识适应未来教育的观念,过一种学习化的生活。

唤醒教师生命意识

教师培训的意义，不在于为教师提供持续的专业支持，而是唤醒教师生命意识的成长；不局限于教学能力的提高，更要让教师对教育规律的把握游刃有余，对教育与生命的理解无比透彻。

世上没有天生的教师，更没有天生的优秀教师。

教师这个职业在人类社会存在了几千年，并没有因为积累了几千年的教学经验，让教师的教学变得像建造一座房子那样有着成熟而固定的流程。相反，由于人的丰富性、多样性和能动性，以及教育具有全方位的实践性，反倒让教师这个职业面临着更多的挑战与可能。先贤们那些教育的至理名言似乎并不能随随便便拿来变成可以应用的方法。人工智能的发展，在线学习的普及，学习社区的建立，信息技术革命带来技术手段的更新，也带来一种思潮和忧虑，教师在学生学习中的地位似乎被削弱，甚至有些激进的教学改革者主张让教师在教学中隐去，以凸显学生的学习主体性地位，一些人甚至质疑教师在学生学习和成长中的存在必要。这些观点都是被工具主义和技术主义所左右。教育，不仅仅是知识和能力的传授，最为关键的是从人的本质属性出发，渗透着智慧、精神、观念和价值的影响。如果仅仅就教学的技巧来讲，几千年积累的教学经验面对今天的学生早就应该所向披靡，立竿见影了，就不应该还有那么多学习有困难的学生存在。正是因为如此，目前仍然不可否认教师之于国家和民族的基础性地位。教师是一个专业性很强的职业，但是对教师专业性的理解不能局限在学科专业知识的积累和教学专业技能的运用，而是教师在面对一个个生命个体时所需要的对生命本质的理解与领悟、包容与接纳、期待与守候、呵护与耐心等超越技术性能力的精神实践。几千年来在教师职业的能力中，唯有对生命的理解没有发生变化。每一位孩子都是一个独立的生命个体，都有他独一无二的发展需求和成长可能,每个孩子都有自己的渴望、惧怕、焦虑、偏好、喜悦,需要教师去了解,去引领。那些教育大师,哪一位不是因为对生命的深刻理解,才成为学生心灵的开启者、智慧的点化者。即使从功利的角度讲,教师的专业地位都是不可忽视的。澳大利亚的约翰·哈蒂,通过20余年对2.5亿学生的研究,出版了一本《可见的学习》,得出一个结论:对学生学业成就影响最大的因素不是别的,而是教师。他认为:"学校的首要功能可能是使儿童学会模仿一个更有能力的他者即教师。除了教师精心设计的教案、精彩的讲演和丰富多彩的课堂活动之外,学生对教师的感知,比如学生认为教师是否可信、是否公平、是否值得尊重,是影响学业成就的最有力的指标之一。如果学生和教师建立起积极的人际关系,将教师视为榜样,这带来的益处可能是长期的,甚至能够抵消学生所处的家庭或社会环境带来的不利因素。因为学生在教师身上学到的不仅是知识,而且是为人处世的社会准则以及学科品质,这使学生更少出现不良行为和负面结果。"

今天,大多数人认为对教师的培训就是帮助他们增长理解课程的悟性,强化运用技巧的教学,掌握面对差生的套路,而这样的培训有时多么的肤浅和功利,真正有价值的培训是对教师生命意识的唤醒,只有教师对生命有了深刻理解,才会用自己的灵魂去面对每一位学生,才会把学生作为活生生的生命个体,去尊重,去爱护,去扶助。

苏霍姆林斯基在《致未来的教师》中写道:"未来的教师,我亲爱的朋友! 在我们的工作中,最重要的是要把我们的学生看成活生生的人。"教师的天职是尊重孩子的生命存在,唤醒孩子的生命,教师的管理者也要尊重教师的生命存在,唤醒教师的生命。我们经常会听到一些基层的局长和校长抱怨,优秀的教师太缺了,根本谈不上什么课程改革,更谈不上教育质量。这种观点是不负责任的,是对整个教师群体的伤害,如果只把希望寄托在有了优秀教师,那广大的教师群体到底以何种名义存在。任何一个群体中,天赋异禀者都是少数。整体性提高教学质量如果只依靠优异的教师,那只能说明我们的导向有问题。我们是否做到调动大多数教师的内在动力,点燃教师内心那团生命之火,让所有的教师都能够用自己生命体验领悟教育的真谛,把自己的生命融入育人之中,陪伴一批又一批学生的成长。当然,我们教师的成长环境并不令人乐观,职称、荣誉、待遇、考核、评价、科研等裹挟着教师,使他们教学无法自主,疲于应付,何谈生命的幸福。我们太需要让教师从更高层面去理解教育，理解专业的成长，从而超越那些过于现实的困惑。

我们常常对比一个地区与一个地区的差异，一所学校与一所学校的差异，城市学校与农村学校的差异，我认为有时并不是物质条件的差异，而是深刻的文化的差异。为什么有些农村学校的办学条件与城市学校相差无几，教师配备也不差，但就是让人感觉其品质不如城市学校，其实是所处的环境缺乏有品质的文化生活。教师是文化的传播者，也是文化的创造者，教师对学生的影响，不仅仅是教授知识，训练技能，更多的是文化影响，教师的思想、言行中承载的文化品性，更能影响学生的发展。

ChatGPT 来了，教师该怎么办

ChatGPT 之所以能引发人们如此热切的关注，是因为这一技术实现了机器语言与人类创造的自然语言的深度互通。计算机能够按人的需要生成内容，而且在与人的互动中自我进化，满足人的种种需求，这无疑是人工智能发展的一个重大突破，将会在社会生活的很多方面产生革命性的影响。

ChatGPT 具有强大的信息处理能力和信息生成能力，在海量信息数据和超强算力的支持下，拥有了创造能力，能够写文章、做方案、回答问题，还能用自然语言与人聊天。这些功能不由得让人们担心，社会上现有的一些专业或职业将会受到威胁，有人梳理出可能被 AI 替代的 21 个职业，其中包括教师、图书管理员、法律文书、数据分析师等。这种担心未必多余，像翻译、法律顾问、文秘等工作真有可能被替代，但是担心教师被 AI 替代，那一定是对教师这个职业的理解过于简单片面。即使现在学校里学习知识和提高解题答题技能占据了学生的主要精力和时间，但教师的存在不仅仅是给学生传授知识和技能，教师还有对学生的情感关怀和人格影响。用哲学一点的话说，教师既是以传授知识与技能为主要职责的工具性存在，还是代表政府为学生提供公共教育服务的关系性存在，也是用自己的生命实践引导学生理解生命、理解人、理解社会的精神性存在。教书育人是对教师职业的一种诠释，如果仅仅是"教书"，可能教师真的被 AI 抢了饭碗，但是"育人"还离不开教师的参与。

虽说在当前 ChatGPT 不会完全替代教师职业，但 ChatGPT 一定会替代教师的某些工作，比如针对当下的学习，命制一套试卷，代替教师命题；帮助学生课后训练，代替教师的辅导；对学习效果进行检测，代替教师布置作业。因为强大的信息处理和生成能力，ChatGPT 会随时随地回答学生遇到的问题，学生也可以随时随地通过 ChatGPT 进行学习任务的练习和学习效果的检测。特别是对一些开放性的问题，ChatGPT 会根据大数据的信息整合，帮助我们形成一系列的解决方案，比如学习音乐会不会提高学习数学的能力，ChatGPT 就会把所有这方面的观点进行整合，提供一份你想要的答案，不用你翻阅检索文献。

如果 ChatGPT 来了，必然会带来学习方式的变化，对学生学习将是一个颠覆性改变。

人类学习过程受人的生理、心智等方面的制约，存在很大的局限性。比如我们的大脑同时处理的事务不能超过三件，学习知识会面对遗忘的困扰，注意力不可能长时间集中，学习知识容易迁移知识困难等。美国心理学教授丹尼尔·T. 威林厄姆在《为什么学生不喜欢上学》中提出，我们的大脑并不擅长思考，因为思考过程是缓慢的，人更愿意用视觉获取结果；思考需要耗费心智资源，趋利避害的本能让人会减少思考；思考的结果往往不确定，经过了大量思考可能会得到一个错误的答案，影响人主动思考。这些都是人类学习不得不面对的障碍。针对这些学习方面的问题，ChatGPT 可能在某些方面恰好弥补人类学习的不足。

人类面对问题时并不是首先进行思考，而是在记忆中检索答案，ChatGPT 正好适合了人类解决问题的这一特点。ChatGPT 作为互联网时代的学习工具，特点是能够快速整合已有的事实性知识以及观念、观点，相对于传统的学习工具来说，ChatGPT 的学习特征就是快速、系统、个性化，这些功能在一定程度上克服了人类学习的局限。学生不用再通过自己的整理形成一份复习大纲，遇到深刻问题不用去图书馆翻阅大量文献，甚至 ChatGPT 还能生成一份论文或报告。

ChatGPT 改变了学生的学习，也就改变了教师的角色。学生遇到问题，不需要请教老师，学生获取知识和训练思维能力的渠道更加广泛、便捷，学生也不需要按照教师布置作业的方式巩固知识，教师的知识权威被弱化。如此一来，教师需要变成学生学习的陪伴者、合作者，还要成为学生学习资源的提供者、学习效果的监测者、学习问题的研究者。

作为教师，必须清醒地认识到，ChatGPT 无论如何进化，毕竟是一个工具、一项技术，所有的技术进步都有两面性。面对 ChatGPT 的到来，我们要警惕它可能带来的新问题。

一是知识学习的弱化。ChatGPT 让获取知识更加便捷快速，互联网时代人们通过检索能够快速获得事实性知识,比如概念、定理、历史事件、人物生平;也能快速掌握程序性知识,比如如何组装一台电脑,如何更有效地使用 Excel。现在 ChatGPT 还可以快速获得观念性知识和个性化的分析。获取知识的快捷化,会让很多人认为学生不用去死记硬背那些枯燥的事实性知识,这样的观念是完全错误的。人的学习从来不是要记住那些死的知识,知识是塑造思维的工具,每个知识背后都有思维、认知、意义等附加内容,学生通过记住知识才能强化思考的深度和速度,我们一定要知道,通过检索知识并不能帮助思维的形成。比如我们通过百度很容易知道民主的概念,但是如何用民主的概念认识不同文化、不同国家民主制度的优劣却不是检索知识所能解决的。

二是数字鸿沟的出现。技术面前人人平等,但是获取技术的条件,对待技术的观念,使用技术的习惯,利用技术的素养,都会影响人的技术获得,带来技术使用的不平等。ChatGPT 可能会让人的认知水平跃上一个新台阶,在这个过程中,是不是积极使用技术,可能就会带来认知方面的差距。公平价值观要求教师必须了解学生使用包括 ChatGPT 在内的学习工具差异性,帮助那些没有条件或意愿的学生理解、接受、使用新技术辅助学习。

三是学习任务的作弊。学生提交的论文、完成的作业,很有可能是 ChatGPT 完成的,因为 ChatGPT 具有个性化的生成功能,教师可能很难分清学生的作业是自己独立完成的还是 ChatGPT 代写的,或者是在 ChatGPT 辅助下完成的。我们的目的是让学生真正掌握知识技能以及思维方法,如果没有解决学生学习的主动自觉问题,学生必然会避重就轻、趋利避害,在学习问题上走捷径,检测学生真实的学习效果就成了一个问题。ChatGPT 推出两个月,有些国家的学校就在 WiFi 中屏蔽 ChatGPT 的使用,这是对 ChatGPT 挑战的恐慌。我们允许 ChatGPT 的存在,就要改变传统的学习评价方式,让学生真实地学习,而不是为了完成学习任务而学习。

ChatGPT 的出现的确让一些人欢欣鼓舞,也让一些人忧心忡忡,这也是任何一项新技术出现后的必然反应。但是,无论我们对技术持有什么态度,技术进步的脚步都不可阻挡。反对 ChatGPT、屏蔽 ChatGPT 都不是应对之策,直面技术而不回避,拥抱技术而不被奴役,驾驭技术而不滥用,可能是我们面对 ChatGPT 应有的态度,也是教师数字素养的体现。

教育家型教师应该是什么样子的

进入教育高质量发展阶段，时代呼唤教育家型教师不断涌现。什么样的教师堪称教育家型教师？可能每个人心目中都有不同标准。我们需要为教育家型教师画像，让抽象的理想人格形象化、具体化，从而为促进教育家型教师的成长提供路径。

称得上教育家的有思想的教师，一定是在教育发展的历史上贡献了思想理论或实践方法，改变了人们对教育的认识，让人们对教育的本质、教育的观念、教育的推进以及教育的现象有了更加深刻的认识，也为教育青少年提供了理念支撑和方法指导的人。如果对教育家分类，有教育思想家、教育理论家、教育实践家、教育活动家、教育改革家等，教育家型教师应该是教育的实践家。

教师是从事教育的专业技术人员。教师不同于工程师、科研人员等其他专业技术人员，教师的工作对象是成长中的青少年，每个学生都有生命尊严和独特人格，这就决定了教师的天职具有教书与育人双重使命，也可理解为规训与教化，或者"传道受业解惑"，这些特点都反映出教师的职业具有理想性、道德性、发展性和实践性。教育家型教师的定位首先还是教师，成长于长期而扎实的教书育人实践的教师。他不是教育家，但是他有教育家的思想高度、理论素养、人文情怀和人格修养，他是有思想理论认识的教育实践家，是有实践积累支撑的教育理论家。他们是拥有教育家的思想品质和精神气质的一线教师，而且有丰富的教学经验和较强的教研能力。教育家型教师也不同于一般教师，他们应该有对教育更加深刻的理解，有自己独特的、系统的教育观、教学观、课程观和学生观。

一、教育家型教师画像

如果我们为教育家型教师画像，我认为他们应该是教育改革的先行者、先进理念的传播者、教育问题的研究者、教育思想的贡献者。

教育改革是教育理念变为现实的过程,理念不会自动变成教学实践,理念只有变成变革的激情才会在实践中践行。变革总会带来不确定,会存在风险,经验会带来安全感,大多数教师都停留在已有的经验上进行教学,教育改革需要有人超越已有经验,大胆尝试,寻求变革的出路。教育家型教师会用自己对教育的深刻理解拥抱改革,主动与实践中的困难和问题相遇,提供改革的样本,成为教育改革的先行者。

不同的人对教育有不同的理解和认识,无论是先进还是落后,科学还是愚昧,解放还是禁锢,都与每个人的处境、经历以及所处的阶层、地域、群体有关,超越自身局限认识教育问题的人总是有限的。先进的理念要让人接受,就要变成具体情境下可以被理解、认同的道理,需要有人去把抽象的理念变得让人能够听懂、想通,从而接受、改变。教育家型教师就是那些把高深的理念变成浅显的道理,把抽象的意义变成可以看到结果的现实,从而影响和改变教师、家长甚至整个社会对教育的理解与认知,带来教育的进步。

教育的进步从来不是一帆风顺,教育的理想与现实之间总是存在一定的距离,有时还会有很大的鸿沟。教育改革的推进总会遇到观念的偏差、认知的局限、条件的制约、世俗的羁绊、方法的阻滞,推进教育改革的过程就是解决这些教育问题的过程,这些问题的解决需要从观念、方法、路径等方面去研究对策,教育家型教师要敢于直面教育问题,研究问题根源,破解观念障碍,寻求方法出路,成为教育问题的研究者。

教育的实践离不开教育思想的引领,教育思想的形成又离不开教育实践的升华,教育思想是对人类教育经验的总结,是由无数教育实践累积起来的。教育实践有成败,有得失,有优劣,不是所有的教师都能从实践中总结提炼教育思想,但是教育思想离不开优秀教师通过实践去检验,教育思想是对实践成果进行选择的结果。教师不应变成知识的"搬运工",教师的头脑也不应成为教育思想的"跑马场",教师不仅是思想的消费者,还是思想的生产者,教育家型教师会通过教育教学的实践落实思想、验证思想、形成思想,为教育思想的丰富、完善和进步做出贡献。

二、教育家型教师的评价导向

教育家型教师来自实践，对教育实践的评价会直接影响教育家型教师的成长。科学的教师评价会让优秀教师不断涌现，落后的教师评价则会让大量优秀教师变得平庸。教师评价会引领教师主动成长，追求卓越。我们该如何建立教师评价的导向呢？

其一，更加注重师德品格的修养。师德是评价教师的第一标准，这不是人们强加给教师职业的约束，而是由教师职业属性决定的。教师通过教学和各种活动让学生习得知识、技能和方法，同时也通过言行对学生进行人格的影响，教师是否有天下为公的终极关切，是否有社会担当和家国情怀，是否有言行一致和表里如一的品格，都会影响学生的价值观形成。尽管我们不能用"圣人"的标准要求教师，现实中也不会有完美无缺的教师，但教师应该成为理想人格的追求者和倡导者。今天，我们强调师德修养，更多的是要求教师具有言传身教的专业能力，要用敬业精神从事教育，用专业态度对待教学，用乐业的情怀关爱、包容、接纳每一位学生。师德修养应该成为教育家型教师的"最大公约数"。

其二，更加注重教书育人的成效。教书育人应该是一个统一的整体，不应"貌合神离"。现实中教育评价的片面化，导致很多教师过于看重学生的学业成绩，忽视学生的全面发展，只要考试成绩高，学生的品德修养、行为习惯、心理健康都无足轻重，为了成绩在学校中充斥着狭隘、偏见、排斥，对学习困难的学生造成了精神的伤害。教育家型教师则应有更宏大的教育观念，坚信爱与自由是教育的真谛，接纳包容有学习困难，有习惯偏差，有心理障碍，有身体残疾的各种学生，不放弃任何一个学生，不排斥学生的不良行为，不伤害学生的情感需要，看重学生学业成绩，更看重学生的精神健全和阳光生长。如果只注重成绩提高，不关注精神生长，则不能称之为教育家型教师。

其三，更加注重教学研究的成果。哈佛大学心理学教授爱莉诺·达克沃斯提出一个论断"教学即研究"，达克沃斯是著名心理学家皮亚杰的学生，作为一位心理学家，她长期沉浸在课堂教学中，别人问她："你把大量的时间都用在教学上，什么时间做研究？"她回答道："教学就是研究。"任何思想的形成，任何方法的改进都不是从天而降的，也不是头脑中固有的，都需要对教学现象和学生学习进行研究，教师就是一个研究者。但是,研究也不是停留在头脑中的认识,而要把研究变成成果,要记录自己观察的、思考的、尝试的、失败的种种现象,从理论中寻找答案,把这些思考变成文字,变成研究的课题。教育家型教师应该有丰硕的研究成果。

其四,更加注重示范辐射的影响。一位教育家的地位,是由他的影响力决定的。他的信念、德行、业绩、思想通过各种方式改变了他人,改变了社会,改变了教育的观念,这是教育家称号的基本内涵。教育家型教师也不是孤立的存在,更不是苦心孤诣的成长,而是在自我的成长中,发挥示范辐射作用,让同伴也能成长。教育是一个协作性很强的工作,教育家型教师应该建立学习共同体,在共同体中发现自己的短板,弥补自己的不足,寻求成长的动力。有时,教育家型教师可能只是某一个群体的代表,大家共同打磨教学,共同研讨问题,群策群力,寻找最佳方案,最终有一个代表共同体的教师脱颖而出,他代表这一个团队的成长。

其五,更加注重思想主张的形成。当教师不再是知识的"搬运工",不再是思想的"传声筒",不再是提高成绩的"训练器",教师就需要将自己的博学慎思和笃行策略变成自己的思想和主张。没有思想和主张的教师是"空心"的"教书匠"。有了思想和主张,就有了独特的教学风格和卓越的教学艺术,有了对教育规律的深刻把握,有了敏锐的时代洞见,也有了笃定担当的教学勇气。当然,思想和主张不是从天而降,而是长期扎根教学实践,反思凝练,否定再否定,实践再实践,在破解一个又一个实践难题中实现蜕变与涅槃,形成了科学严谨、经受检验的体系化的思想,这也许是教育家型教师的终极目标。

教育家型教师是教师队伍建设的旗帜和标杆,教育越是向前发展,越是需要教育家型教师的不断涌现。我们只有理清了教育家型教师的气质特征和成长路径,才能给教育家型教师的成长提供优良的生态环境。

第五章

反思：文化的意蕴和精神的浸润

文化这一概念本产生自农业劳动，原意为耕耘、开垦，指的是耕松硬地冻土，使其淋之于阳光，清除砖瓦石块，锄去树根杂草，使农作物茁壮成长。我认为，人的心灵也必须加以耕耘，这便是使顽梗固执变为通情达理，使冷酷之心感受神灵的温暖，清除心灵上的砖瓦石块，锄去心灵上的杂草。那么，人的心中会滋蔓出哪些杂草呢？有怨恨、嫉妒、偏见、贪婪、阴险、谗言、牢骚、不满、放纵、任性、利己等等……特别是，人的心中存有各种各样的劣根性。寒酸、偷窃、阴谋、懒惰、好吃、无赖、求虚荣……尤为不近人情的是吝啬！将这一切统统扫除干净，成为纯洁的人——这便是人的修养，这种纯洁的人便是有教养的人、"文化人"。

——［日］小原国芳《完人教育论》

夸美纽斯的影响有多大

要是你不知道夸美纽斯对人类教育贡献到底有多大，你就想想哥白尼、牛顿对人类科学的贡献有多大，那可是同一高度、同一重量级的思想巨擘。这个比喻还真不是我能想出来的，而是1892年美国哥伦比亚大学举办夸美纽斯诞生300周年纪念活动上，教育家巴特勒说："夸美纽斯与现代教育的关系，可等同于哥白尼和牛顿与现代科学的关系，培根和笛卡尔与现代哲学的关系。"

当我们今天努力追求教育现代化，津津乐道所谓现代教育新理念的时候，可能有很多早就被夸美纽斯所设想。

全民教育思想的创始人：他的泛智主义教育观倡导不分男女、贫富、肤色、智愚、老幼都应接受教育，其实质正是全民教育的思想，而直到1990年联合国教科文组织在泰国召开全民教育大会，才提出"全民教育"的概念。

终身教育思想的创始人：他倡导"从摇篮到坟墓"都是学习时间，并把人的一生分成七个阶段接受不同的教育，即终身教育。20世纪60年代，终身教育作为一种教育思潮引起世界各国的注意，1972年联合国教科文组织发布的报告《学会生存——教育世界的今天和明天》，以及1996年联合国教科文组织发布的报告《教育——财富蕴藏其中》都在阐述以终身教育为核心构建学习型社会的理念。我们今天推进教育现代化仍然以终身教育和学习社会为主要目标。

学前教育思想的创立人：1628年他完成了专著《母育学校》，这是教育史上第一部学前教育专著。不过他主张的学前教育主要在家庭由母亲完成，直至他逝世后170年，世界上第一所幼儿园才由德国教育家福禄贝尔创办。

特殊教育思想的创立者：他反对别人提出的盲者、聋者及智能不足者不能受教育的论调，认为只要有人性，就有接受教育的可能，他们应该接受更多的教育，因为他们比常人更需要帮助。他始终认为，一个人某方面有缺陷，其他方面一定会有特殊表现。

女子教育的首创者：他认为没有理由剥夺女性追求学问的机会。他说，如果妇女光有美貌而无知识，如同金环戴在猪鼻上。

插图教科书的创立者：1658 年出版的《世界图解》配有 200 多幅夸美纽斯亲自绘制的插图，是世界上第一本插图启蒙教科书，这是唯实主义教育思想的成果，一度在欧洲各国备受青睐，大诗人歌德对此书也爱不释手。

胎教的倡导者：他认为父母及众人应该把生育看成极其神圣的事情，如同上帝造人，不可等闲视之，父母的任何观念、思想、行动、饮食都会影响到新生儿的身心发展，如果父母不检点，得了恶疾就会贻误子孙。

世界语的提出者：他反感拉丁语的艰涩难懂，提出应该发明一种简单易学的"世界语"，让儿童学习语言既轻松又愉悦。他甚至提出世界上应该有一个国际性的教育组织推动全球普及教育的构想，实现他的泛智主义理想。我们知道，后来有了联合国，而且专门有个教科文组织。

不说了，夸美纽斯思想的光辉已一一变成现实，这已经足以告慰这位苦难的、伟大的、虔诚的教育家了。

班级授课制——影响世界数百年的乌托邦。

现在我们都知道，年龄相同或相近的学生坐在一个一个班级里，上课有统一的时间，统一的内容，统一的标准，统一的纪律。教室里，前面有讲台，有黑板，学生坐成一排一排，老师站在讲台上面对学生讲课，这种形式被称为班级授课制，它正是夸美纽斯提出的。有人会说这有什么了不起，教堂里不也是牧师在前面讲信徒在下面听吗？剧院不也是演员在台上演观众在台下看吗？开会不也是领导在上面讲群众在下面听吗？可是看似简单的东西变成一种制度却是了不起的创造。夸美纽斯也说："人类有一种众所周知的特性，就是当一个非凡的发现没有发现以前，他们会怀疑它的可能，可是一旦发现，他们又诧异，为什么早不发现出来。"

他在《大教学论》里写道，哥伦布发现新大陆之前没有人相信他，可是新大陆发现以后人们又觉得怎么这么久才被发现。一次宴会上，西班牙人嫉妒哥伦布，讥讽说那半球发现不是什么了不起的本领，只是一个偶然机遇，是谁都可以轻松发现的。哥伦布说："谁可以把鸡蛋不加任何支持竖立起来？"在场的人没人能做到，哥伦布把蛋壳轻轻敲出一个小缺口,鸡蛋立了起来,他说:"你们现在看见了都知道怎么成功,可是之前谁也不会做呀!"

今天,对现代学校制度提出严厉批评的人认为,学校像工厂生产产品一样,把学生按标准批量培养,千人一面,忽视了学生的个性化发展。以我看来,班级授课制带有当时影响西方世界的乌托邦思想的影子,夸美纽斯甚至认为一位教师可以同时教几百人、上千人,通过纪律牢牢控制每一个人,受教育者的学习生活是整齐划一的,这些都是乌托邦思想的特征。如果你没有看过《1984》,没有看过《美丽新世界》,你看看电影《分歧者》《V 字仇杀队》就知道乌托邦社会对人性的控制有多么可怕。尽管夸美纽斯认为教学应当根据学生情况量力而行,但是班级授课制还是使得"因材施教"这类古老的教育理念失去了现实基础,以至于到现在变成一种心向往之却难以实现的教育理想。

班级授课制的历史贡献是,面对所有青少年需要进入学校学习与教师数量缺乏之间的矛盾,做出的教育"供给侧"改革,它对推进教育的普及功不可没,而且为教育涂上了民主思想的底色。

学校与学制——深深嵌入我们社会的体系。

今天,我们理所当然地认为每个社区、每个村庄、每个城镇都应该有一所学校,或小学或中学,每个省会城市都要有大学。全世界的孩子到了 6 岁都要就近上小学,小学毕业要上初中,初中毕业上高中,直至上大学,找工作,一切按部就班。每个学校同时开学,同时放假,每年秋季(或春季)学校要招生,学生每学期期末要考试,每学年要升级。这样一种体系已经成为人们的常识,而这一体系正是夸美纽斯总结前人教育思想所形成的理论成果。

夸美纽斯提出的学制现在普遍被世界各国采用。他的学制是:

出生学校:胎儿到出生的学校,即胎教。

婴孩学校:出生到 6 岁,也叫母育学校,就是家庭教育,母亲就是教师。

儿童学校:6 到 12 岁,也叫国语学校,相当于小学,主要学习祖国语言,同时学习计算、测量、经济政治常识、历史、地理、唱歌、宗教。

少年学校:12 到 18 岁,也叫拉丁语学校,也就是中学,学校应该设在城市里,通过学习拉丁语,掌握文法、修辞、逻辑、算术、几何、天文、音乐、物理、地理、历史、神学等,而且中学具有基本的专业分类,进行从事相应职业前的教育。

青年学校：18 到 24 岁，相当于大学，设在每个大都会，大学要选拔有才能的人，学习哲学、法学、医学、神学，培养出社会需要的专门人才。

壮年学校：老年之前，社会就是他的大课堂。

老年学校：进入老年也要接受教育。

现在通行于世界各国的学制大概都没有跳出夸美纽斯所设计的框架，不同的是后来各国在学制上有了普通教育和职业教育对学生的分流，这显然也不符合泛智主义的精神。

面对这样一个严密的学制框架，我突然想，人类社会在文明进步的过程中，其实就是创制了很多的、精致的、看似科学的制度框架体系，有了这个体系，人的生活生命就会按照一种规范、一种既定的路径、一种无法超脱的顺从，按部就班地生老病死。而这些体系一旦形成就会深深地嵌入我们的社会。

我想到了郡县制，好像没有哪个国家、哪个地区、哪个社区能脱离这种行政的架构，否则整个国家就会一盘散沙。

我想到了金融系统，好像没有哪个企业、哪个家庭、哪个人能够在金融体系之外储存和运作多余的资本，否则经济秩序就会混乱不堪。

我想到了司法系统，好像也没有哪个群体、哪个族群、哪个人能离开法律的框架处理冲突和纠纷，否则就会礼崩乐坏。

所以，我们在否定一种体系框架的时候能不能提出一种新的体系嵌入到我们的社会呢？当我们用泯灭个性自由发展来否定班级授课制的时候，我们又能创制一种什么样的体系来取代它呢？

卢梭:天才在左 疯子在右

卢梭一生的经历非常丰富,30 岁之前就尝试过 13 种职业,雕刻匠、男仆、神学院学生、乐谱抄写员、作家、秘书等;30 岁之后的生活主要是写作、逃亡、写作。纵观卢梭的一生,是丰富多彩、风生水起的一生,也是潦倒不堪、颠沛流离的一生;是功高至伟的一生,也是声名狼藉的一生。

作为哲学家的卢梭,高歌猛进,振聋发聩。

作为文学家的卢梭,行云流水,清新脱俗。

作为朋友的卢梭,喜新厌旧,恩将仇报。

一个日内瓦小城来的乡下人,在国际化大都市巴黎、伦敦混得风生水起,卢梭全靠一帮男女朋友的帮助。卢梭从小就有混入上流社会的强烈愿望,且要大放光彩。他深谙交往之道,不用请客送礼拜门子,而是精心设计获取贵族们欢心的种种技巧。他知道,在社会矛盾深重的法国,王公贵族心理上对优越生活很有负罪感,对社会的繁文缛节已经厌倦,他另辟蹊径地以自己的出身和机巧在贵族中间刮起了一股“原生态复古风”。行为上他特立独行,始终一身宽大的亚美尼亚长袍,胡子拉楂,原始野性。思想上他标新立异,敢于暴露自己的内心和隐私,鼓吹自然,崇尚浪漫。正是这些让巴黎的社交圈既讨厌他又喜欢他。

尽管在很多关键时候,卢梭都是在朋友的帮助下脱离险境,但是他从来没有感谢过任何人。

狄德罗是卢梭在巴黎认识最早,对他帮助最大的好朋友,给他介绍过工作,让他在自己主编的《百科全书》上撰稿,他却因为争吵而与狄德罗割席断交。

卢梭因为《爱弥儿》在法国遭到逮捕,四处逃亡,大卫·休谟把他作为英雄迎接到英国,管吃管住,卢梭却疑心休谟想迫害他而与他反目为仇。

一个朋友把自己的庄园无偿借给卢梭居住，他写信给人家："我既不赞扬你，也不感谢你，但我住在你的屋子……我用我的方式表达我的感情"，让人好不扫兴。

卢梭会把忘恩负义做得心安理得，他只相信自己，认为自己就是人类道德的楷模，自己无与伦比，所有帮助他的人，都是在为自己谋利。在卢梭的字典里，根本没有真诚感谢的词条。

那个恨不相逢未嫁时的华伦夫人，与卢梭你依我侬，对他资助无数。多年以后，卢梭是风光无限，华伦夫人的生活却落魄潦倒，卢梭不但不肯伸出援手，还说如果给她太多的钱会被她身边的小男生拿去，不给她写信是怕她知道自己的困窘。华伦夫人后来因营养不良而香消玉殒。

与卢梭长期同居直至生命终点的情人勒瓦塞，卢梭也从来没有把她当成爱人，只不过当她是一个照顾他生活起居的保姆，从不带她去参加饭局，甚至经常在心里很厌弃她。

可能我们每个人身边都有这样一位朋友，他不把自己当外人，大大咧咧，你对他好，那是应该，你帮助他，他从来不领情，他就是世界的中心，别人都是为他而活，都欠他很多。因为自怜，所以自负，进入上流生活的卢梭变成一个"愤怒的青年"。卢梭经常把自己说成一个可怜人，身体也不好，命运也不好。但是，这些苦相的背后却是极度的自负和自大。

如果有朋友给卢梭说自己的不顺，他会说，你的不幸怎能和我相比，我的处境悲惨可是史无前例、绝无仅有。

如果出版商没有采纳卢梭的文章，他会说，有资格为我出书的人还没生下来呢。

第戎学院给他颁发征文奖，他说，你们慷慨赞美我，也是给自己最高的荣誉……你们给我的光荣，也是给你们的桂冠。

如果你向卢梭介绍一位有爱心的人，他会说，世上从来没有人比我更有爱心了。

他还说过，以我爱的方式爱我的人还没有出世呢！

他还说过，子孙后代会向我表示敬意的，因为这是我应得的。

他还说过，如果欧洲有一个开明的政府，那他一定会为我树立雕像。

他就是这么自负，这些狂言妄语，有些的确得到兑现，但跟他交往的人却感到十分刺耳,很不舒服。也许卢梭真是天真地认为自己就是这样的人。

人就是这样,可远观不可亵玩焉,墙里开花墙外香。卢梭对朋友喜新厌旧,疑心重重,从来没有真诚交往过任何一个人,但是他的粉丝团却强大无比,其中包括哲学家康德,康德对卢梭的《爱弥儿》爱不释手,读到激动处以至于忘记了每天下午4点出门散步的习惯。

如果当时有微信,卢梭应该会拍张风景照,发在朋友圈,配上文字:"第三次散步:良心呀!良心!你是圣洁的本能,是你在不差不错的判断善恶,使人形同上帝!是你使人的天性善良和行为合乎道德。"

点赞:♥康德,雪莱,穆勒,叔本华,雨果,福楼拜,乔治桑,裴斯泰洛齐,福禄贝尔,中江兆民,邹容,陈天华,郁达夫

评价:

康德:大师,今天读你的书又忘记出门了

伏尔泰:怪物,大爷我真要四脚着地地爬行了

雪莱:为给你写诗,今天又买了一件波西米亚风的衣服

狄德罗:忘恩负义的家伙,嘚瑟

休谟:自负,自以为世间无双

罗伯斯庇尔:哈哈哈,哈哈哈

1878年7月的一天,卢梭突然感到头疼,扔下未写完的文章,与世长辞,享年66岁。15年后,卢梭的遗骸被安放到巴黎先贤祠。

多年以前,我雄心勃勃地找来一本《社会契约论》,怀着顶礼膜拜的心情开始阅读。可是,读到第三页时就发现了自己的浅薄,以我的知识储备和理解能力,这些文字让我如同走进迷宫一样陷于无助,灰心丧气,从此便对这类大师的著述望而生畏,不敢触碰。

我对让-雅克·卢梭的了解,主要来自二手的文字。

卢梭生来就是个没人疼没人爱的野孩子。1712年6月28日,他出生在瑞典日内瓦,8天后母亲就因产褥热而死。钟表匠父亲对卢梭的成长没怎么用心,稀里糊涂地抚养他长大。15岁的卢梭不愿子承父业,来了一场说走就走的出走,去了法国,混迹于名门望族的门下做些抄写工作。

命运之神对卢梭非常眷顾。那一年,卢梭遇到了贵妇华伦夫人。一个是翩翩

少年郎，一个是风姿绰约白富美；一个活力四射野性十足很拉风，一个风韵撩人油光水滑更柔情。从此，卢梭拜倒在华伦夫人的石榴裙下，开始了一辈子也剪不断理还乱的不伦之恋。卢梭在华伦夫人家里住了14年，这位情人妈妈弥补了他从小缺失的母爱，也在生活上给了他诸多帮助。

卢梭人生真正的转折发生在27岁时。那年10月，他去巴黎郊外看望狱中的朋友狄德罗，在报纸上看到一则小广告，第戎学院开展有奖征文"论科学与艺术是否有助于敦风化俗"。卢梭顿时脑洞大开，心生万道光芒，洋洋洒洒写了一篇论文投稿。文章观点新颖犀利，不落俗套，一举夺得头筹，令他名噪一时。从此，他一发不可收拾，著述无数，《社会契约论》《爱弥儿》《新爱洛伊丝》等传世数百年。

卢梭从小都不知道学校门朝哪边开，却一夜成名，头戴思想家、哲学家、文学家、教育家的光环，一时声名显赫，成为影响后世的一代伟人。不上学不等于不读书。卢梭从小酷爱读书，而且阅读广泛，风追古希腊，思接新启蒙。你把读书当磨难，我用读书来消遣。没有正规教育的束缚，加上广泛的阅读，成就了他思想的深刻和文采的飞扬。

卢梭的教育思想主要集中在《爱弥儿》，虽然这是一部小说，却阐述了一整套教育哲学体系。卢梭教育观的核心是"自然主义"，他认为人的知识来源于感觉，教育的来源有三种——自然、人和事物，人的器官和才能发展得自于自然，如何利用这种发展得自于他人，对周围事物获得良好的经验来自事物。三种教育中自然教育是基础，而三种教育有机统一才是好教育，才能德智体美全面发展。卢梭的观点中，人最终要成为具有理性的自然人，而人在12岁之前，还不具有理性的能力，应该在完全自然的状态下成长，主要任务是让身体变得强壮，不受任何人为干扰的影响，不应给孩子灌输任何的价值观，不应该讲太多的道理，不应该传授知识的偏见。12岁之前也不应该让孩子读书写字，不要讲那些他们不能理解的寓言故事，等等。12岁之后的教育主要是关注儿童的情感、兴趣、需要，最后让人具有理性。想想今天的孩子们，在"不要输在起跑线上"的口号下，写不完的作业，上不完的补习班，卢梭的思想真是天真呀！

自然教育的另一个称谓就是"消极教育"，婴儿不要一生下来就裹进褓褓之中，不应娇生惯养，对婴儿的啼哭也要仔细辨别是需要还是发泄，洗澡不要用热水，要把儿童带到大自然中去。消极不是放任自流，主要是不要让孩子纯洁的心灵沾染罪恶,产生偏见,因为孩子天生都是好的,防止社会恶劣的风气败坏了孩子纯洁的天性。《爱弥儿》开篇第一句就说:"出自造物主之手的东西,都是好的,而一到人的手里,就全变坏了。"这些思想和他那篇改变命运的获奖征文是一脉相承的,《科学与艺术》一文正是告诉人们,随着财富的积累,科技与艺术的进步导致人类的恶和贪婪,让整个社会风气败坏,而在自然状态下,人性是多么善良,人是多么自由,社会是多么平等。其实《爱弥儿》正是对法国专制的政治制度、腐败的社会风气和扼杀人性的教育进行的猛烈抨击。卢梭在《爱弥儿》中的观点,冒犯了政府和教会,让他逃离巴黎,开始四处躲藏。

高唱自然教育思想的卢梭是西方教育史上的一座分水岭,以至于任何一部西方教育史都给他以最多的篇幅。他以儿童为中心,以完美自然为旋律的教育观念,扭转了长期以来成人本位的教育观,让人们在封建专制教育的雾霾中看到了一缕曙光。他高呼教育要顺应自然,要符合儿童成长的规律,要从受教育者的需要实施教育,而不是把儿童当成缩小的大人,让儿童没有存在的独立价值,摧残儿童心智,压抑儿童个性。脱离生活实际的教育,培养的人也是不健全的。卢梭自然教育是革命性的思想,是承前启后的思想,也是理想主义的思想。

卢梭对传统教育的激烈批评,作为一种现象,我们今天是多么的熟悉。一会儿北大教授指责中国教育到了最危险的时刻,一会儿外国助教批评中国教育是在杀人,越是激烈的批判,越是激发了人们对教育现实的种种不满情绪,而数百年来,又有哪一种教育思想不是建立在对教育现实的猛烈批评之上呢?理想的教育像朵云,总是飘在空中,很少变成大地上的棉絮。

既然教育理想的云朵飞呀飞,世上的人只能追呀追,那么到底是什么推动着教育现实的发展呢?无论是提供教育,推动教育发展的政府,还是仰望星空思考教育的批评者,又何尝不都扛着理想的大旗呢?为什么都无法走出教育本身发展的困境。政府制定教育发展的目标、规划以及人才培养的标准,现实却往往让教育的发展南辕北辙。批评教育的理想主义者,虽然说摒弃了功利目的,高扬着人本主义的大旗,但是往往缺乏现实操作性,也经常是站着说话不腰疼,描绘着教育的海市蜃楼。相反,文化积习、社会经济、利益诉求等现实更能影响教育发展的走向。也许,通往理想教育的道路有两条:一条是这个理想很完美,很诱人,人们自觉自愿地接受了制度的安排,朝着这个理想境界奔涌而去,可是又怎么保证每个人都心甘情愿呢？另一条是这个理想的终点很遥远，现在的人们看不到，需要一个强有力的推手迫使每个人都朝这个方向走，终有一天，人们会理解制度安排的良苦用心，可是这样的制度成本又如何承受得起呢？制度和文化是教育这枚硬币的正反面，合理的制度安排能改变文化，良好的文化则会降低制度的成本。

那么，既然理想的教育从未在世间出现，那些教育的理想主义到底有什么意义和价值，也许只是一种警醒，一种提示，让我们的教育不要在人的自由全面发展上偏离太远。

卢梭在他的作品中宣扬自己热爱人类，热爱孩子，但是在生活中他从来没有真正爱过任何人。或许我们不应用世俗的眼光看待大师的爱，因为大师爱的都是抽象的人，而不是具体的人。如同今天每个人都说自己很爱国，但是在现实生活中却忽略一些细节，认为这与爱国无关。

那么，卢梭爱孩子吗？卢梭和他的最后一个情人勒瓦塞厮混 33 年，生了 5 个孩子，全都送进了育婴堂，卢梭甚至不记得每个孩子的出生日期。朋友们谴责卢梭对孩子的残酷，他不屑地说："养孩子很麻烦，我会被他们累死的，如果我累死了，他们就没有了父亲，不如干脆直接送到育婴堂还有人看管。"还有人亲眼看到卢梭用棍棒殴打一个不小心踢球碰到他的孩子。卢梭一直标榜自己对孩子的爱心世间少有，也许是在他的内心里这种爱是真实的，但是他的爱心的确是抽象的而不是具体的。

卢梭的教育主张哼唱着"随风奔跑自由是方向"，一路小跑，他崇尚自然，呼唤自由。在政治思想上，卢梭主张平等、民主、自由。从《科学与艺术》到《论人类不平等的起源》，从《爱弥儿》到《社会契约论》，几乎所有的作品都指向了政治，坚决地认为政治和教育密不可分。

建国军民，教学为先。任何政治学说或政治制度，如果不考虑组成政治社会的人的教育问题，都不完善。教育不好，就会礼崩乐坏；道德滑坡，何谈有政治素养的公民；公民没有政治素养，也不可能建立公正、和谐的社会秩序。用卢梭的观点看来，今天，如果有人在龇牙咧嘴地说政治不应干涉教育，教育不应成为政治的奴仆，简直是对社会的不负责任。

不过，卢梭主张培养自然人，又要建立一个公民社会，有些自相矛盾。自然人无拘无束，人是单纯自然的人，个体优先于集体；而公民却要否定自然性，人是放弃了自然性的公民,集体利益优先于个体利益。虽然卢梭反对人受奴役,可是教育是培养自然人,还是培养公民,这是一个问题。在政治教育中,卢梭主张应该让学生尊重自己的意志,享受自己的自由,服从自己的自尊,做一个独立的人。可是,社会契约思想中,却要求人们放弃自己的权利,遵从政府的制度。因为政府是按照每一个人的普遍意志组成的集体,所以政府制定法律制度就是不会有错,个人应该将自己所有的权利转让给国家。他给科西嘉设计的宪政制度,誓词里写道:"我把我自己、我的身体、我的财物、我的意志和我所有的权利都奉献给科西嘉国家,承认她对我、我自己以及所有靠我生活的人的所有权。"他主张,国家应该拥有所有的人和他们的所有权利。当然,卢梭非常真诚地认为,国家是令人满意的,让人放心的,人们可以将一切托付给国家的,包括思想。他说:"谁控制了人们的思想,谁就可以控制他们的行动。"卢梭天才的一面就是把教育思想中的自由、自然等有机融合于这种限制自由的政治理想中。

正是卢梭的这种政治理论,打下了后来国家威权主义和极权主义的思想基础。甚至有人认为法国大革命以及后来的希特勒、墨索里尼身上都有卢梭思想的影子。我们也会在赫胥黎《美丽新世界》和奥威尔《1984》里看到卢梭的思想。人民可以不要权利,你的幸福都是政府安排好了的。今天你不快乐吗? 好,政府给你发一粒幸福药丸,温水口服,马上忘掉所有烦恼,马上风和景明,神清气爽。社会契约虽然是现代政治文明的重要补药,但是使用者不同,药效就会不同。

爱孩子，读读科扎克

儿童问题，不仅是一门学问，更多的是一种洞悉生命本质的智慧。那些伟大的教育家和儿童研究者，无不是从深刻理解生命本质意义开始理解儿童的，卢梭、福禄贝尔、蒙台梭利、杜威、陈鹤琴，都是人类生命价值的研究者和实践者。

这个儿童节，我想谈谈科扎克，因为我刚刚读完他的经典之作《如何爱孩子》。

有些阅读是和自己的生命体验紧密相关的。《如何爱孩子》这本书，我反复打开几次，都没有坚持读下去，因为那些对孩子生活的观察、行为的记录、心理的描述以及对儿童生命的赞叹都过于琐细，有时又显得支离破碎，让人不忍卒读。之所以坚持读下去，是我实在不愿错过如此负有盛名的大师经典。但我发现，当你真的能够走进科扎克的文字里的时候，说明你的心也真正与孩子同频共振，真正走进了他们的世界。

雅努什·科扎克是波兰犹太人，1879 年 7 月 22 日出生，1942 年 8 月去世，死于特雷布林卡德国纳粹集中营。在波兰籍的伟大人物中，他与居里夫人、肖邦等齐名。为了纪念科扎克 100 周年诞辰，联合国宣布 1979 年为国际儿童年。联合国《儿童权利公约》的基本精神正是来源于科扎克的思想。如此伟大的一位教育家在中国并没有太大的名声，只是台湾林蔚昀翻译出版了科扎克的教育思想札记《如何爱孩子》，才引起大家的关注。

《如何爱孩子》是科扎克四本思想札记的合集，分别是《家庭中的孩子》《收容所》《夏令营》《孤儿院》，四本小册子集中在一起，正好反映了儿童从婴儿到青春期，在家庭、学校等不同环境中的成长特征和生活状态，从而唤醒我们从儿童生活的整体去发现儿童、理解儿童、呵护儿童成长。

一般的评论认为，科扎克的重要贡献在于发现了儿童的需求和权利，这一评价有些片面,应该说从卢梭开始,到裴斯泰洛齐、蒙台梭利、杜威,"发现儿童"被一脉相承地巩固为现代教育的基本思想。作为医生、教育家,科扎克对那个时代已经相对成熟的儿童生理、心理及成长研究有了较为深入的认识,他没有过多地进行生理学、心理学、社会学等方面的思索,而是通过大量的观察,提出儿童生命的独特性,探讨了人们应该如何了解儿童,如何与儿童相处,如何走进儿童的世界。开篇就提出"怎么爱,什么时候爱,多少爱——为何而爱"的问题,带着这样的问题,科扎克带领我们走进多彩斑斓又惊心动魄的儿童世界。我认为科扎克的贡献在于他通过大量的观察给我们展现了一个真实的儿童世界,而非抽象的普遍意义的儿童世界。

一

孩子到底是什么?

今天的大多数年轻父母并不是十分清楚这个问题。发现儿童是近代以来人类教育史的一大进步,把儿童、童年作为一个独立的与成人截然不同的生命阶段加以关注,儿童不再是大人的"缩小版",也不是未来的成人。简单地说,儿童就是儿童,大人应该用儿童的视角理解、发现和尊重儿童。在西方的中世纪,童年的观念并不存在,直到启蒙主义思想家卢梭呼吁"尊重儿童",反对人们把儿童期仅仅当成是为将来的成人生活做准备这一观念,儿童独立存在的价值才不断得到知识界的认同。

有了这一思想基础,科扎克和蒙台梭利一样,认为婴儿一出生就存在自我发展的内在力量,父母就应该尊重儿童的这种生命独立性,顺应他成长的节奏。如果父母把过多的注意力集中在孩子"漂亮吗""健康吗""聪明吗"这些问题上,甚至将孩子称为"我的孩子",就会把自己的意志强加到孩子身上,从而忽视了孩子作为生命主体的丰富性和孩子"各式各样的心灵",他认为孩子的天性千差万别,"主动的和被动的,活跃的和麻木的,坚韧不拔的和任性的,顺从的和叛逆的,有创意的和善于模仿的,聪明伶俐的和认真负责的,实际的和抽象的,记忆力出众的和平庸的,知道怎样利用消息的聪明才智和诚实的犹豫的,有天生的专制和省思批判的,有过早或过迟发展的,有一种兴趣或多种兴趣的"。每个孩子的生命都是独特的,顺应孩子的天性就不能按部就班地用自以为是的科学规律养育他们。父母制定各种看似合理的规则,其实只是贪图自己省事、方便。科扎克多次提到几点睡觉,一天喂几次这样的事情不能"按表操课"，而应尊重孩子的需求。

孩子什么时候该走路和说话？当他开始走路和说话，就是他该走路和说话的时候。什么时候该长牙？当他长牙，就是他该长牙的时候。囟门在它该闭合的时刻闭上。婴儿应该爱睡多久就睡多久，为了睡饱，他就是需要睡这么久。

然而我们知道这些事一般来说该在什么时候发生。在每一本受欢迎的手册中，都有着这些从课本上抄下来的"琐碎真相"。对一般的孩子来说它们可能是真实的，但对你独一无二的孩子来说却是谎言。

尊重孩子的成长规律，要从尊重孩子的意愿开始，父母不能按照自己的想法去教育孩子。

如果一个大人来到孩子面前，对他说："孩子，我会把你教育成人。"他是看不到孩子的本质的。他应该做的是试探性地问："孩子，你可能会成为什么样的人？"

二

如何爱孩子？

无论是父母还是老师，从本能出发都是爱孩子的，都在力图按照自己的方式教育孩子。那么，既然孩子有自我发展的内在力量，父母、老师到底该怎么爱孩子，打开孩子世界的正确方式到底是什么？

对这个问题的回答是科扎克又一个重大的贡献。他认为孩子是成长在关系之中，而不是成长在满足之中。孩子在与父母的关系中要能够感受到自己的存在，而不是作为父母某种愿望的存在。大多数父母爱孩子的方式都是停留在给孩子吃好、穿好，满足他的愿望，送他去好的学校上学的层面，而没有去了解孩子作为一个独立存在的人，究竟需要什么。科扎克认为我们对教育学认识的一大误区就是认为教育学是关于孩子的科学，而不是关于人的科学。

孩子并不是一块遗传所准备好的土地，等待我们播种，种出我们想要的东西。早在他出生之前，他的人格就已经形成，父母的工作只是在他成长的过程中支持他，帮助他。

如果我们有这方面的经验，就会切身感受到，孩子成长的秘密就在于与父母及周围的人建立了一种什么关系，我们就可以理解为什么同样的家庭环境中，有的孩子自信、阳光、聪明，而有的孩子却阴郁、胆小、猜疑，这完全取决于孩子与父母的关系是否亲密、和谐、坦诚。父母、老师与孩子的关系,不仅决定着孩子的成长,其实自己也在其中得到了成长。

科扎克认为,大人在认识孩子之前先要认识自己,认识自己能做什么,了解自己和孩子的边界在哪里。

大人养育孩子的过程,同时也在养育自己。孩子会把美妙的沉默诗歌带到母亲生命中。"母亲在宁静的沉思中,逐渐透过孩子变得成熟和灵感丰富——而教育工作正是最需要这些灵感的。"

孩子的心灵世界就像浩瀚星空一样广阔,父母老师该如何与孩子相处?科扎克给出两个答案:观察、研究。

从某种角度看,成年人是不可能真正走进儿童的世界的,他们的世界充满幻想,经常会有疾病、焦虑、无聊、怀疑、矛盾,有时也有没来由的烦躁、愤怒,我们很难去理解他们的这些行为,我们只能观察研究,等待与他交流的时机。科扎克用生动的语言讨论孩子在观察、游戏等各项活动中,都会表现出的丰富的精神状态和无限幻想,在青春期孩子会产生心理裂变和精神困苦,这些都不是能够简单地从孩子的表现中发现的,需要父母、老师花大量的时间,用大量的心智去观察和了解。在《收容所》中他告诫老师:"你没有时间,你没有办法一直警醒地观察、思考、寻找那些没有意义的愿望背后隐藏着什么样的动机,或是探索孩子那神秘的逻辑、幻想,在其中找到真理——并且适应他的渴望和喜好。"

在观察孩子这件事上,科扎克主张父母、老师都应有法布尔观察昆虫一样的精神。

伟大的法国昆虫学家法布尔最为人称道的事迹是:他做出了对昆虫的重大发现,但是没有杀死一只昆虫。他研究昆虫的飞行、习惯、担忧和愉悦。他在昆虫在阳光下嬉戏、争斗、寻找食物、建筑栖身之处、储存食物的时候仔细地观察它们。他不会对任何事感到生气、不满,而是用智慧的眼光观察在昆虫那些不引人注意的动作中,隐藏着什么样的自然律法。他是普罗大众的老师。他用肉眼进行观察。

他呼吁:"老师们啊,去当孩子世界的法布尔吧!"

三

孩子看到的世界怎么样?

读科扎克的文字,如同走进通往孩子内心的一个秘密通道,多姿多彩,跌宕起伏，他经常会从孩子的角度看这个世界，看大人们的表现。有时候，在孩子的眼中，大人的世界经常充满了虚伪、谎言、丑陋，甚至恶心。孩子有很多疑问，大人们教给孩子知识时经常模棱两可、似是而非、前后矛盾。大人们禁止孩子做的事情，自己却从不遵守。大人要孩子诚实，但孩子说了真话他又觉得被冒犯。大人为了惩罚和禁止孩子的行为，自己经常说谎。大人的胡子、身上的气味、打嗝放屁都会引起孩子恶心的感觉。大人们每次见面所问"多大了，长得真快"之类的话，在孩子头上摸一摸都让孩子觉得无趣。"大人真可怜，每件事都会让他们厌烦。"

孩子会有一天识破大人的真相："他们知道一些事，又隐瞒一些事。他们不是他们自称的那群人，而且他们还要求孩子不要当自己。他们赞美真实，但自己说谎，还命令孩子说谎。他们对孩子说话的方式，和对彼此说话的方式完全不一样。他们嘲笑孩子。他们有自己的人生，当孩子想渗入他们的人生，他们就生气。他们希望孩子很好骗，当孩子问了天真的问题，显示出孩子不懂，他们就很高兴。"

发现儿童，尊重儿童，但是科扎克并没有陷入浪漫的理想主义幻想中，他也充分认识到孩子在成长中会有很多自身的矛盾，孩子并不是想象中的那样完美。"孩子的灵魂就像我们的灵魂一样复杂，充满类似的矛盾，以及这些矛盾之间永恒又悲剧性的冲突：我渴望，但是我不能，我知道该怎么做，但是我没有办法。"所以孩子也会说谎，欺负弱者，也会做坏事，也会虐待动物。

科扎克把孩子变坏称为"失衡期"，表明孩子正常的发展中会出现短暂的行为失衡。在刚刚进入学校时，因为生活环境、生活节奏的变化，特别是学校强制性的规则，带来生理和心理的失衡，他们会变得懒惰、笨手笨脚、爱哭、任性、易怒、不守规矩、爱说谎，但是孩子经历一段时间会修复自己的行为。而有了这些失衡现象，我们也才能完整认识孩子成长的过程。

在《夏令营》里，我们看到他第一次带孩子去夏令营，因为对孩子的调皮捣蛋缺乏预见，几十个孩子在火车上打闹，吃饭抢占座位，睡觉说话，混乱不堪，孩子们很容易发现老师管理的弱点，开始挑战老师的权威，老师也被这些事情折磨得手足无措，疲惫不堪，感受到极大的挫败感。但是，老师开始了解每个孩子的特点，给他们充分的决定权，让孩子进行自治管理，混乱的局面大为改观。老师也学会了细致的管理经验，可以说在师生关系中，大家都获得了成长。

在学校里，老师可能需要面对学生身上更多的不完美，他们会破坏规则、拖延时间、欺负同伴、恶作剧、偷东西等,这些都是孩子成长中的失衡,而这些问题都涉及学生和老师的关系,解决这些问题考验老师的智慧。科扎克认为孩子犯错也是成长的需要。"因为如果他在童年不犯错,这个一直被人看守、保护得好好的小孩不会学会如何和诱惑战斗。长大后,他的道德感是被动的。他有道德,是因为他没有机会犯错,而不是因为他有力量对抗诱惑。"同时他也告诫人们:"孩子有权利一次性地说谎、骗人、强迫、偷窃,他没有权利重复地说谎、骗人、强迫、偷窃。"

科扎克思想的精华就在于,他把孩子作为独立存在的生命阶段,但是他通过丰富的观察认为,孩子的成长不仅是孩子自己的事情,大人们也不能自作主张地独立处理,而是需要大人和孩子共同面对的事情。

如果教育者以解放取代威吓,用鼓励取代强迫,用塑造取代挤压,用发问取代要求,他就会和孩子一同经历许多充满启发性的时刻,带着泪光观看天使与撒旦之间的争斗,并且看到天使最终获胜。

科扎克告诉我们,孩子的世界远远比我们想象的丰富,也比我们想象的复杂,爱孩子是需要学习的。

《如何爱孩子》这本书里的思想实在太丰富了,既适合当父母的阅读,也适合当老师的阅读。科扎克的文字需要安静地阅读,爱孩子也需要我们安静地体会。

教育会不会告别功利性

1872年，尼采在巴塞尔大学做了五场演讲（后人结集出版为《论我们教育机构的未来》），对当时的德国教育进行了猛烈抨击。

他认为有两种倾向让教育由"纤足仙女"沦落为"可供使唤的奴婢"。一种是"扩大"的倾向，即普及看似让受教育者扩大，却使教育沦为谋生手段，仅仅为获取生存技能的教育，不是真正的教育。一种是"缩小"的倾向，即专业化分工，让受教育者变得片面化，只关注自己专业里的问题，对其他领域不闻不问。

尼采关于教育的观念是以古希腊古典人文教育为坐标的。在他眼里生存技能的训练并不是教育，教育应该是非功利的，是与人的精神和教养有关的。

尼采说："任何一种学校教育，只要在其历程的终点把一个职位或一种谋生方式树为前景，就绝不是真正的教育。"

1872年的中国，"西学东渐"，西方传教士和中国开眼看世界的士人们把西方学制引入中国。在洋务运动主导下建立了大批以机器制造为主的现代工业化的学堂。然而，普通教育，官学有中央的国子监，地方有大量社学、义学，私学则是各地以启蒙为主的"私塾"和专经教育的"经馆"，主要进行义理、辞章、考据的教育。这些学校可能很符合尼采所倡导的教育方向。但是，积贫积弱的中国，在鸦片战争、太平天国运动等冲击下，更需要"经世致用"。1872年，中国第一批官派留学生漂洋过海去了美国。

虽然尼采的观念是片面的，但是他所批判的教育问题却成为世界各国教育发展的趋势，而这一趋势导致的教育世俗化、功利化、片面化成为一种宿命，我们摆脱不了这一宿命，还想要保持一点教育的高贵品质，那就十分艰难。

世上最差的学校
——重温《放牛班的春天》和教育问题

多年以后,世界著名的指挥大腕皮埃尔·莫朗杰站在纽约富丽堂皇的音乐大厅,优雅地指挥着交响乐《艺术家的生涯》时,准没有想起被校长处罚禁闭的那个遥远的阴晦下午……

再次观看《放牛班的春天》,让我想起《百年孤独》的开篇文字。这部 2004 年的法国电影因为饱含浓厚的人文色彩和强烈的反专制精神,以及对教育的深刻反思,注定成为经典。

皮埃尔是个音乐天才,可要不是遇上启蒙老师克莱蒙特·马修,很可能就沦为路人甲。故事的主角正是这位了不起的老师。

克莱蒙特·马修,一个落魄的音乐人,经人介绍来到了"塘底学校"当学监。"塘底"可不是个安静的小山村名字,"塘底学校"是接收问题学生的寄宿学校的统称,"塘底"就是取污秽不堪的池塘底部之意。

"塘底学校"有着鲜明的办学特色,监狱一样的管理。马修老师下车伊始就遇上了匪夷所思的事情,身兼门卫、校医、保管员、修理工的马克桑斯被学生报复打伤了眼眶,校长哈桑把所有学生集合到院子里命令大家供出元凶,六秒钟没有结果就全体受罚,每人禁闭 6 小时。

马修老师见到辞职的前任学监,辞职原因没说,只让他看看手臂上缝了 10 针的伤口,是学生用剪刀刺的……

"塘底学校"有着所有差劲学校共同的特征:管理是严苛而专制的,老师都是粗暴蛮横的,学生都是叛逆顽劣的,秩序是混乱不堪的,管理文化的信条就是"犯错—处罚",处罚菜单上除了 15 天劳动还有 6 小时禁闭……老师眼里的学生都不可救药、冥顽不化，即使今天不处罚将来也是被处罚的对象。

马修老师看到的是，哈桑校长就是一位专制暴君，教师个个行为怪诞，学生都没有被当作人看……整个学校缺乏尊重、正义和爱心，就是皮埃尔这样的音乐天才也被视作"天使的脸蛋，魔鬼的心肠"。

马修老师坚持的信条是师生平等，但是一开始他却被学生处处捉弄，被嘲笑"光蛋老头"。

没进教室，隔窗看到混乱的打闹场面，讲台旁边的标本骷髅叼着点燃的烟卷，一上讲台就被学生设陷绊个狗啃屎，飞出的文件包被学生像传球一样互扔，这一场景被破门而入的哈桑校长撞见，然而他还是包庇了惹事的学生。这一刻，这一群顽劣的学生看到了马修老师的宽厚仁慈，而这种宽厚对他们来说是多么的稀缺。在这样一所压抑得喘不过气的学校，习惯了老师的凶神恶煞、颐指气使，马修老师的平等思想像一缕春风吹过学生的心灵。

马修老师找到了致伤门卫老马克桑斯的元凶，但他决定不把这个受到惊吓的元凶移交给哈桑校长。为了让他承担责任，他们"私了"，条件是这名学生要照顾门卫老马克桑斯直至伤病养好。

马修老师决定用自己的方式改变这里的一切，他和校长谈条件约法三章：取消禁止娱乐的禁令；允许他来惩罚肇事者；允许不透露孩子的姓名。哈桑校长当然对这样一位自以为是的老师心存芥蒂。

"真正的教育是用一棵树去摇动另一棵树，用一朵云推动另一朵云，用一个灵魂去唤醒另一个灵魂。"这句话用在此处十分贴切。马修老师让每位学生写下自己的姓名、年龄、理想的职业，这样一个简单的事情，也让这些被忽视的学生感到意外，似乎唤醒了他们内心里早已遗忘的自我意识。

要么说音乐教育很重要，马修老师这棵树正是用音乐摇动"塘底学校"的小树们。他组建了合唱团，教给他们自己的作品，歌声不仅让这些学生在音乐中看到了灵魂深处的美好，重新点燃对未来的希望，合唱团动听美妙的声音，让"塘底学校"的空气里有了自由的气息，也让原先的教师感到诧异，那些曾经行为乖张的老师似乎也找回了正常人的感觉。

剧情不多说了，我要追问的是，在标榜"自由、平等、博爱"的法国，在出现过卢梭、伏尔泰、雨果、巴尔扎克等人文主义大师的法国，为什么会有这么专制的学校？

为什么本来天真无邪的孩子被像犯人一样对待？专制学校产生的土壤是什么？

是学校有了三六九等，才有了专制吗？翻开历史，法国社会的等级观念根深蒂固，经历了大革命，也没有打破社会阶层的分化与对立。现代教育制度建立进程中，法国长期存在着"双轨制"学校。法国孩子受教育跑在两条轨道上，一条是社会底层家庭的孩子跑短跑，上完初等小学、高等小学、小学补习班，好了，到头儿了，子承父业去吧！另一条是富贵家庭子弟们跑长跑，他们要上幼儿园、小学、国立中学、大学预科、本科，继续着上等人的生活。电影里我们也看到，马修刚到"塘底学校"，走进大门就看见哈桑校长的三个女儿光鲜亮丽、欢声笑语地坐车去上学，她们不上"塘底学校"，"塘底学校"的学生都是穷孩子、苦孩子、问题少年。指挥家皮埃尔就是一个单亲家庭的孩子，母亲在餐馆打工。双轨制传统在法国影响深远，以致法国教育的现代化过程就是争取统一学制的过程。在学校的等级序列中，"塘底学校"的存在当然不被外人关注，这里发生的一切对整个社会来说也是不痛不痒的，即使学生遭受各种各样非人的待遇，又有谁去怜惜他们的痛苦呢？

是宏大教育目标忽视人的存在导致专制吗？《放牛班的春天》故事背景在1949年，经历了二战创伤，世界各国经济凋敝，百废待兴。这场人类历史上规模空前的战争，让国家主义上升，世界各国都感到国家安全高于一切。相对我们今天不痛不痒的"小时代"，那是一个有着集体社会责任的"大时代"，教育不再是个人的小目标，必须为国家利益服务、为政治服务、为经济服务。即使再理想主义的人也会意识到，任何美好的社会制度、道德理想，没有强大的军事实力保护都是空谈。国家目的高于一切，人格修养、和谐发展、追求美好等理想的教育目标都退居其次，真正的人的需要不会被尊重。在这样宏大的教育目标下，每个人的小愿望都是渺小的、不足道的，人人都是一颗螺丝钉，哪里需要就拧到哪里。"塘底学校"都是问题学生，这些螺丝钉们都是残次品，对国家没有用，他们的未来都是不被寄予希望的，只要不给社会添负担就算烧高香了，谁会在意他们是否被尊重，是否被关爱。

是学校的官僚化导致专制吗？哈桑校长也有过梦想，有过激情，受到音乐感染也会手舞足蹈，甚至忘情地跳上办公桌。但是哈桑校长在外人面前永远是一副不可一世的面孔，他自私、贪婪、刻薄而又刚愎自用。在教育的体系中他是官僚，满脑子装的是利益、前途……为了省钱，门卫老马克桑斯眼睛受伤也不许送医院。为了赞助人的经费，为了晋升和荣誉勋章，马修合唱团的成功也成为他换取伯爵夫人青睐的筹码。为了逃脱责任,他把蒙丹送进监狱,擅自宣告合唱团解散,解雇马修。这所学校的暴戾与冷漠都是源于哈桑校长的独断专行。哈桑校长只要上级满意,只要赞助人满意,学生的尊严、灵魂的生长只不过是可以随时扔掉的白菜帮子,他人善意的建议哈桑校长也只当是耳旁风,他更在乎自己的绝对权威,他要用权力控制学生的消极行为。

多年以来,我总在想,人们都说要上好学校,可是到底什么样的学校是好学校,好学校的标准有哪些,好像所有的判断都莫衷一是,人云亦云。看完《放牛班的春天》,我知道了什么是差学校,关于好学校的答案也就变得简单了。

一所好学校至少不要用任何看似冠冕堂皇的目标抑制孩子的自由,"犯错—惩罚",纪律制度如果缺乏宽容,甚至鼓励告发,那是对人性的压抑。

一所好学校也不要用任何宏大的国家目标、社会目标牺牲作为个体的权利,有了国家的需要,个人兴趣就微不足道,因为成年人的愿望,孩子的想法就不足为道。

好学校也不要用任何看似严苛实则专制的手段剥夺人的尊严自尊,别把孩子当成权力天平上的一枚砝码,严厉的管束是为了让你成长得更适应社会的需要,触犯了制度就是冒犯权威,在制度面前你要放弃尊严、人格和自由。

我们相信人性的光辉,相信向善的生命力更为强大。人可以变成魔鬼也可以变成天使,与恶龙缠斗过久,自己也会变成恶龙;凝视深渊过久,深渊将回以凝视。电影中我们总能从每一个人身上看到人性亮色的光辉。在压抑专制的学校里,皮埃尔的音乐天赋被埋没,他只能一个人偷偷溜进教室独自歌唱。偷钱的孩子只是想买一个气球。最顽劣的蒙丹,被误解时他也渴望信任,警察带走他时,还是回头给马修老师报以微笑。校长助理沙贝尔在马修到来以后,也慢慢看到哈桑校长的虚伪。马修老师被哈桑校长解雇了,孩子们从窗户抛出一个个纸飞机,挥舞着小手送别,让人动容。虽然我们看不到孩子们的面孔,可是能感受到他们对马修老师的留恋,他们对马修带来的那份尊重、关爱是多么不舍和怀念。

一个人的境遇无法选择,漫长的成长道路上,学校只是一段经历。我们没有办法证明学校对人的成长的作用到底有多大,但是学校不应该为人的成长设置阻碍,学校是人生早期的土壤,这个土壤里没有抑制,没有倾轧,没有排斥,没有剥夺,仅仅是一个环境,一个让孩子自由伸展手脚的空间,一片自由呼吸的空气,一缕自由光合的阳光。

孩子的江湖一样险恶

人生而孤单,却无往不在寻求温暖⋯⋯

看完韩国电影《我们的世界》,我不由得套用卢梭的名言"人生而自由,却无往不在枷锁之中"表达自己的感触。

《我们的世界》讲的是孩子的故事,是关于成长与排斥的故事。

小主人公李善是四年级女生,在班级里经常被同学排挤。集体游戏的时候,她总是最后一个被选中,第一个出局。教室里同学们谈笑风生,她却经常被孤立。

现实社会也是这样,一个集体里,一个单位里,一个公司里,总有一个强势的小团体主导着这个江湖的主流,每个人为了自己的发展,为了摆脱孤单,为了不被孤立,都会努力争取被那个小团体接纳,融入主流。

在成年人的世界里,排斥和疏远也是无处不在的,只是更加隐蔽,而且会以各种冠冕堂皇的方式进行掩盖。成年人会因为心智的成熟,即使被排斥,也具备了自我调节、自我消解的能力,他们学会封闭内心,选择坚守志趣,忽视真实感受,把不合时宜变成个人的品性,排斥变得并没有那么可怕。但是,在孩子的世界里,这种排斥却显得更加残酷无情。因为孩子不懂得圆融,不懂得开脱自己,不懂得与自己相处,即使受到排斥,还是那样百折不挠地寻求温暖,寻求被接纳的方式,寻求融入小团体的世界。而正是这种对残酷的不自知,让人看了以后更加心痛心酸。而且在孩子的世界里,排斥的无处不在会表现在那些微不足道的理由上,可能因为你家境不好,可能因为你学习不好,也可能因为你长相平常。

李善正是一个在各方面都缺乏优越感的孩子,妈妈独自打理着一个小吃店,爸爸在工地开车,还经常喝得酩酊大醉,弟弟经常被人欺负,家里还有一个长期住院的爷爷。她家境一般,相貌普通,学习平常,性格柔弱,这些都成为她被排斥的理由。

　　班里把持主流的小团体领袖是学霸、小清新宝拉,她漂亮、高挑,在班级里前呼后拥。李善极力靠近,讨好宝拉的小团体。宝拉的生日卡片掉在地上,她帮忙捡起做出讪讪的表情交给人家。她用代替做值日换取参加宝拉生日聚会的机会,这个终于被接纳的机会让她感到幸福,一个人做值日也是那么甜蜜愉快。可是当她精心准备了小礼物去参加生日聚会时,却发现宝拉有意给了她一个错误的地址欺骗了她。她发现自己极尽努力讨好,却没有逃脱被排斥的结局,那是多大的伤害和刺痛啊。

　　导演安排了一个意外的机缘,让这个可怜的孩子体会了一回应有的友谊、信任和快乐,释放出孩子的单纯、天真和活泼。

　　暑假前的最后一天,学校转来一位成熟、大方又有几分洋气的新同学韩智雅,因为李善是她来到新学校见到的第一个同学,两人敞开心扉,走到一起。

　　与韩智雅的友谊让李善的内心一扫被排斥的阴霾。那个暑假,因为有了这份意料之外的友情,李善的生活一下充满阳光,和韩智雅在一起的时候她才有了小孩子应该有的明媚的笑容。

　　韩智雅邀请李善去她奶奶家,很大的房子,韩智雅还说她妈妈在英国,她还去过英国,这些都让小李善羡慕不已。她们谈论各自的小秘密,谈论未来,谈论大人们的事情。

　　李善邀请韩智雅到自己那个有些寒酸的家,韩智雅也没有嫌弃。她们一起做泡菜炒米饭,用家里种的凤仙花一起染红指甲,一起做手工。

　　检验友情深不深还要看有没有一起做过坏事,韩智雅在小超市里偷了李善一心想要却买不起的彩色铅笔送给她,尽管李善认为这样不妥,但还是接受了这个馈赠。一段时间李善感觉韩智雅是她最为珍贵的收获,妈妈看她总是在提韩智雅,就问“我和韩智雅谁重要”时,她不加任何思索地说“韩智雅”,可见这来之不易的友情对李善来说是多么弥足珍贵。

　　孩子的天真是不会意识到人性的幽暗的,也许李善根本没有预料到这个自己最信赖的朋友会在很短的时间里就被小清新学霸拉拢,开始有意疏远她。真是小孩子的事情说变就变,友谊的小船说翻就翻。韩智雅在培训班认识了宝拉,得知李善是一个被大家孤立的孩子,她也担心自己被排斥,便选择了走近宝拉。

　　成长中的危机无处不在,而且是惊心动魄的。李善那柔弱的心一次次被伤害,一次次被踩踏,她还是一次次迎面而上,祈求被接纳。

随着开学，李善和韩智雅的友情不断走向断裂。韩智雅作为新同学被老师领进教室，李善主动对她投以笑脸，可是韩智雅却视而不见，反而主动向宝拉送去微笑。

小团体主导的主流是一股强大的吸引力，韩智雅选择远离李善，又何尝不是担心自己也陷入孤立呢，而这个时候她只要和李善走近就会遭到小团体的耻笑。

最终两人纯真的友谊走向破裂，以至于不惜开始用公布彼此秘密的方式互相伤害对方。韩智雅在黑板上写下父亲是酒鬼，李善戳穿韩智雅去过英国的谎言。韩智雅告诉小团体她在小超市偷来送给李善的彩色铅笔是借给她而不是送给她的，小团体群起索要回了彩色铅笔……

看到这些细节每个人可能都会联想到自己的孩子，我们会察觉他们内心承受的危机和苦痛吗？我们能介入他们内心伤痛的纾解吗？而影片恰恰展示了这样一个事实，这些看似很小的事情，在孩子的世界里却是那样惊心动魄，令人刺骨心寒。让人痛心的是，即使孩子内心已经波涛汹涌，大人们往往会以一种无所谓的态度面对。当李善的妈妈感觉孩子情绪不对并告诉她爸爸时，爸爸说："小孩子能有什么事，就是上学、学习，和朋友玩玩就好了。"

也许每个人的成长都是这样残酷，再多的烦恼、苦痛、纠结、伤害、孤独，在父母、老师的眼里都被轻描淡写，都要自己面对，自己消解，那些教科书里的说教、引导能有多少能触及这种种的幽暗。而正是这些不幸的遭遇有时会扎根到内心深处并且一生携带。我们真的不知道那些不幸的问题孩子，又有哪一个与童年经历的扭曲情绪无关呢？我们每个人在内心里又隐藏了多少童年的伤害呢？

导演无意对种种的排斥进行道德判断，因为在影片中可以看到每一个孩子都会面临这种被排斥的恐惧。韩智雅正是因为在原来的学校不被别人接受才转到这所学校的，学霸宝拉在考试中被韩智雅抢夺了第一名的位次，她也表现出对韩智雅的憎恶。

影片还揭示了一个哲理，尽管我们惧怕这个世界的种种排斥，但我们还是深陷这个世界而不能自拔。李善的弟弟阿允经常被一个叫然浩的小朋友欺负，她问弟弟："你为什么只和然浩玩啊？然浩总害你受伤，他每次都打你……"

阿允说："我只想和他玩。"

李善说："你是傻子吗？都这样了，你怎么能继续和他玩呢？"

阿允说："然浩打我，我还手，然浩又打我，我又打他……那我们什么时候玩呢？

我只想玩。"

李善似乎也从弟弟的回答中看到了自己的荒唐可笑。

我们不得不向导演致敬，她用精致的电影语言细致入微地刻画了孩子复杂的世界，那些无处不在的细节充满着象征意味和人生隐喻。李善亲手编织的手环，在友谊破裂时被她狠心剪断。凤仙花染的红指甲随着暑假的结束和指甲的生长慢慢褪去，似乎是两人友谊的象征。宝拉借给李善蓝色的指甲油涂，李善用来覆盖在凤仙花染过的指甲上，好像是用一段新的友情代替旧友情。几个小演员的表演也是细腻、淳朴、自然，操场上李善看着其他人一一被选中进入游戏，她却原地不动，一个长镜头，她脸上的表情从强装微笑的期待，到失望遗憾，再到尴尬地咬着嘴唇，是那样的真切、自然。

《我们的世界》在2016年表现不俗的韩国电影中脱颖而出，人气盖过了《釜山行》《隧道》，并获得韩国电影青龙奖的最佳新人导演奖，也许就是因为它的自然细腻、深邃复杂。

疫情、生命与成长

疫情是一面镜子,照出世间百态,也照出一个人内心最深沉的思索和最隐秘的真相。你正从少年走向青年,对待这些事情应该有更深刻的认识,不能人云亦云,还要保持内心的淡定和理性,这也是一种责任感的表现。

这种极端的疫情并不多见,并不是生活的常态,正因为不多见,非常态,更应成为反思生命、反思理性的典型情境。

一、生命:尊贵与谦卑

病毒传染危及人类的生命健康。在危机面前,整个社会动员起来捍卫保护生命健康,最大限度减少生命的损失,疫情激发了一种强烈的生命意识,人们对生命有了更深入的理解。对生命意义的不断发现是文明的进步,我们用进步来维护人生命的珍贵。毕竟漠视生命,草菅人命已成为野蛮和落后,遭人鄙弃。但我们突然发现,人类生命又是如此脆弱,在病毒面前感觉不堪一击。生命的脆弱在于其不可逆转性,一旦损害无法修复,一旦丧失不能起死回生,正因为如此,现代文明的一大进步就是生命意识的觉醒,把人的生命看得至高无上。但我们又不得不深刻地认识到,捍卫人类生命尊严,绝不是维护人类生命的傲慢,我们似乎觉得人是世间万物的主宰,可以傲视一切,但是万物一体,一旦我们把自己的生命置于万物之上,我们就会陷入一种不可一世的境地。要知道地球上有生命诞生已经几十亿年,细菌的诞生有30多亿年,而人类诞生只有700万年,智人的时代也不过20多万年。人类从诞生起就和细菌相依相存,人类离不开细菌,细菌却可以离开人类。人的生命与其他生命相比并没有什么优势可言,我们在维护人的生命高贵的同时,要始终保持一种谦卑和敬畏,敬畏那些看得见的动物、植物的生命,也要敬畏那些看不见的微生物的生命。

人类一切的努力都是为了人的幸福，幸福的基础是自由和尊严。而我们发现，幸福的自由和尊严绝不是放纵和傲慢，自由不是随心所欲，尊严不是目空一切。这次疫情让我们失去了任意行动的自由，也让我们丧失了自以为是的尊严。

人类常常处在一种不满足之中，这种不满足又导致幸福感非常稀有。

"幸福如此难能可贵，主要是因为宇宙初创之时，就没有以人类的安逸舒适为念。它广袤无边，充斥着威胁人类生存的空洞与寒漠，它更是个充满危险的地方，一颗星球意外爆炸，就可能使一切悉数化为灰烬。偶尔碰到一颗重力场适中，不至于把我们的骨骼压碎的行星，表面可能布满致命的毒气。甚至在风光旖旎的地球上，生活也不尽如人意。数百万年以来，为了存活，人类与冰河、烈火、洪水、猛兽，以及肉眼看不见却随时会置我们于死地的微生物搏斗。

似乎每当我们逃脱一场迫在眉睫的危机，更为严重的新威胁就会接踵而来；我们一发明某种新成分，它的副产品就开始污染环境。纵观整个历史，用以防御的武器常会摇身一变，对它的制造者构成毁灭性的威胁：防治某种疾病的药品才研制成功，新疾病已经开始猖獗；死亡率刚刚下降，人口过剩又令我们忧心忡忡。"（米哈里·契克森米哈赖《心流》）

最后，我们发现克制才能产生更高级的幸福。只有克制欲望、贪婪、虚荣，我们才能保持心智的清明，认清万物相处的大道法则。我们需要在克制中建立一种平衡，这种平衡才是人类文明向前发展的条件，一旦打破平衡，进步就会中断。中庸之道的要义就是维持平衡，这是认清了宇宙和谐的古老智慧，两千多年前的先哲们就认识到了这一真理，"道法自然，天人合一"的思想真是一种早熟的文明，但是这一文明却受到自负的西方现代文明的冲击。

二、文明：进步与局限

这次疫情暴发还有一个重要背景，整个社会陶醉在人工智能、大数据等信息技术创新带来的美好憧憬中。人类的科技发明与信息技术相结合，给社会带来了前所未有的快速发展，知识更迭与技术进步呈现几何级数增长，人类用自己的聪明才智创造了文明，发展了文明，也正在改变人类生命存在的方式。你读一下尤瓦尔·赫拉利《人类简史》《未来简史》和《今日简史》，不仅会颠覆你对人类历史发展规律的认识，甚至会让你质疑人类未来发展还能不能按照现有的认知水平去判断。他预测在战胜了饥荒、瘟疫与战争之后，人类下一个要战胜的是死亡，基因工程、再生医学和纳米科技，以及生物工程、半机械人工程、非有机工程的发展，制造成千上万个专门杀死病毒和有害细菌的小机器人，安排到你的血管里、机体里，随时等候与各种病菌病毒战斗，便可以实现消灭一切疾病的梦想，人类会加倍地延长生命，甚至可能随着技术的进步不仅能长生不死，而且长生不老。

在这种乐观而且浪漫的氛围中，我们似乎忘记了那些曾经威胁我们生命安全的 SARS、禽流感、猪流感、埃博拉、HIV 病毒，直到疫情真正来临的时候，我们发现自己居然是那么不堪一击，因为仅仅技术进步并不能解决我们的迟疑、麻痹和恐慌，我们再次感受到人类对自己的认识过于自信。

当然，我们也不能失去信心，疫情使人进步，我们最终会找到应对疫情的办法。我们甚至不得不无奈地认为，瘟疫是人类不得不面对的考验。贾雷德·戴蒙德在《枪炮、病菌与钢铁》中提供了这样的视角审视历史："整个近代史上人类的主要杀手是天花、流感、肺结核、疟疾、麻疹和霍乱，这些都是从动物的疾病演化而来的传染病，战争中的胜利者不一定是设备精良的军队，而是携带可以传染给敌人的可怕细菌。"历史研究已经证明，西班牙人到新大陆攫取财富时面对印第安人的抵抗，并不是因为自己的聪明和武器先进而取得了胜利，而是因为他们携带了来自欧洲大陆的病菌，而印第安人没有抵抗这种病菌的抗体，导致他们大量死亡。印第安人死于欧亚大陆病菌的人数远多于死于战场的人数。农业生产提高了人口密度，增加了群众传染病的发生概率。1618 年西班牙人将天花传染给墨西哥人，导致墨西哥从 2000 万人口锐减到 160 万。欧亚大陆的病菌在大量消灭世界上其他土著民族方面起了关键作用。

人类容易陷入盲目乐观情绪之中，现代文明特别是科技进步曾经让我们认为自己可以掌控整个世界，认为人类通过技术进步可以解决一切问题，改造客观世界我们已经无所不能。但是技术进步在带给我们乐观想象的同时，也带来了现代化的大规模战争。我们发现现代化高歌猛进中人们甚至无法解决自己遇到的心理问题，焦虑、人格分裂、恐慌、攻击性现象等困扰着整个社会。我们醉心于自己无所不能的时候，才发现人类对宇宙、自然、世界，包括自己的认识都非常有限。就像人越是学习越是发现自己的无知，社会越是进步人也越是生活在一种无知之幕的背后。

所以我们今天必须理性地认识现代技术进步,这也是现代文明的悖论。我们追求经济发展,但是经济能够无限发展吗? 经济发展必然挑战环境和资源的承受能力,如果我们对新资源的发现和开发跟不上经济快速发展的需求,地球还能承受得了吗? 科技进步一定是好事吗? 今天人类科技发展已经令我们瞠目结舌,但是人类面临的生存问题也都是科技进步带来的,如环境破坏、核安全、转基因食品……科技到底是解决的问题多还是制造的问题多? 很难说清。我们不由得产生一个疑惑,现代文明究竟要将人类带到哪里? (钱乘旦《西方那一片土》)

三、人性:高尚与卑劣

疫情考验社会,也考验人性。面对自然灾害,面对社会灾难,人性的高贵与猥琐,高尚与卑劣,担当与逃避,都会暴露无遗。1947 年,存在主义作家加缪写了一部小说《鼠疫》,堪称疫情考验人性的经典之作。加缪虚构了一个特殊的情境,鼠疫开始蔓延,关闭城市(也就是封城),在混乱、无序、恐慌中,各种人物纷纷登场。医生里厄的妻子在城外的疗养院治病,他不顾个人安危每天工作十几个小时救治病人。政府职员格朗一边写小说一边认真完成各种统计数据。神父帕纳卢用"集体惩罚""天主恩惠"等教条来组织人们忏悔。记者朗贝尔因为工作来到这座城市,他深感这里的灾难与他没有关系,一心想得到一张出城的通行证。还有一个人塔鲁,本来以一个旁观者的心态来到这座城市,但是看到政府在应对疫情的无能后,他发起民间自救。加缪的笔触非常冷静,他关注的都是普通人,他没有在这种灾难面前歌颂英雄主义,他甚至反对用崇高感来描述这些人的精神状态。他甚至在小说中写道:"如果对高尚的行为过于夸张,最后会变成对罪恶的间接而有力的歌颂,因为这样做会令人设想,高尚行为之所以可贵是因为它们是罕见的,而恶毒和冷漠却是人们行动中常见得多的动力。"加缪更希望每个人做出的选择都是他的本分使然。里厄医生之所以忘我地工作,不是因为英雄主义,而是做好本分工作,他的原则很简单——"眼前摆的是病人,应该治愈他们的病"。政府职员格朗面对统计数据一丝不苟,也仅仅是专心致志做自己应该做的事。记者朗贝尔一心想离开疫区,但是当他真的拿到一张出城证明时,他却选择留下。因为他突然发现,尽管他是外地人,但是他见到了眼前的一切,这里就与他有一种关系,"要是只顾一个人自己的幸福,那就会感到羞耻"。羞耻心并没有在他无法离开又想尽办法离开的时候产生,而是在他真正可以离开的时候产生。人性就是这样以各种面目出现的。我们对崇高主义宣扬得太多,结果要么让一些属于本分的工作披上崇高的外衣,要么让一些人因为距离崇高太远而选择了逃避责任。

危机之中,我们任何人都没有权利对他人进行道德绑架,在突如其来的灾情面前,任何人都有权利选择自己应对的方式,你可以挺身而出,也可以自我保全,可以担当,也可以逃避。我们无法用统一的尺度去评价一个人的选择,因为我们无法确切地知道每个人的具体境遇,关键时刻一个人内心最隐秘、最软弱的一面就会暴露。但是,在危难时期选择的自由也建立在人性和本分之上,如果偏离本分应该遭人唾弃,比如你不能在危难时刻落井下石,不能明知自己已经感染却不做任何防护到处乱跑,不能身居保护人民生命安全的岗位却对疫情一问三不知。

与人性高贵相反的是对人的歧视与排斥。我们往往会因一些特殊事件给一个群体贴上一个标签,从而形成一种偏见,带来歧视与排斥。历史上曾出现对黑人,对印第安土著人,对犹太人,对中国人的歧视,都显露人性中丑陋的一面,带来种族或民族的灾难,也给人类文明书写了黑暗的一页。面对灾难我们应保持从容、包容,不能让已经被疫情困扰的疫区的人再次接受冷酷的人性。

第六章

表达：意识的唤醒和意义的显现

　　没有一个人能认识到自己天分中沉睡的可能性，因此需要教育来唤醒人所未能意识到的一切。每一种教育的作用也并非是事先能预料的，教育总是具有无人事先能想到的作用。通过传承使人成为他自己，以及在近几百年中通过有意识的方式，使相同的才能以特殊形式表现出来。这样来改变全民族的性格，这些基本事实使得教育具有了重大的意义。教育的界限不能事先划定，而只能在实际中观察把握。

——［德］雅斯贝尔斯《什么是教育》

教育者思考的心路

一、开始的与继续的

总不想岁月流逝太快,斗转星移之间每一年的岁首都会如期而至,你用什么样的心情迎接,她都全然不顾。物有本末,事有终始。终始本末,轮回流转。元旦的两天里,微信朋友圈跨年的内容刷屏,留恋也好,憧憬也好,总要强化这种新旧交替的价值和意义。也许,正是有了这种仪式感,生命才多了几分意义。走进2017年,也许平常,也许有着特别的意义,对我来说这是工作的第20年,人生的第45年,这样的时间节点似乎想告诉你,生命航程有开始,还有继续……无论终始还是继续,生活也许该变得更简约,更澄澈。20年前,懵懵懂懂地跨出大学校门走上工作岗位的时候,无法想象自己的今天会是一个什么样的状态,工作顺心吗?家庭幸福吗?孩子健康吗?都是问号……今天,不得不说自己是幸运的,对生活的热情并未衰减,对未来的期许并未削弱,心并未老去。人生最大的幸运莫过于你能在自己钟爱的事情中寻找价值,多少失意的人生不是让时光得过且过,而还能保持这样的心境,实在难得。过去的一年里,琐碎与疲累地工作,如饥似渴地阅读,苦心孤诣地思索,还有与基层教师如切如磋地交流,有时欢欣,有时孤独,有时负疚,闭目回想,总让人五味杂陈,百转千回……

到了这样的年纪——似乎现在爱这样说自己——学会的不仅是妥协,也学会了坚持,明知自己一些品性不合时宜,可是也不想迁就,不想随波逐流。虽不是以己之昏昏使人昭昭,可是也知道自己何以可为,何以能为。也许一些不合时宜的品性已经积习难改,活得简单也没有负累,也不至于如太宰治般感慨“生而为人,对不起”。但是,可能还是祈求关心我的人、爱我的人,还有那些被我麻烦过的人能够谅解，我只能努力地做好自己，我尽力了。

2017 来了，这是开始，执念一直没有结束……

二、触摸激荡的时代

翻过 2017 年最后一张日历，忽觉一年的时间恍若瞬息。

不知道日子是怎么从身边溜走的，只觉得这是过往岁月中最忙碌的一年，混杂着各种忙乱的、凌乱的记忆，把这一年的时光消磨得来不及梳理，就要面对新的一年的到来。

懵懂之中会感知到，这是一个急剧变化的时代，一年之中那么多的国家大事，那么多新事物、新思想、新现象、新技术，应接不暇。莫名地期待一个未知的未来，不知它会以一种什么方式改变这个世界，以什么方式走进每个人的生活。这个宏阔激荡的时代，带来太多的希望、自信、憧憬和召唤。

时代的洪流浩浩荡荡，在奔涌向前的浪潮中，每个人似乎更加难以把握自己的未来。在时代的步履匆匆中，每个人都显得那样渺小，纷纷扰扰中，你不知道自己从这变化中获得什么，能做什么。当你想要融入时代浪潮，却发现时代并不会驻足等候。这一年，人工智能、大数据、物联网、共享技术……让每一个人感受到一个不可把握的未来，面对可能出现的不适应，感到局促不安。但是，时代无论如何激荡，每个人都会回到对自己的岁月、青春和梦想的眷恋之中，当余光中带走了我们的乡愁，我们在电影《芳华》的泪水中，拉上 2017 年的大幕。

每个时代都会标榜自己为新，新文化运动、新民主主义革命、新生活运动、新时代、新征程不一而足，唐宋的新古文运动、欧洲的文艺复兴，看似要回到过去，但也是为了革新。推陈出新的时代，人最怕被时代抛弃，这种焦虑在现代人身上又是如此明显。

2017 年，周围的每个人都忙碌在自己的岗位上，像历史车轮上的一颗沙粒，在隆隆的巨响中滚滚向前。正是一种不可把握，我们在历史洪流中只能坚守自足，我们关注自己的心情，关心家人的健康，关爱亲人的情感，在这些自足中享受自以为是的所谓幸福。

可能，虽然忙碌，我们也希望从这忙碌中找到意义，用意义来安抚自己因为忙碌而少陪家人、冷落亲属、疏远朋友的惶恐。这一年，各种工作，各种努力，以为能够给这个时代的进步增添一点点动能，能够敞开自己的所思所想，所作所为，告慰即将逝去的青春。

庆幸自己能够从工作中找到乐趣。

还要庆幸的是，自己多年没有放弃读书和学习的习惯。有时候觉得，读书不是为了充实自己，而是为了挖掘自己，开采自己。"认识你自己"是千古难题，你只有从阅读中能洞察自己灵魂中最深邃的部分到底有些什么，思想的矿床上到底能挖出些什么。

三、可能与不可能

日历翻过，轻而易举。但是，翻过一年的最后一张日历，不由自主地唏嘘几声，瞑目几秒。

这个时代给人最深刻的感受：快！

去年计划的旅游还没成行，去年开列的书单还没阅读，去年所欠的人情还没偿还，去年约好的聚会还没腾出时间，去年给家人的诺言还没机会兑现……

岁月来不及品味咀嚼，就被囫囵吞咽。日子变得轻飘，鸡汤已经无法抚慰，猛药才能带来些许存在感。

人到中年，在呼啸而过的时间里，貌似沉静，实则仓皇。不知道哪一天早晨，起床站立的一瞬间，感到膝盖的疼痛，突然意识到，身体已经过了随意挥霍的年纪。渐渐地，你发现心脏会在某个时刻不正常地跳动，眼睛看远处的风景有些浑浊，肠胃也没有以前那么强健。慢慢感觉，睡眠变得比吃饭更重要，当年熬夜，打个盹儿就满血复活了，现在哪天睡晚了，第二天就会要死不活的，几天缓不过来。身体提醒你，应该过一种有选择的生活，生命的内存不允许你浪费生活的流量，于是努力把时间留给自己认为有意义的事情。

生活的诸多可能，也许变得不可能。在可能与不可能之间，生活的万花筒显现的不仅是多姿多彩，更多的是一地鸡毛。

其实，大多数人并不知道人生应该的样子是什么。当你竭尽全力朝着人生的某个目标奋斗，到达的时候才知道你仅是去体味了一下那个目标到底有多不尽如人意，就如同那些拼搏多年成为富翁的人，却常常怀念贫穷的日子。

生命的构成其实并不复杂，无非健康、家庭、事业、朋友和精神生活，就这些有限的内容已经把人折腾得疲惫不堪,但也正是这些疲惫不堪增加了人生的厚度。

今年,第二个孩子出生,成为两个孩子的父亲,好像被突然激活了生命深处的神经突触,五味杂陈。新生命带来新希望,新欢喜,新期待,但是孩子一天天成长,却为自己只能给他们有限的陪伴而无比伤感。他出生的那些日子,正是疫苗事件轰动一时的日子,这样一个不完美的世界,却要让孩子懵懵懂懂地去面对,去接受,做父母的是那么无能为力,只能祈求上天给他幸运。

身体走向衰老的各种征兆并不能阻挡生活的加速度,所有的人好像都很忙,所有的人都坐上了人生的旋转木马,起起伏伏地快速前行。

如果有人问你现在最缺什么,答案肯定是:时间!

时间面前,我贪得无厌,苛刻地将精力和体力允许的所有时间压榨,希望每一秒钟都用在有意义的事上。努力把时间分成两份,一份自己的,一份不是自己的。为什么每天在单位都要早到晚退,为什么很多聚会要么迟到要么婉拒,为什么运动锻炼都没有时间,是为了挤压出更多的时间,让自己学习思考。

不惑的年龄也是固执的年龄,因为你更清楚地知道对自己来说,什么可能,什么不可能。在可能与不可能之间,重新认识自己,重新认识世界,重新理解生命,应该看到更多的可能,更多的希望。每个人的智慧和德性并不会随着年龄线性的增长而增长,但是某些契机会让人突然顿悟到一些道理。世界有世界的逻辑,你有你的坚持。

在这样一个瞬息万变、奔涌不息的时代里,每一个个体在为自己和家庭的幸福奋斗,也在为时代的进步贡献着力量,这种个人力量的汇聚,才是一个国家和民族最坚实的基石。即使我们可能很卑微,可能很无奈,也可能很无助,我们用自己的付出和坚定,承受着某种社会的"恶""痛""庸",但是我们似乎没有放弃自己的奋斗,没有放弃自己的执着,因为谁都知道一个稳定的、健康的、正常的国家对我们和我们的孩子意味着什么。

一年里,我们感受到这个国家正在努力建立各种规矩和规则,这些规矩和规则涵盖了方方面面。对于教育来说,发展的规矩,教学的规矩,管理的规矩,校内的规矩,校外的规矩,教师的规矩,校长的规矩,家长的规矩,不一而足。规矩之下,把我们经验中的很多不可能也变成了可能,也把很多可能变成不可能。规矩可能会让我们暂时感到不舒服,但是却是为了长久的舒服。我们经历的没有规矩或者规矩形同虚设的教训已经太多,今天不得不重建一种社会的秩序和生态。

岁月的轮回交替,应该给人更多的希望。2018,在可能与不可能之间,有进步也有许多不完美,但是我们期待一个仍会有不完美但是多了一些希望的2019!

四、我们该如何面对一个不确定的年代

一脚跨入2021年,每个人似乎都感觉抖落了满身的尘土,得到一种解脱。

过去一年,我们走得跟跟跄跄,脚步凌乱。一场疫病,以及随之发生的一切,不仅打乱了惯常的生活方式,也让我们对世界的认知发生了改变。从来没有哪个时期让人们如此强烈地感受到未来的不确定。战争有结束的时候,灾难有修复的时候,疾病有治愈的时候,危机有度过的时候,而不确定却深深地嵌入未来的世界之中,在人的内心里升起一道雾帐。

不确定是现代社会的特征之一,打破一成不变、周而复始的生活循环,让生命变得拥有无限可能,不再听从宿命的安排,改变自己,改变社会,改变命运,我们都可以做到。我们坚信是自己的主人,主宰自己的生命状态和生活方式。

但是,今天的不确定,却是一种对外部世界和未来生活产生的不可把控的感觉,对有规律的生活方式出现了失控。

我们把这种不确定归咎于技术的发展。技术的更迭速度过快,导致知识与技能难以跟进。虚拟生活,线上生活,共享生活,生活方式的变化速度超出了人的适应速度。很多传统的职业,已经消失;新生的职业,也不会长久。靠技能为生的人们,需要不断适应技能的过时与更新。今天还是热门,明天就可能无人问津。今天选的专业,还没有毕业就已经过时。即使你有一份看似稳定的职业,也会被不断变化的各种规则搞得焦头烂额。不确定使整个社会陷入了学习的旋风之中,人们担心在时代大潮的奔涌中被甩出洪流,一种观念告诉你,学习才能适应,学习才能跟随,关于学习的各种理念、认知、方法、攻略、平台和窗口蜂拥而至,让人眼花缭乱。

不确定带来了生命中不真实的感觉。在席卷全球的疫情中,你切实感到一种无处不在的危险,你发现空气不是原来的空气,广场不是原来的广场,人群不是原来的人群,处处潜伏着病源,不知道什么时候病魔会与你擦肩而过。

不确定带来的不真实在互联网上更是体现到极致。从孩子到老人,人们无不依赖并沉迷于互联网给我们呈现的世界。互联网带来一种结果,就是你看到的永

远是你想看到的。智能化的算计和推送加剧了不真实。你看到的世界是大数据对你的兴趣算计后呈现给你的世界，让你无法见识世界本来应有的纷繁与真实。虚幻的感觉变成一种自以为是的真实，我们因为无法看清世界的真实面目，从而变得随波逐流。当你从虚拟的世界当中回到现实，你要改变的世界变成鲁迅笔下的"无物之阵"，满腔的热情一时化为"拔剑四顾心茫然"。

不确定的年代最为可怕的是观念的不稳固。人类社会存在并延续的根基在于观念的最大认同和终极价值的相对稳定，人们对共同遵守的社会规则孜孜以求，从而调节差异带来的冲突、纷争与排斥。但是，今天观念的冲突与分歧却在虚拟的空间中变得明目张胆。

在这样一个不确定的年代，很多人怀念过去，希望回到传统社会。在传统社会中，总有一些人以超越性的精神追求，为社会矫正方向，让社会看到正义的力量，他们要么是东方的"君子""士""武士"，要么是西方的"贵族""骑士"，但是今天世界变成一个平面，没有让我们普遍信服的权威。

不确定的年代，熟悉的环境也让你感到陌生，越是经验丰富，陌生感就越强。回到传统的想法，只是一种寻求精神慰藉的心理动机，我们都知道传统已经回不去了，你向往的传统只不过是供你欣赏的一道风景，而不是你能够生活的真实场景。你的思维、情感、言行、起居、交往，早已远离了你认为是应该的方式。

人类注定要经受各种考验，这是宿命。如同地震、洪水、瘟疫、战争，不确定给我们带来新的挑战。人类把追求幸福作为终极目标，对幸福的向往亘古不变。正是这种追求，人总要从各种风险与考验中寻求出路，而且人们幸福的来源也不是因为生活的优渥，而是对各种考验的战胜。米哈里·契克森米哈赖在《心流》中揭示了这一宿命："幸福如此难能可贵，主要是因为宇宙初创之时，就没有以人类的安逸舒适为念。它广袤无边，充斥着威胁人类生存的空洞与寒漠，它更是一个充满危险的地方。"

尽管不确定的年代给我们带来了焦虑、挤压和败坏，但我们依然要在生活的缝隙中看到照亮生命的光芒，对未来充满希望。我们坚信"爱要越挫越勇，爱要肯定执着"，就一定会在未来寻找到"流淌着牛奶与蜂蜜的地方"。

五、教育让未来总是充满希望

转眼之间,就要告别不同寻常的2021年,在疫情带来的焦灼与不安中,人们看透了这个不确定的时代,抑制着内心的惶惑,守望期盼。

在困顿与迷惑、焦虑与不安中来到2022年,人们依然对未来充满期待,期待一切的美好就在不远的将来。

回溯10年,2012年到来之时,世界一度弥漫着末日恐慌,一个一本正经的预言,一部风靡世界的好莱坞大片,让末日的感觉愈加真切。

10年过去了,世界末日并未到来,但10年当中发生的疫情、战争、恐怖活动、极端天气、自然灾害从未停歇,让我们在这个时代经历的恐惧和痛苦并不比电影里演的轻松。灾难从来就与人类相生相伴,人类在灾难中理解生命,在灾难中升华人生的意义。

人类是唯一能够寻求生命意义感的物种,末日情结正是面对生存困境的危机反应。这是人类理性的产物,因为有理性,人总是要预判未来,除了不可预知的灾难,社会变革也会令人不安。

今天,在社会变革的大潮中,教育走到又一个十字路口。互联网、大数据、人工智能、人机互联等颠覆性技术迅猛发展,世界格局走向多元,传统教育从概念到理念,从方法到模式,都受到极大挑战。人的培养与社会变革所需要的平衡,现有的教育体系已显得难以维系。

2021年,"双减"政策带来教育的阵痛,让整个社会无所适从,学生迷惑,教师疲惫,家长茫然,教培机构溃散,管理者左顾右盼,一切的发生似乎是一场社会大考,让我们重新认识教育、学校、学生、学习和人的发展。考试、课程、作业等一系列的改革,让人真切感受到现有的教育体系发展到了极端,已然成为社会和人性的桎梏,变革成为必然。

教育,从来都带给人们希望。

一个月前,联合国教科文组织发布了又一份教育报告《共同重新构想我们的未来:一种新的教育社会契约》,报告深刻认识到,目前世界组织教育的方式还不足以确保建立公正与和平的社会、健康的地球,以及惠及所有人的共同进步。知识和学习是革新与转型的基础,我们面临着重新构想"为何学、怎样学、学什么、从哪儿学和何时学"的迫切需求。报告确立了教育的两条基本原则，即确保人们终身接受优质教育的权利，强化公共行动和共同利益。这份报告让我们感受到教育变革的困顿，也看到教育给人类社会带来的希望。

到了岁末，元宇宙概念席卷而来，人们看到虚拟世界成为人的另一种真实存在的可能，现实越来越虚拟化，虚拟越来越成为现实，数千年以来人与世界的关系需要重新定义。当元宇宙的空间领域不断被开发，商业模式被建构，我们再次体验技术对现实生活颠覆性的改变。

无法预估元宇宙将以怎样的形式进入教育并改变教育，但是我们看到人们从来没有放弃对教育的希望，希望在共同行动中给人的发展，给社会变革和创新带来无限可能。

年复一年，在自然和宇宙的长河中根本算不了什么，但是对每一个人来说，能够经历的岁月轮回也就那么几十个，不经意就会一闪而过，也只有人能够理解生命如此短促的意义，在一生中追寻希望的光芒，在一代又一代的延续中传递希望。

这个新旧交替的日子，我们正在经受疫情的侵扰，很多人参与到阻断病毒传播的工作中，为此奔波忙碌、彻夜未眠，我们知道生活还要继续，孩子和青年还要迎着希望进步、发展，我们没有理由不高扬希望的旗帜，给整个社会带来迎接未来的坚定信心和信念。

眼下的希望就是，疫情尽快过去，生活回归正常。

六、我们逆光而行

2022 年最后一次日出日落，照常走过每个人的生活，阳光有点疲惫、迟滞，暮气沉沉。这不是阳光应有的本色，我们心中此刻的阳光应该是鲜亮、光明、温煦的。

没有哪一个年份的新旧更替像今天这样，在一种迷茫、焦灼的等待中度过，甚至没有心情去感慨岁月的轮回，没有用百转千回的情绪去叹愧光阴荏苒。我们在等待什么，等待侵扰了三年的疫情尽快远去，等待身边的人尽快走出病痛折磨，等待那些被无数次搁置的行动能变成愉悦，等待这个寒冷的冬天被嵌入历史的岩层里不再出现，等待繁花似锦的春天让每一个生命重新焕发活力。

这一年中，那些被病毒冲击得支离破碎的日子难以道尽其中的辛酸。回首这一年，断断续续、磕磕绊绊，与收获、充实、进取似乎无关。再向前回溯，与病毒抗争的三年,我们的心绪起起落落,我们的渴望时冷时暖,我们广阔的希望只能局促地安顿在有限空间。三年里,我们见证了坚守与抗争、善良与勇敢,我们也感受过无奈与无力、无望与无助,我们也看到过愚昧与粗暴、谎言与欺骗,一切都成过往。

这是失去的三年。失去的不仅仅是手忙脚乱的时光岁月,失去的不仅仅是未能享受的星辰大海,失去的不仅仅是惨淡的人间烟火,真正失去的是未来我们还能相信什么。这三年,偶像已黄昏,权威在消解。一个人失去的财富可以重新获得,身体的伤痛可以逐渐康复,虚掷的时光可以选择振作,但人最为惧怕的是价值观被连根拔起,当你失去可以追随的脚步,失去了丈量精神的高度,失去了对高贵品格的想象,一切都将化为虚无。

时光不可逆转,人类生生不息的延续,凭借的是一种有韧性的等待。极乐世界不会自动走来,我们所经历的一切苦痛、煎熬,所犯的糊涂和错,都将成为换取美好未来的成本和代价,唯愿明天的日子,能配得上我们今天所经历的不堪过往。世界总是向着美好前行,依靠的是我们每个人的思索和努力,纵使人生艰难,我们也没有放弃的理由。

所有的宏大叙事都变得遥远而模糊,世界需要每个人发出的一缕微光,照亮自己脚下泥泞的道路,我们总要穿越迷雾和阴霾,看到远方。2023 的脚步不可阻挡,我们还要逆光而行,追逐人生的光明和希望。

理解教育唯有读书

　　无论你是否从事教育工作，想要成为真正懂教育的人，都没有捷径可走，唯有通过长期不懈的学习和深入持续的反思才能实现。我们整个社会的受教育程度大幅提升，每个人都有丰富的受教育经历，也都阅读过关于教育的书籍文章，但是对教育的焦虑却愈加深切，一个重要原因就是我们大多数人只能看到教育的"冰山一角"，并不了解那些掩藏在教育表象背后巨大的奥秘和真相。

　　一方面，现代社会知识观的演进带来观念的变化。传统教育，教师的职责是把客观、绝对、系统的知识传递给学生，教师扮演着知识"搬运者"和"邮递员"的角色。现代教育，教师应该是知识、思想、观念的阐释者，也是生产者、创造者和开发者，教师需要用自己的生命体验和个人感悟，再现知识、思想、观念的意义，可以说教师自己也是教学的资源。在这一理念下，教师只有不断地阅读思考才能把自己当作教育的"富矿"，源源不断开发出新的课程资源。如果一位教师仅仅停留在已有的知识、方法和经验中，他就只能用一种视角、一种方法、一种眼光影响千差万别的学生，就会失去教育的丰富性和完整性。人类进入现代社会，"知识就是力量"成为振奋人心的观念，也带来了生产力的迅猛发展，人们相信知识具有客观性，是客观存在的绝对真理，不因个人理解不同而变化，不因世间变化而变化；知识具有普遍性，"放之四海而皆准"，个人化的理解都是谬误；知识具有中立性，不以人的价值观、地域性和文化性差异而有所不同。然而，随着社会的不断进步，人们也认识到，知识的绝对主义、客观主义发生动摇，知识既受到时间、空间的限制，也会因掺入个人的理解而具有相对性，知识与主观经验和价值取向有着密切关系。可以说，今天社会释放更大的创造性，正是不局限于传统知识观的结果。知识观的开放性，决定了教育必须具有开放性。教师肩负培育未来人才的责任，而现在学生获取信息的渠道已经多样化,解决问题的能力完全可以通过信息化手段习得,教师传递知识的职责被弱化,只有在不断学习和反思中才能适应学生发展的需要。

另一方面,教师观的演进也决定教育人必须驰而不息地学习。今天,教育的发展需要更加强调校长、教师专业化发展,校长、教师的专业化发展又必须与终身学习相结合,如果校长和教师没有把阅读与思考作为一种生活方式,则很难适应日益快速变化的未来社会对教育的需求,也难以满足在新的社会环境和技术环境下成长的学生对教育的需求。从新的教育需求来讲,传统观念中对教师专业化的理解局限在具备扎实的学科知识与学科教学技能,这是不完整的。今天,教师必须把研究学生的学习问题作为自身专业的构成,也就是要掌握学习科学,根据学生的认知规律和认知特点,设计学习过程,指导有效学习。现实中,我们很多校长、教师要么没有时间,要么没有兴趣阅读学科之外的书,没有把读书作为自身专业发展的内在需要。如果教师仅仅把自己的学科内容掌握熟练,没有把读书学习作为一种生活方式的体验,不去研究学生的学习,没有实现"教学相长",则很难说具有了完整的教师专业构成。

学校教育是不同于家庭和社会的一种生活方式,学校教育的常态中没有什么轰轰烈烈、惊天动地的大事,就是润物无声的精耕细作。而不把读书与思考作为一种生活方式,持之以恒地坚持下去,很难说你能看透教育的真相,洞悉教育的本质。

教育是一项协作的艺术

　　教育是最古老的社会活动，自从有了人类就有了教育，但把教育置于国家、民族、社会发展进步最基础、最根本的地位，对教育、教师、育人寄予最高要求、最高期待的社会心理，是我们这个时代的一大突出特点。正是在这样的期待中，我们的校长和教师们背负着沉重的责任与使命，艰难跋涉在教育改革的大道上，奉献教育事业，追求专业成长，实现自我价值。教育不是喊口号、唱高调，而是实实在在的理解、反思、摸索、行动，有些琐碎，有些单调，所以好校长、好教师都不是抽象的人，而是具体的行动者、实践者和思考者。每个人面对着不同的环境、不同的学生、不同的期望，也带着自己不同的经历、不同的见解、不同的才华，在立德树人、教书育人的道路上蹒跚前行。我们看到的这些校长教师，从不同的角度反映了他们的一个侧面，有关于教育理念、学生发展、学校文化的思考，也有学校管理、发展规划、队伍建设、课程改革、德育活动的实践，还有教学方法、师德养成、专业成长的反思，也正是一个个独特鲜活的教育现象的呈现，才反映出教育的真实面貌，也才让教育者群体的形象更加丰富和夺目。

　　深厚的教育情怀是中小学教师群体的精神特质。教育是一个理想的事业，优秀的校长和教师一定是对客观世界、人类社会以及教育活动寄予美好希望并努力追求的人，对教育有一种强烈的使命感和责任感，把教育的美好愿望作为自己的价值认定、信念追求和精神向往，这种理想往往超越世俗的桎梏和功利的取向。"注重精神力量，坚守教育理想""追求教育本真，践行大爱教育""用博爱之泉浇幸福之花"这样的信念表达体现的就是一种价值追求。我们还可以看到很多校长、教师一生耕耘教坛，辗转多所学校，依然痴心不改，把教育作为自己精神的寄托。这些都反映了我们这个时代中优秀教师的深厚情怀和精神奉献。

深切关注未来是校长、教师的时代特征。教育是一个关于未来的事业,我们常说教育质量事关亿万少年儿童的健康成长,事关国家的发展,事关民族的未来。没有哪个时代像今天这样对未来世界充满了各种不确定性的想象,信息技术、互联网、大数据、人工智能这些技术进步深刻改变着人类社会,全世界范围内流行的新冠疫情,更是影响了未来世界的政治经济格局。联合国教科文组织早在 1970 年发布的《学会生存》报告中即指出:教育的使命是"替一个未知的世界培养未知的儿童",教育者的任务是"发展一个人的个性并为他进入现实世界而开辟道路"。2013 年,国际教师节确定的主题是"教师是开启世界未来的钥匙"。一个优秀的校长和教师必须是一个关注未来的思想者,用未来指引当下的行动。我们在收录的校长的身上看到对未来教育的思考,一位校长说:"未来设计怎样的学校,才能更好促进学生发展? 人是教育改革的最终目的,无论我们怎么改革,未来教育和智慧校园依然是'目中有人'的教育。"也有很多教师用教育叙事的方式关注到面向未来对教育的困惑、焦虑和思索。

教育实践者群体在中国大地艰难跋涉的足迹,像是时代天空闪烁出教育思考的璀璨星辰,文字能够带给我们前行的力量,召唤那些热爱教育事业的人,共同为这个国家和民族的进步贡献力量。

语文的"设计"

设计，是工业化的生命线，所有的技术进步、工艺改良都离不开设计。但凡教语文的，都应该有强烈的人文主义倾向，而人文主义者大多崇尚情感、人性、精神、思想的浸润，对设计这种脱离自然的概念比较排斥，把"设计"明晃晃地放在书名里，总有种机械的、冷冰冰的感觉，和语文这个学科的特点不太相符。这让我联想到多年以前，关于语文教学的人文性与工具性之争。尽管每一堂课的教学都需要设计，但似乎"设计"与语文教学关系不大。

所谓语文的人文性和工具性之争也许就是一个伪命题。语文教学不可能回避其工具性的价值，一味强调人文价值其实是二元对立思维下的一种偏执观念。就设计本身来说，无论是工业、工艺，还是流程的设计，都要满足人的某种需要，都要有以人为本的思想。这一观念人文主义应该是不会排斥的。教育的设计，同样要满足某种需要，包括教学效果的需要、学生学习成长的需要、思维拓展的需要等。如果我们只关注技术、设计这类问题的机械性，对设计避而远之，未免偏颇。美国技术思想家布莱恩·阿瑟在《技术的本质》里，深刻探讨了技术发展的规律，认为技术和设计的本质是对某种自然现象的运用或组合运用，汽车、飞机、炼油厂、交响乐的设计都运用某种或多种自然现象，当然这种运用是个复杂的过程。而教学的设计也是对人的自然特征的运用，如依据学生的心智状况、认知规律、生理、心理、经验积累等方面的特征去进行，如果偏离了这样的特征，也就偏离了教学之"道"。

当下语文教育面临的问题可能不是自身的价值问题，而是社会的阅读危机。有了文字就有了阅读，早期人类社会，知识普及性不高，图书非常稀有，阅读是少数人的事情。即使在我们这一代人的童年时期，想按照自己的兴趣和需要阅读，也是非常困难的事情。可现在不同了，只要一个人想读书，几乎没有他读不到的书，互联网、数字化更是提供了时时处处可读书的便利。但正是这样一个信息传播空前发达的时代，阅读反倒出现了危机。这个危机表现在，对研究资料、办公文件、使用说明等实用信息的阅读增多了，对通俗小说、文化快餐、心灵鸡汤等的娱乐化阅读增多了，而对文学经典、文化典籍、思想哲学等提升人类认知水平和满足精神富足的阅读变少了，甚至变成一种"短平快"的即时消费。短视频充斥于人们的闲暇，人文的阅读变得稀缺，即使正在求知的学生，也会把阅读经典当成一种不得已的负累。正是在这样一种文化环境下，语文教学担负着拯救这种危机的使命，那就是在学生心里播下精神阅读的种子。

以学生学习为中心的价值追求。从"以教师的教为中心"走向"以学生的学为中心"，是教学改革的方向，但是这种转型不是一种抽象的理论，必须变成可实践操作的方法。

阅读对学生思维的"塑形"

阅读既是一个人学习的根本形式，也是一个人成长的有效途径。传统的教育中把明理修身作为阅读的最高价值，进入互联网时代，阅读对人的意义则更加丰富和重要。阅读不仅是个人生活的内容，还是接受教育、终身学习、公共生活、职业发展的基本素养。阅读是语文教学的基本内容，但是阅读素养的形成却并不简单。阅读是一种文化产物，人类的阅读能力是在长期演化过程中形成的，儿童获得这种能力不仅需要耗费大量的时间，而且需要教师进行科学有效的教学指导。

现代人必须依靠语言文字理解世界，语言和文字不仅是一种记录和表达的工具，也是思维和认知的形式，人只有在阅读中掌握获取、理解、整合和分析语言文字的能力，才称得上是完整意义的人。互联网时代，学生的阅读能力的养成遇到极大的挑战。首先是海量信息以各种形式出现，学生面对大量的文字、图式，以及视频信息，出现阅读的碎片化，"浅层阅读""表层阅读"成为学生阅读的主要形式，这种阅读最大的问题就是无法通过阅读建立起学生的思考、判断、体验能力，需要通过有效形式让学生走进"深度阅读"，获得沉浸式的思维、情感、判断的心理体验。另外，屏幕阅读成为读书的主要形式，纸质阅读受到影响。如果仅从获取信息的角度看，似乎两者没有太大的差别，但是从阅读本身来看差异很大。从生理的角度看，屏幕阅读更容易带来视觉疲劳，影响阅读的专注度。从人的认知来看，阅读需要大脑调动视觉、语言、空间、情景等多种因素，从而增进对知识的记忆和理解，使得获取的信息从短期记忆进入长期记忆，屏幕阅读至少在情景和空间的印记中无法达到这一目的，不能像纸上阅读那样可以反复，可以对信息建立空间上的联系。这一点可能我们每个人都有这样的体验。从学习机制来看，即使是使用模拟纸质书籍的电子阅读，也会给人一种不真实、不舒服的感觉，这对于深度阅读非常不利。笔记式阅读正是要让学生立足于纸质书的阅读,通过阅读纸质书加上动笔建立起一种严肃、有价值、有意义的阅读习惯。

现代心理学认为学习的目的之一就是建立一种认知模型。阅读的一个重要任务就是培养一种思维模式,而只有通过动笔才能让思维有形。深层阅读与思维相辅相成,学生把阅读文字获得的信息,变成自己注意集中的焦点,引领学生对自己的想法、认知、信念做出细致的分析与评价,能够不断接近真理与真相,从而让学生免受虚假信息的干扰,防止学生在将来的阅读中浅尝辄止、囫囵吞枣,甚至人云亦云、随声附和。这种认知模型的特点就是在阅读中学会分析辨别而非简单笼统,学会全面而不偏执,自信而不盲从,好学而不僵化,审慎而不武断,帮助学生建立严谨扎实的推理结构,这也是学生未来发展中的一项基本修炼。从这个角度来讲,笔记式阅读就是对学生思维的"塑形"。

当前,关于阅读教学的主张、理念、模式有很多,海量阅读、整本书阅读、深度阅读,"乱花渐欲迷人眼",各种实践和尝试都有其独特的价值。笔记式阅读是一种立足传统的阅读教学,它是面对互联网时代,针对学生阅读出现的问题而提出的。从全球比较来看,我国学生阅读的主要问题是:认知水平不高,没有认识到阅读对学生认知的塑造功能,教师忽视了学生阅读在心理发生意义上的认知过程,无法让学生在阅读中学会理解、领会、运用、反思、批判;阅读方式单一,没有聚焦到学生未来社会生活中面对不同文本类型、文本格式、文本呈现方式所需要具备的阅读能力,缺乏多元化阅读指导;阅读过于功利,注重阅读对应试的作用,忽视了阅读是一项源于生活、在生活中、为了生活的社会活动,较少关注阅读在学生的成长中进行高阶思维、提升品质、塑造人格的作用,阅读的意义感不强。

阅读是人社会化的基础,是人一生的修行。阅读作为未来社会人的核心素养,需要从童蒙时期开始培养,学生在这个时期得到正确的阅读指导,应该说是一种幸运。

教育表达的情怀

每个人都是表达者,对教育的问题见仁见智,但是都不能脱离具体的历史环境,讨论教育需要理性精神,真正从发展的视角看教育问题也体现一种情怀。

一

2017年到2019年,是中国基础教育发展的一个"分水岭"。基础教育发展的重心从注重数量、规模、条件、覆盖率、普及率等外在目标"量"的追求,转向注重质量、公平、内涵、素养、价值等内在目标"质"的追求;基础教育在育人体系中的定位,纵向上更加注重大中小幼、上下贯通的一体化,横向上积极推进学校、家庭、社会"三位一体"协同,以及对全员、全程、全方位"三全"育人的探索。另一个至关重要的变化是,整个国家基础教育的发展心态从亦步亦趋地追求学习发达国家,转向坚持和发展具有中国特色、世界水平的基础教育,不再盲目学习发达国家,开始树立教育自信。我们称这是中国教育的转型期,转型不仅意味着教育方式的变革,还涉及教育利益格局的调整,甚至是教育价值观的"震荡"。基础教育的转型,必然伴随着整个社会心理的焦灼、不安,甚至是痛苦。在这样的背景下,基础教育快速发展中积累的优质资源不足、发展不平衡、急功近利、方法陈旧等很多问题沉渣泛起,整个社会以急切而焦灼的心态对基础教育改革给予极高的关注。这一时期政府推进教育改革的种种努力也是为了适应这种转型,如均衡发展、学区制改革、集团化办学、课堂革命、学生减负等。

这个转型期还有一个大的社会背景,教育和知识公共属性的普及,整个社会受教育程度提高,很多人都会对教育提出自己的观点,都能从自己的角度发表对教育的看法。可是教育问题的讨论就如同一日三餐,每个人都可以成为"吃货",但不是每个人都能成为营养专家,成为美食家。教育的问题有其自身的复杂性,并不是每个人都能看得十分清楚。而且研究教育越是深入,越是觉得困惑。教师、家长们可以根据自己的经验批评教育,但是遇到具体问题自己可能也没有合理的答案。比如孩子学习中影响学业成绩的因素究竟是学习时间长短,还是学习方法;培养学生创新能力究竟是训练集中思维,还是发散思维;激励孩子学习究竟是应该肯定他的努力,还是应该肯定他的聪明。即使面对大的教育改革政策,其实也难以说出其中的道理。比如学生课业负担问题,家长、教师、管理者的理解都不同。我们知道学生课业负担重,学得很累,但对背后的深层原因以及出路在哪里,是体制原因还是文化原因,是方法问题还是内容问题,可能谁也无法给出一个正确的答案。这样一个教育发展转型期,在众声喧哗的讨论中,需要理性的声音。我们需要把教育问题放在具体的历史阶段和现实环境中分析,有理有据,而不是人云亦云地一味指责。这种对待问题的理性态度,需要一定的洞察力和判断力。

教育改革和发展的过程中,行政推动是主要的动力,但是我们不可忽视来自各方面的声音对教育发展产生的影响。

二

大学中研究教育问题的人不少,但是真正关注现实的教育问题,把引导社会认识教育问题作为使命的人并不多。大学教师研究问题的深入程度较一般人要高很多,而这种深入研究导致的一个结果就是脱离现实社会,追求所谓的"纯学术"。大学的研究成果很多,创造的理论很多,但是关注并能够影响现实问题解决的成果并不多。

大学除了培养人才、科学研究、传承文化,还有一个重要功能是服务社会,服务社会的功能依靠大学教师去实现。但是,由于评价导向的原因,大学教师需要有自己的"专业产品",就是把发表专业性、学术化的论文作为立身之本,而这些学术产品又受到严格的规范标准约束,导致学术规范性走向了学术"狭隘化"。一方面大学教师的学术产品要严格按照模式化的语言体系、研究方法、分析模型、创新内容等要求去呈现;另一方面大学教师的学术产品要被同行认可,就得区分各种学术的流派,选择自己主张的立场,导致了学术研究的故步自封。

其实,学术如何与公共的社会生活发生联系,是一个很严肃的话题。普遍存在的追求学术的精致化，脱离社会生活现实，可能不仅是一个学术自身的问题，而是一个学术道德或学术伦理问题。今天，社会成员受教育程度普遍提高，但即使接受过高等教育，面对自己子女的教育问题，仍然会感到焦虑不安，束手无措，整个社会对教育的认知还缺乏应有的理性精神。说明教育已经告别了经验主义，成为现代人的一种觉悟和解放的条件，对教育问题的理解和践行成为人之为人的自由、幸福的标志。

三

准确捕捉到教育的关键问题，能从各种社会现象中发现教育的道理，是教育观察的基本素养。

加拿大的教育学者马克思·范梅南提出了教育现象学的理论，就是要从教育的表象敏锐地发现其背后的教育机理，选择适合的教育行为。可以说，教育现象学既维护了教育的专业性，又拓展了教育的深度和广度。对待教育的问题，我们一般人会看到的问题都是"冰山一角"，很难透过现象看本质，但是作为专业人员，就要能够"洞明世事皆学问"。

投资大师查理·芒格有句名言："手中有锤子的人，把世界都看成钉子。"有了"神器"，什么问题都会用自己的"神器"去解决。对教育问题越熟稔，教育就成为一种思维方式，成为审视世界万物的一种视角，一种解读工具。这也是一种敏锐性的表现。

美术不是"术"的教育

在我的想象中,美术教师应该是一所学校中特立独行的一类人,他们的课时量较少,课堂经常被挤占,又不用参加统一考试,是一种闲云野鹤般的存在。对美术教师这种浅陋的认识,可能普遍存在。

长期以来,我们对美术教育的地位和价值认识不足。我们过于重视文化课程,语数外、数理化不敢轻易耽误,但是对于美术课则可有可无,这种对美术教育"另眼相看"的态度实在是极大的谬误。

"美术"这个词是舶来词,是近代以来由西方传入的一个概念,并且是从日语的汉字意译过来的,主要指绘画、雕塑、工艺、建筑等视觉艺术。中国传统思想里有"道"与"术"的分野,汉语习惯中用"术"组成的词语都会在价值上低一个层次,比如算术,就不如数学地位高,美术似乎也有点降低了这个类型的层次。显然"美术"这个词的翻译不是很准确,没有表述出这一艺术形式的应有地位。美术教育作为审美教育的最主要形式,却是人的基本能力。蔡元培先生非常推崇以美术为主要形式的审美教育,认为美感是连接现实世界与精神世界的桥梁,在现实世界中,人会因为祸福利害产生爱恶惊惧、喜怒悲欢之情,而审美活动会让人超越利害关系和人我之分,通向心灵的净化和灵魂的提升,这种超越是价值观教育所不能达到的。因此他提出了著名的"以美育代替宗教"的口号。

从儿童成长的角度来看,美术教育是一种视觉能力的塑造。生而为人,目之所及皆为现象,而现象世界纷繁杂乱,人要从中发现美感就需要经过专门的训练。美术源于现实世界又高于现实世界,是对现象世界高度凝练化的表达,色彩的对比与和谐,形式的对称平衡,观念的抽象与具体,看似一种形式化,却包含了一种秩序感。而一个人能够敏锐感受世界的秩序感,定会影响到身心的和谐。一个孩子只有建立对世界的秩序感，才能更好地进行思维、认知和创造。有人在回答"钱学森之问"时特别提到，要通过美育来解决创新能力不强的问题，也是因为认识到了美育对于人创造性的重要意义。无论是古代人们对天体运行规律的观察和描述，还是现代对微观世界的猜想与证明，都符合审美的需要。我们说"这个世界不缺少美，而是缺少发现美的眼睛"，同样可以说"这个世界不缺少创新，而是缺少发现创新规律的心灵"，这个心灵来自美育所带来的秩序感。色彩、造型和光影都是外在的形式，真正要表达的是内心深处的情感和思考，如此说来，美术教育不应该是"术"的教育，更应该是"心"的教育。